高等职业院校国家技能型紧缺人才培养培训工程规划教材　汽车运用与维修专业
面向"十二五"高等教育课程改革项目研究成果

汽车推销技巧
（理实一体化教材）

李　燕　主编

罗小青　主审

电子工业出版社

Publishing House of Electronics Industry

北京·BEIJING

内 容 简 介

本书是在对众多主流汽车品牌整车销售服务岗位调研的基础上，根据该岗位所需知识、能力、素质，组织教材内容，使之贴近汽车销售工作实际。

本书系统地介绍了汽车推销的原理和技巧，并增加了目前发展迅速的汽车电话营销、汽车网络营销的相关内容。全书主要内容包括：正确对待汽车推销、开发与管理潜在客户、汽车展厅接洽、汽车产品展示、报价成交、汽车电话营销和网络营销、汽车保险推销。本书相关案例的选取与我国汽车销售市场的销售流程相贴近，并具有很强的可操作性、实践性和职业性。

本书可作为高职高专汽车类专业教学用书，也可以作为汽车销售服务人员在职培训及自学指导用书。

未经许可，不得以任何方式复制或抄袭本书之部分或全部内容。
版权所有，侵权必究。

图书在版编目（CIP）数据

汽车推销技巧 / 李燕主编. —北京：电子工业出版社，2015.3
理实一体化教材
ISBN 978-7-121-25530-4

Ⅰ. ①汽… Ⅱ. ①李… Ⅲ. ①汽车－推销－高等学校－教材 Ⅳ. ①F766

中国版本图书馆 CIP 数据核字（2015）第 030081 号

策划编辑：程超群
责任编辑：郝黎明
印　　刷：北京盛通商印快线网络科技有限公司
装　　订：北京盛通商印快线网络科技有限公司
出版发行：电子工业出版社
　　　　　北京市海淀区万寿路 173 信箱　邮编　100036
开　　本：787×1 092　1/16　印张：12.75　字数：326.4 千字
版　　次：2015 年 3 月第 1 版
印　　次：2022 年 1 月第 6 次印刷
定　　价：30.00 元

凡所购买电子工业出版社图书有缺损问题，请向购买书店调换。若书店售缺，请与本社发行部联系，联系及邮购电话：(010) 88254888，88258888。
质量投诉请发邮件至 zlts@phei.com.cn，盗版侵权举报请发邮件至 dbqq@phei.com.cn。
本书咨询联系方式：(010) 88254577，ccq@phei.com.cn。

前　言

自 2009 年起，我国汽车销售量已经连续 5 年位居全球第一，成为世界第一车市。随着我国汽车业的迅猛发展，汽车市场对汽车推销和汽车技术服务人才的需求日益增加。同时，由于汽车消费者日趋理性、消费观念日渐成熟，汽车技术的专业化、复杂化、智能化、环保化发展趋势日渐加强，以及汽车市场竞争的日益激烈，汽车行业对汽车推销人员有了更高的要求，对具有汽车推销实践技能的专业人才需求更为迫切。

本书是由多年从事汽车销售的一线销售精英和具有多年汽车推销教学成功经验的职业教育专家共同编写而成的。全书以汽车销售企业用人要求为导向，以汽车推销实际工作任务为主线，以汽车推销能力训练为重点，融入汽车销售行业推销标准规范流程，突出"理论必须够用，注重实践技能"的特点，进行教材内容的设计。内容涵盖了正确对待汽车推销、开发与管理潜在客户、汽车展厅接洽、汽车产品展示、报价成交、汽车电话营销和网络营销、汽车保险推销等知识。

本书由广西交通职业技术学院李燕担任主编，贵州沃尔沃汽车销售服务有限公司龙久德、彭彪以及广西华昌本田汽车销售服务有限公司销售经理黎晓华参与编写。全书由李燕统稿，广西交通职业技术学院罗小青担任主审。本书共分为七个学习项目，项目一、项目七由龙久德和黎晓华共同编写，项目二至项目五由李燕编写，项目六由彭彪编写。

在本书编写过程中，得到了一汽大众、一汽丰田、广汽本田、东风日产、长安福特等品牌4S 店的大力支持，同时编者参阅了大量同行的文献资料，在此对他们一并表示感谢！

由于编者水平有限，书中难免有不足之处，欢迎广大读者提出宝贵意见和建议，以便再版时加以修订和完善。

编　者

目　　录

项目一　正确对待汽车推销 ……………………………………………………………（1）
　任务一　正确认识推销 ……………………………………………………………（2）
　　一、推销的本质与理念 …………………………………………………………（2）
　　二、推销的基本知识 ……………………………………………………………（4）
　　三、推销的一般过程 ……………………………………………………………（7）
　　四、推销方格理论 ………………………………………………………………（8）
　任务二　汽车推销员应具备的能力 ………………………………………………（13）
　　一、汽车推销员的职责和基本素质 ……………………………………………（13）
　　二、客户购买心理 ………………………………………………………………（18）
　　三、汽车推销的基本知识 ………………………………………………………（20）

项目二　开发与管理潜在客户 …………………………………………………………（26）
　任务一　开发潜在客户 ……………………………………………………………（27）
　　一、潜在客户定义与 MAN 法则 ………………………………………………（27）
　　二、寻找潜在客户的方法 ………………………………………………………（29）
　　三、潜在客户跟进 ………………………………………………………………（30）
　　四、潜在客户信息收集 …………………………………………………………（32）
　　五、上门拜访客户 ………………………………………………………………（32）
　任务二　管理潜在客户 ……………………………………………………………（38）
　　一、潜在客户的分类 ……………………………………………………………（38）
　　二、潜在客户的评估 ……………………………………………………………（40）
　　三、潜在客户的分级管理 ………………………………………………………（40）

项目三　汽车展厅接洽 …………………………………………………………………（43）
　任务一　汽车推销前准备 …………………………………………………………（44）
　　一、推销人员自我准备 …………………………………………………………（44）
　　二、推销工具准备 ………………………………………………………………（57）
　　三、展车准备 ……………………………………………………………………（57）
　任务二　汽车展厅接待 ……………………………………………………………（60）
　　一、展厅销售规范流程 …………………………………………………………（60）
　　二、展厅接待的关键时刻及接待要点 …………………………………………（62）
　　三、展厅接待的主要工作内容 …………………………………………………（64）
　　四、接近客户的时机 ……………………………………………………………（67）
　　五、不同客户的展厅接待技巧 …………………………………………………（69）

项目四　汽车产品展示 …………………………………………………………………（74）
　任务一　正确分析客户需求 ………………………………………………………（75）
　　一、需求分析概述 ………………………………………………………………（75）

二、冰山理论 ………………………………………………………………（79）
　　三、SPIN 提问技巧 …………………………………………………………（84）
　　四、积极聆听技巧 ……………………………………………………………（89）
 任务二　汽车产品展厅静态展示 ………………………………………………（94）
　　一、产品说明方法与技巧 ……………………………………………………（94）
　　二、汽车产品静态展示 ………………………………………………………（96）
　　三、竞品分析 …………………………………………………………………（105）
 任务三　汽车产品试乘试驾动态展示 …………………………………………（109）
　　一、试乘试驾目的与作用 ……………………………………………………（109）
　　二、试乘试驾流程 ……………………………………………………………（110）
　　三、试乘试驾后问题的处理 …………………………………………………（117）

项目五　报价成交 ………………………………………………………………（119）
 任务一　为客户准确报价 ………………………………………………………（120）
　　一、报价的程序 ………………………………………………………………（121）
　　二、报价的方法 ………………………………………………………………（122）
　　三、报价的技巧 ………………………………………………………………（123）
　　四、议价的技巧 ………………………………………………………………（124）
 任务二　选择恰当时机成交 ……………………………………………………（127）
　　一、识别成交信号 ……………………………………………………………（127）
　　二、成交的策略和技巧 ………………………………………………………（128）
 任务三　与客户签订购车合同 …………………………………………………（133）
　　一、制作合同 …………………………………………………………………（133）
　　二、签约及交纳订金手续 ……………………………………………………（133）
　　三、履约与余款处理 …………………………………………………………（135）
　　四、客户等车期间的联系方法 ………………………………………………（135）
　　五、交车有延误时 ……………………………………………………………（135）
　　六、当客户决定不成交时 ……………………………………………………（135）
 任务四　完成交车环节 …………………………………………………………（137）
　　一、交付前的准备工作 ………………………………………………………（137）
　　二、交车客户接待 ……………………………………………………………（137）
　　三、实车操作 …………………………………………………………………（137）
　　四、交车仪式及送别客户 ……………………………………………………（140）

项目六　汽车电话营销和网络营销 ……………………………………………（147）
 任务一　汽车电话营销 …………………………………………………………（148）
　　一、电话营销 …………………………………………………………………（148）
　　二、汽车电话营销策略 ………………………………………………………（152）
 任务二　汽车网络营销 …………………………………………………………（163）
　　一、汽车电子商务与网络营销 ………………………………………………（163）
　　二、汽车网络营销策略 ………………………………………………………（170）

项目七 汽车保险推销 …………………………………………………………………（179）
　　任务一　认识典型机动车保险险种 …………………………………………………（180）
　　　　一、汽车保险概述 ……………………………………………………………（180）
　　　　二、机动车交通事故责任强制保险 …………………………………………（181）
　　　　三、汽车商业险基本险 ………………………………………………………（182）
　　　　四、汽车商业附加险 …………………………………………………………（183）
　　　　五、汽车保险价格计算公式 …………………………………………………（183）
　　任务二　机动车保险推销 ……………………………………………………………（187）
　　　　一、汽车保险推销的渠道 ……………………………………………………（187）
　　　　二、汽车保险产品组合 ………………………………………………………（188）
　　　　三、车险推销技巧 ……………………………………………………………（193）
参考文献 …………………………………………………………………………………（194）

项目一

正确对待汽车推销

学习目标

通过本项目的学习，使学生能正确认识和理解汽车推销，掌握推销的基本知识，明确汽车推销员的职责和应具备的基本素质；使学生能够根据所给的案例初步判断消费者的购买心理，并采取应对策略，塑造自身推销员的形象。

项目描述

汽车作为一种商品在市场上流通，它的消费属于大宗商品交易，消费者不会通过观看或收听媒体广告就轻易购买，无论是过去的电话推销，还是正在兴起的网络推销，都离不开实体店汽车推销员的推销。实体店推销员的推销在汽车推销中起着至关重要的作用，并将会长期存在。

推销是一项报酬率高但又艰辛的工作，汽车推销员想要取得令人羡慕的成就，首先应正确认识和对待汽车推销。

任务一　正确认识推销

知识目标

- 了解推销的概念、含义及特点；
- 了解推销的本质及其理念；
- 掌握推销的基本知识。

技能目标

- 能流利地表述推销的本质和理念；
- 能描述推销与营销、促销间的关系；
- 能根据推销方格理论协调好所推产品与客户之间的关系。

任务剖析

由于我国历史文化价值取向的原因，使有些人对推销有着种种的误会、曲解和歧视，以致形成一种惯性思维，总把推销员同沿街叫卖、上门兜售以及不同形式的减价抛售联系在一起。对于推销员，人们认为他们是唯利是图、不择手段的骗子。这种错误的认识，使人们忽视了对市场推销活动的探讨和研究，无论是对推销本质的认识还是推销理念的理解，都落后于经济发达国家。因此正确认识推销，是熟悉推销业务、掌握推销技巧、展开销售的前提。

知识准备

一、推销的本质与理念

（一）推销本质

推销是一种古老而又普遍的经济现象，它伴随着商品的出现而产生。商品生产者把产品投入市场，都希望商品尽快推销出去，无论该商品在市场上是供不应求，还是供过于求，商家都会运用一些推销技巧促进商品的销售。

广义的推销：是指一个活动主体试图通过一定的方法和技巧，使特定对象接受某种事物和思想的行为过程。它不限于商品交换，也不限于人员推销，而是泛指人们在社会生活中，通过一定形式传递信息，让他人接受自己的思想观念，或者购买商品和服务。

狭义的推销：是指营销组合中的人员推销，即由推销人员直接与潜在客户接触、洽谈，介绍商品，进行说服，促使其采取购买行为的活动。例如，汽车展厅里的推销人员，商场里的导购员，拍卖会上的拍卖师，他们都是在为某种特定的商品做推销。

（二）推销理念

为提高推销人员的业绩和整个行业的形象，推销员必须牢固树立正确的推销理念，使得推销行业实现良性循环发展。现代的推销理念主要有以下几点。

1. 需求第一

客户的需求和欲望是推销的出发点，也是推销的归宿点。产品是满足人们需求的有形与无形的物质或服务的综合体。推销员在推销工作中，应着眼于如何发现客户的需求，并且用产品或者服务去满足这种需求；要以发现、挖掘客户的需求为中心而不是以卖产品为中心，这是推销员做好推销、提高业绩的一个关键。

2. 互惠互利

在推销过程中，推销人员要以交易能为双方都带来较大的利益或者能够为双方都减少损失为出发点，不能从事伤害一方或者给一方带来损失的推销活动。客户都关心自己的利益，客户之所以进行购买，就是因为交易后得到的利益大于或等于他所付出的代价。因此，推销人员在推销活动中设法满足自己和客户双方所追逐的目标利益，实现"各取所需"，是培养长期客户之计，是促使客户不断购买的基础和条件，也是取得客户口碑传颂的基础和条件。

3. 诚信为本

推销不讲信誉，是不可能取得推销对象的信任的。推销员要以诚待客，关心客户，关心他们的事业和生活，并信守各项交易条款，按时、按质、按量兑现自己的承诺，哪怕是一次礼节性的拜访，也要遵守约定的时间。在推销过程中不提供伪劣产品，不从事欺骗性推销活动，不传播虚假信息。

【小知识 1-1】 包玉刚的诚信做事

著名企业家包玉刚，浙江宁波人，世界上拥有 10 亿美元以上资产的 12 位华人富豪之一，世人公推的华人世界船王。

包玉刚从小就受到"做人诚实可靠，做事规规矩矩"的训诫，并受益终身，成就辉煌业绩。他把讲信用看作企业经营的根本。他说，纸上的合同可以销毁，但签订在心上的合同是撕不毁的，与人之间的友谊应建立在互相信任上。他信守合同，从不误期，使他与客户之间建立起了良好的人际关系，深得用户好评。由于包玉刚信誉卓著，经营作风好，在不到两年的时间里，他的船队像滚雪球似的愈滚愈大，从 1 条船很快发展到了 7 条船。（资料来源：吴健安《现代推销学》，第 10 页，东北财经大学出版社，2011.）

4. 说服引导

说服引导，指推销员以语言和行为将自己的意见通过各种方式传递给客户，主动引导推销过程朝推销员的预期效果发展。

推销是一种十分讲究技巧与方法的活动，推销的技巧和方法又具体体现在推销员说服与引导的能力上，通过有效的引导，使客户愿意接受推销员的拜访，愿意倾听推销员的推销陈述，充分地了解推销员希望他了解的东西，使推销的进程能按推销员的意愿推进。经由有效说服，方能有效地消除客户异议，建立客户对推销员及其推销品的信心。

说服与引导是现代推销的基本手段。在现代市场经济条件下，推销员与客户是平等的两个交易主体，推销员既不能强迫客户购买推销品，也不能靠乞求获得订单，更不应以欺骗的手段取得推销成果。因此，每一位推销员都要努力提高自己说服与引导的能力。

【小知识1-2】 倾力推销

第一次世界大战后，倾力推销盛行。特别是在美国，有这样一个信条：一个最理想的推销员，必须能够冲破一切推销阻力，征服买主，成功地向任何人推销产品。在训练时，推销经理就是让推销员掌握这种倾力推销法。让推销员冲破各种形式的推销障碍，甚至采取最极端的做法，不择手段地去进行推销。向客户乞求，玩弄客户的感情，央求客户发慈悲，也是倾力推销法的一种表现。这类推销人员认为，客户只要对所购买的产品略感满足，就会很快地把推销员究竟是采取什么方法把产品推销给他们的事置于脑后。

然而，客户购买后的实际感受，使他们很快就学会了如何保护自己，并很快形成抵制倾力推销的壁垒。他们特别讨厌那些欺诈的和强制的推销方法。吃一堑长一智，吃过亏的客户总是处处留意，谨防第二次吃亏上当。（资料来源：吴健安《现代推销学》，第11页，东北财经大学出版社，2011.）

二、推销的基本知识

（一）推销的三要素

任何企业的商品推销活动都少不了推销人员、推销品和客户，即推销主体、推销客体和推销对象，三者构成了推销活动的三个基本要素。

1. 推销人员

推销人员是指主动向推销对象推销商品的推销主体，包括各类推销员。在推销的三个基本要素中，推销人员是最关键的。推销成功与否，往往取决于推销人员的服务精神和态度，因为每个推销人员都是独一无二的，只有客户喜欢你的为人、你的个性、你的风格，他才会购买你的产品。

【小思考1-1】 客户购买的不是你的产品，而是你的服务精神和态度；客户买的是一种感觉，而这种感觉是你带给客户的，这就是你自身的人格魅力。你怎么理解这种说法。

2. 推销品

所谓推销品，是指推销人员向推销对象推销的各种有形与无形商品的总称，包括商品、服务和观念。推销品是推销活动中的客体，是现代推销学的研究对象之一。因而，商品的推销活动，是对客户实施服务、向客户宣传、倡议某种新观念的过程。从现代营销学的角度看，向客户推销的是整体产品，而不仅仅是具有某种事物形态和用途的物理学意义上的产品。

3. 推销对象

推销人员不仅要认识自己的推销心理,而且还要善于洞察客户的购买心理。推销员要根据具体的推销对象采用相应的推销技法。

(二) 推销的特点

在推销过程中都要掌握推销活动的特点,灵活运用多种推销技巧。推销活动的主要特点如下。

1. 特定性

推销是企业在特定的市场环境中为特定的产品寻找买主的商业活动。在进行推销活动时,必须先确定谁是需要特定产品的潜在客户,然后再有针对性地向推销对象传递信息并进行说服。

2. 双向性

推销并非只是一个推销员向推销对象进行信息传递与反馈的双向沟通过程。推销人员一方面向客户提供有关产品、企业及售后服务等方面的信息,另一方面必须观察客户的反应,调查了解客户对企业产品的意见与要求,并且及时反馈给企业,为企业领导做出正确的经营决策提供依据。

3. 互利性

现代推销是一种互惠互利的双赢活动,必须同时满足推销主体与推销对象双方的不同要求。成功的推销不单单指推销的一方卖出商品,实现盈利,它还包括对推销对象需求的满足。这样,既达成了交易,也为下次交易奠定了基础。

4. 灵活性

虽然推销具有特定性,但影响市场环境和推销对象需求的不确定性因素很多,由此造成市场环境与客户需求的千变万化。推销活动必须适应这种变化,灵活运用推销原理和技巧,恰当地调整推销策略和方法。

5. 说服性

推销的中心是人不是物,说服是推销的重要手段,也是推销活动的核心环节。为了争取客户的信任,使客户接受企业的产品并采取购买行动,推销人员必须将商品的特点和优点耐心地向客户宣传、介绍,影响并促使客户接受推销人员的观点、商品或劳务。

(三) 推销与营销、促销的关系

1. 推销与营销

在生产经营活动中,不少人往往把营销与推销混为一谈。营销与推销虽然只有一字之差,却是两个完全不同的概念,具有不同的内涵,如表 1-1 所示。它们的主要区别可概括为以下几个方面。

（1）两者的观念不同。

推销观念以企业（即卖主）和企业的现有产品为中心。具体表现为"我们能生产什么，就卖什么"；"我们卖什么，就让人们买什么"。在实际生活中，它的表现就是"以产定销"。而营销观念以客户（即买主）及其需求为中心。具体表现为"客户需要什么，我们就生产、供应什么"。在实际生活中，它的表现就是"以销定产"。

（2）两者的手段不同。

持推销观念的企业，着眼于现有产品的推销，注重运用各种推销技巧，展示产品特点，挖掘和说服客户购买其产品。持市场营销观念的企业，在决定生产、经营什么和生产、经营多少时，必须预先进行市场调研，根据客户需求的特点对市场进行细分，在考虑企业资源条件的基础上确定企业营销对象，并针对目标客户的需求确定适当的营销组合，使企业市场营销的各个因素符合目标客户的需要，互相配合，共同发挥作用，最大限度地满足客户需求，从而最有效地达到企业的营销目标。

（3）两者的目的不同。

在推销观念指导下，企业致力于现有产品的推销，以期获得最大的销售量和利润。在市场营销观念指导下，企业的主要目标已不是单纯追求销售量和短期利润的增长，而是从长期观点出发，力求占领市场，抓住客户，在满足客户需求的基础上，实现长期的合理的利润。

（4）两者所属部门在企业中所处的地位不同。

在推销阶段，企业也设置销售部门，但它排在产、供之后，处于"龙尾"地位。在营销阶段，市场营销部门排在供、产之前，处于"龙头"地位。

表 1-1 推销与营销的区别

	推　销	营　销
观念	以产定销	以销定产
手段	推销技术	营销组合
目的	销售量和利润	实现长期的合理的利润
部门地位	"龙尾"	"龙头"

2. 推销与促销

促销是将产品的独特属性和企业形象的优势尽可能地表现出来，利用媒体广告、人员推销等去说服中间商和客户接受一个产品、观念或想法，以达成企业的销售目标，实现以长期利润为目的的推广组合。

推销是促销组合中的一个重要手段和必不可少的组成部分。推销并不等于促销，但有促销就必定有推销。推销也是大多数企业开展促销活动的首选方式。促销的实质是营销者与购买者之间的信息沟通与传递。

【小思考1-2】

推销、直销、传销都是时下社会经济生活中比较流行的词汇和营销现象，试比较分析一下它们之间的联系和区别，并展望一下这几种销售方式的前景和未来。

三、推销的一般过程

完整的推销过程一般包括寻找客户、访问准备、约见客户、洽谈沟通、达成交易、售后服务、信息反馈等七个阶段。

（一）寻找客户

寻找客户是指寻找有可能成为潜在购买者的客户。开展推销，首先要明确应向谁推销，这是不容置疑的。推销员应建立一个潜在客户的档案，并加以分类，作为开发与进攻的目标，据以收集有关客户的详尽信息。

（二）访问准备

访问准备是指为直接推销活动作好必要的准备。推销如战斗，准备阶段即推销活动的备战阶段。访问准备包括资料准备和策划准备两个方面，具体又包括以下五点：

（1）了解自己的客户。在正式推销之前，推销员必须了解推销对象的有关情况，做到心中有数。关于客户个人的信息，如客户的家庭状况、爱好以及在企业中的位置等；关于客户所在企业的信息，如企业规模、经营范围、推销对象、购买量、追求的利润率、企业声誉、购买决策方式及选择供应商的要求等。

（2）了解和熟悉推销品。对推销品的信心应建立在它能真正满足客户的需求的基础上。推销员不仅要了解产品的性能，而且要熟知产品是如何制造出来的，厂家能提供哪些配套服务，以及产品的使用和维修等知识。

（3）了解竞争者及其产品。为了适应竞争，必须对竞争者的经营策略及其产品作认真分析，学习竞争者的长处，找出推销品的优点与特色，以便在推销过程中用适当的方式表达出来。

（4）确定推销目标。企业规定推销人员在一定时期内所要达到的推销任务，确定推销目标，不仅要考虑市场的需求、企业的供货能力、经济效益的高低，还要综合分析推销人员的实际能力及实施推销策划的水平，以利于激励推销人员积极有效地去努力实现目标。

（5）制订推销方案。除做好访问前的一般准备工作外，还需根据推销目标做周密的安排，对访问的路线、访问的议程、交谈的步骤、拒绝面谈的应对等方面进行策划。

（三）约见客户

约见是推销人员征求客户同意接见洽谈的过程。当推销人员作好必要的准备和安排后，即可约见客户。为了避免冒失和扑空，一般先打电话进行预约。约见是推销接近的开始，约见能否成功是推销成功的一个先决条件。

（四）洽谈沟通

推销洽谈是推销过程的一个重要环节。洽谈也称面谈，但不一定是面对面地交谈。推销洽谈是推销人员运用各种方式、方法、手段与策略去说服客户购买的过程，也是推销人员与客户传递信息并进行双向沟通的过程。

（五）达成交易

达成交易是推销过程的成果和目的，是推销活动中最重要的一部分。达成交易是指客户同意接受推销人员的建议。只有成功地达成交易，才是真正成功的推销。在推销活动中的推销人员要正确处理客户异议，并不失时机地说服客户作出购买决策，完成一定的购买手续。

（六）售后服务

达成交易并不意味着推销过程的结束，售后服务同样是推销工作的一项重要内容。成交以后，售货方若能兑现其他承诺，使客户满意，就比较好地反映了厂商的信誉。例如，履行服务承诺，搞好索赔处理，以及定期或不定期地访问客户，实行跟踪服务等，都是关系买方利益和卖方信誉的售后服务工作。

（七）信息反馈

推销人员完成一项推销任务后，不仅要搞好售后服务，进行推销工作检查与总结，还必须继续保持与客户的联系，加强信息的收集与反馈。及时反馈推销信息，既有利于企业修订和完善营销决策，改进产品和服务，也有利于更好地满足客户需求，争取更多的"回头客"。

推销的七个阶段虽然有先后之分，但就整个推销工作来说，七个阶段相互交叉、相互渗透。

四、推销方格理论

推销方格理论分为推销方格理论和客户方格理论两部分。推销方格理论是研究推销活动中推销人员的心理活动状态的理论；客户方格的理论则是研究客户在推销活动中的心理活动状态的理论。大量工作实践表明，要做好推销工作，必须了解买卖双方对推销活动的态度。学习推销方格理论，一方面可以直接帮助推销人员更清楚地认识自己推销态度的状况，看到自己在推销工作中所存在的问题，进一步提高自己的推销能力；另一方面推销方格理论还可以帮助推销人员更深入地了解客户，掌握客户的心理活动，以便于有的放矢地开展推销活动。下面我们分别介绍推销方格理论和客户方格理论。

（一）推销方格理论

推销人员在推销活动中有两个目标，一是尽力说服客户购买，以更好地完成推销任务；二是尽力迎合客户的心理活动，赢得客户满意，与客户建立良好的人际关系。这两个目标的侧重点不同，前者关心"销售"，后者强调"客户"。推销人员对这两个目标所持的态度不同，追求这两种目标的心理愿望的程度也就不同，最终导致推销人员的推销业绩的不同。若把推销人员对这两个目标的追求用平面坐标系第一象限表示出来，就形成了"推销方格"（图1-1）。

在图1-1中，纵坐标表示推销人员对客户的关心程度，横坐标表示推销人员对销售任务的关心程度。坐标值越大，表示关心的程度越高，方格代表各种推销人员不同的推销心理态度。该理论作为检验研究推销人员推销心态和工作有效性的理论，对指导和培训推销人员养成良好的工作态度，提高推销工作的成效具有重要意义。

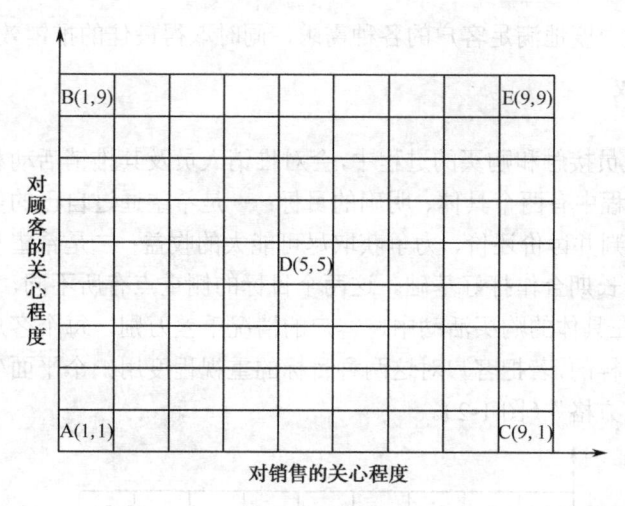

图 1-1 推销方格

在众多的推销心态中，有 5 种典型的推销人员心态。即事不关己型、客户导向型、强销导向型、推销技巧型、解决问题型。

（1）事不关己型：即推销方格中的 A（1，1）型。处于这种心态的推销人员既不关心自己的推销任务能否完成，也不关心客户的需求和利益是否得到满足。其具体表现是：没有明确的工作目的，工作态度冷漠，缺乏必要的责任心和成就感；他们对客户缺乏热情，客户是否购买商品与己无关，偶尔进行推销也是靠关系和回扣来维系，从不作推销调研和工作总结。

（2）客户导向型：即推销方格中的 B（1，9）型。处于这种推销心态的推销人员只关心客户，不关心销售任务。其具体表现是：过分注重与客户建立和保持良好的关系，关注对客户的感情投资，尽可能照顾客户的意愿和情绪，事事随客户心意，避免把自己的意愿强加给客户，恪守"宁可做不成生意，也决不得罪客户"的信条。

（3）强力推销型：即推销方格中的 C（9，1）型，也称推销导向型。处于这种推销心态的推销人员具有强烈的成就感与事业心。这种推销人员的心态与客户导向型正好相反，只关心销售任务的完成，不关心客户的购买心理、实际需要和利益；他们工作热情高，以不断提高推销业绩为追求目标，为完成推销任务，他们千方百计地说服客户购买，不惜采用一切手段强行推销，缺乏对客户需要及心理的研究，习惯按自己的方式高压推销商品。

（4）推销技巧型：即推销方格中的 D（5，5）型，也称干练型。处于这种推销心态的推销人员既关心推销任务的完成，也关心客户的满意程度，其具体表现是：推销心态平衡，工作踏踏实实，稳扎稳打；对推销环境心中有数，充满信心；注意研究客户心理和积累推销经验，讲究推销技巧和艺术的运用；在推销中一旦与客户意见不一致，一般采取妥协，避免矛盾冲突。这类推销人员往往只照顾了客户的购买心理，而不考虑客户的实际需要。从长远看，既损害了客户的利益也影响了组织的利益，因此这类推销人员也不是理想的推销人员。

（5）解决问题型：即推销方格中的 E（9，9）型，也称满足需求型。处于这种推销心态的推销人员对客户的需要和满足以及对推销任务的完成都非常关心，他们的推销心态是极佳的。其具体表现是：有强烈的事业心和责任感，真诚关心和帮助客户，工作积极主动，不强加于人；注意研究整个推销过程，总是把推销的成功建立在满足客户需求的基础上，针对客户的问题提出解决的方法，最大限度地满足客户的各种需求，同时取得最佳的推销效果。

（二）客户方格

客户在与推销人员接触和购买的过程中，会对推销人员及其推销活动和对自身购买活动产生看法，其在购买过程中有两个具体、明确的目标：一是希望通过自己的努力获得有利的购买条件，与推销人员谈判并讨价还价，力争获取尽可能大的收益；二是希望与推销人员建立良好的人际关系，为日后长期合作打好基础。这两个目标的侧重点有所不同，前者注重"购买"，后者注重"关系"。在具体的购买活动中，客户的情况千差万别，每个客户对这两个目标的重视程度和态度是不一样的，若把客户对这两种目标的重视程度用一个平面坐标系第一象限表示出来就形成了"客户方格"（图1-2）。

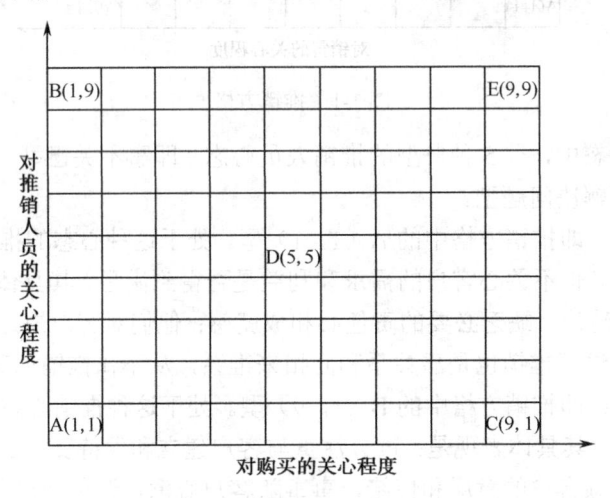

图1-2 客户方格

客户方格图中的纵坐标表示客户对推销人员的关心程度，横坐标表示客户对购买的关心程度。坐标值越大，表示客户对推销人员或购买的关心程度越高。客户方格中的每个方格分别表示客户各种不同类型的购买心态。客户方格形象地描绘出客户对推销人员与对自身购买任务的关心程度的81种有机组合，它作为研究客户购买行为和心态的理论，对推销人员了解客户态度，与客户实现最佳的配合，学会如何应付各种不同类型的客户，争取推销工作的主动权，提高推销工作的效率具有重要意义。在众多的客户心态中，其中具有代表性的有以下5种类型，即漠不关心型、软心肠型、防卫型、干练型、寻求答案型。

（1）漠不关心型：即客户方格图中的A（1，1）型。处于这种购买心态的客户对上述两个目标的关注程度都非常低，既不关心自己与推销人员的关系，也不关心自己的购买行为及结果。他们当中有些人的购买活动有时是被动和不情愿的，购买决策权并不在自己手中。其具体表现是：受人之托或奉命购买，自身利益与购买行为无关，无决策权，缺乏热心及敬业精神，怕担责任，多一事不如少一事，往往把购买的决策权推给别人。

这类客户很难打交道，向这类客户推销产品是非常困难的，推销成功率是相当低的。对此，推销人员应先从情感角度主动与客户接触，了解客户的情况，再用丰富的产品知识，结合客户的切身利益引导其产生购买欲望和购买行为。

(2) 软心肠型：即客户方格图中的 B(1, 9) 型，也称情感型。处于这种购买心态的客户非常同情推销人员，对自己的购买任务和行为却不关心。其具体表现是：这类客户非常注重情感，不重视利益，容易冲动，容易被说服和打动；重视与推销人员的关系，重视交易现场的气氛，缺乏必要的商品知识，独立性差。当推销活动与购买任务发生冲突时，为了能与推销人员保持良好的关系，或者为了避免不必要的麻烦，他们很可能会向推销人员作出让步，吃亏地买下自己不需要或不合算的推销品，宁肯花钱买推销人员的和气与热情。

这种类型的客户在现实生活中并不少见，许多老年人和性格柔弱、羞怯的客户都属于此类客户。因此，推销人员要特别注意感情投资，努力营造良好的交易气氛，以情感人，顺利实现交易的成功。同时，推销员也应保护这类人的基本利益，否则容易损害组织和推销员个人的长远利益。

(3) 防卫型：即客户方格图中的 C(9, 1) 型，也称购买利益导向型。处于这种购买心态的客户恰好与软心肠型客户的购买心态相反。处于这种心态的客户只关注自己的购买行为和利益的实现，甚至对推销人员抱有敌视态度；他们不信任推销人员，本能地采取防卫的态度，担心受骗上当，怕吃亏。其具体表现是：处处小心谨慎，精打细算，讨价还价，对推销人员心存戒心，态度冷漠敌对，事事加以提防，绝不让推销人员得到什么好处。

这类客户的生意比较难做，即使最终成交，企业的盈利也微乎其微。推销人员在推销过程中不能操之过急，应先推销自己，以诚待人，以实际行动向客户证明自己的人格，赢得客户对自己的信任，消除客户的偏见，然后再转向推荐推销品，努力达成交易。

(4) 干练型：即客户方格图中的 D(5, 5) 型，也称公正型。处于这种购买心态的客户既关心自己的购买行为，又关心推销人员的推销工作。这类客户购买时头脑冷静，既重理智又重感情，考虑问题周到，一般都具有一定的商品知识和购买经验，购买决策时非常慎重。其具体表现是：乐于听取推销人员的意见，自主作出购买决策，购买时理智、冷静、自信心强，购买决策客观而慎重。

这类客户有时会与推销人员达成圆满的交易，买到自己满意的商品。具有该种心态的客户一般都很自信，甚至具有较强的虚荣心。他们有自己的主见，有自尊心，不愿轻信别人，更不会受别人的左右。对此，推销人员应设法用科学的证据和客观的事实说服客户或让其自己去作判断决策，若能在客户采取购买行动时再赞赏几句，会收到很好的推销效果。

(5) 寻求答案型：即客户方格图中的 E(9, 9) 型，也称专家型。处于这类购买心态的客户既高度关心自己的购买行动，又高度关心推销人员的推销工作。这类客户在考虑购买商品之前，能够非常理智地对商品进行广泛的调查分析，既了解商品质量、规格、性能，又熟知商品的行情，对自己所要购买商品的意图十分明确。对商品采购有自己的独特见解，不会轻易受别人左右，但他们也十分愿意听取推销人员提供的观点和建议，并对这些观点和建议进行分析判断，善决策又不独断专行。

具有这种购买心态的客户是最成熟、最值得称道的客户。他们充分考虑推销人员的利益，尊重和理解他们的工作，不给推销人员出难题或提出无理要求；他们把推销人员看成是自己的合作伙伴，最终会出现买卖双方都满意的结果。对这类客户，推销人员应设法成为客户的参谋，了解客户的需求所在，主动为客户提供各种服务，加强双方合作，尽最大努力帮助他们解决问题，实现买卖双方的最大收益。

（三）推销方格与客户方格的关系

从前面介绍的推销方格和客户方格的相关理论可以看出，推销人员与客户的心态多种多样，在实际推销活动中，任何一种心态的推销人员都可能接触到各种不同心态的客户。

从现代推销学的角度看，趋向于（9，9）型的推销心态和购买心态比较成熟和理想，推销活动的成功率较高。因此，每一个推销人员应该加强自身修养，努力学习，把自己训练成为一个帮助客户解决问题的推销专家，既要高度关心自己的推销效果，又要高度关心客户的实际需要，用高度的事业心和责任感来对待自己的工作和客户。

当然，满足需求型的推销人员无疑是理想的推销专家，但这并不意味着具有其他类型的推销心态的推销人员就不能达成交易。在错综复杂、千变万化的推销活动中，没有哪一种推销心态对所有客户都有效，同样，不同的购买心态对推销人员也有不同的要求。因此，成功推销的关键取决于推销心态与购买心态吻合的程度。比如，客户导向型推销人员向防卫型客户进行推销较难取得效果，而对软心肠型的客户进行推销就容易成功。推销人员应该根据自身的特点有针对性地训练，熟悉各种不同心态客户的购买特点，以适应各种不同购买心态客户的要求。

任务实施

（一）任务要求

根据以下案例内容，利用本任务所学的有关推销理念等相关知识进行分析，并回答问题。

（二）任务载体

【案例】福特 T 型车的成与败

福特公司于 1908 年 10 月 1 日又推出 T 型车，这款车很快令千百万美国人着迷。流水线最早应用于 T 型车的生产，并随着流水线的不断改进，福特公司的生产效率提高到了惊人的程度：每 10 秒钟就可以生产出一辆汽车。福特公司先进的生产方式为它带来了极大的市场优势，使其成为美国最大的汽车公司。

到了 20 世纪 20 年代中期，由于产量激增，美国汽车市场买方市场基本形成，道路及交通状况也大为改善，简陋而千篇一律的 T 型车虽然价廉，但已经不能满足消费者的需求。面对福特汽车的价格优势，竞争对手通用汽车公司转而在汽车的舒适化、个性化和多样化等方面大做文章，推出了新款雪佛兰汽车，以此来对抗廉价的福特汽车。雪佛兰一上市就大受欢迎，严重冲击了福特 T 型车的市场份额。然而，面对市场的变化，福特仍然顽固地坚持生产中心的观念，继续坚持大批量生产，结果造成巨大的库存积压。1927 年开始，福特公司被迫停产。

（三）任务思考

思考一：利用汽车推销的基本理论，分析福特 T 型车为什么最终失败？
思考二：价格是否是决定客户购买的唯一因素？客户的需求是一成不变的吗？

任务二　汽车推销员应具备的能力

知识目标

- 明确汽车推销员的职责和基本要求；
- 熟悉客户购买心理；
- 掌握现代汽车推销的模式和渠道；
- 掌握汽车推销的基本礼仪。

技能目标

- 能够初步判断消费者的购买心理及应对策略；
- 学会塑造推销员形象，言谈举止大方得体。

任务剖析

推销人员要想在这极具挑战性的汽车推销工作中获得成功销售，就必须具有核心竞争力，只有这样，才能掌握推销的主动权。而汽车推销员的核心竞争力的培养，首当其冲应是塑造自己汽车推销员的形象，培养汽车推销员最基本的能力。

知识准备

一、汽车推销员的职责和基本素质

（一）汽车推销员的职责

推销员的职责是指推销员必须做的工作和必须承担的责任。推销人员虽然面对的推销对象不同，具体的工作任务不同，但总的来说，所承担的职责大体是相同的。推销人员的主要职责如下。

1. 搜集信息

推销人员是联系企业和市场、企业和客户的桥梁与纽带，容易获取产品的需求动态、竞争者状况及客户的意见等方面的重要信息。及时地获取与反馈这些信息是推销人员的一项重要职责。这不仅可以为企业制定正确的营销策略提供可靠依据，而且有助于推销人员提高自身的业务能力。推销人员在搜集信息时要做好以下几项工作。

（1）寻找与确定目标市场，即寻找并确定企业产品目前的需求者或未来的可能购买者。

（2）通过目标市场中需求者的多少、购买力的大小、购买欲望的强弱的容量来估算可以达到的销售额。

（3）了解目标市场需求的具体特点以更好地进行市场营销决策及推销活动。

（4）为企业制定市场营销决策当好参谋。

（5）了解同类产品竞争者的状况。

【案例 1-1】苹果"Power Book"笔记本电脑的成功

苹果公司开发的"Power Book"笔记本电脑获所得的巨大成功，是和它的推销人员密不可分的。他们注意到竞争者的产品体积更小，人们在飞机上、汽车里、家里甚至床上都可以使用。但他们却得出结论：人们并不是真正想要小计算机，而是想要可以移动的计算机，价格只是其中的一个方面。推销人员注意到，乘坐飞机的电脑用户需要一块平面移动鼠标，需要一处地方放置他们的双手。因此，Power Book 就有了两个显著的特点：跟踪球指示器以及可以将手放在其上的键盘。这些使 Power Book 更便于使用，特点更明显。

2. 协调关系

推销人员运用各种管理手段和人际交往手段，建立、维护和发展与潜在客户及老客户之间的业务关系和人际关系，以便获得更多的推销机会，扩大企业产品的市场份额，这也是推销人员的重要职责。推销成功后，能否保持和重视与客户的联系，是关系推销活动能否持续发展的关键。推销人员在协调关系时应做好以下几方面的工作：

（1）确定客户的名单，建立客户档案；

（2）根据计划与客户进行沟通；

（3）定期对推销人员进行检查、评估。

3. 推销商品

将企业生产的商品从生产商手中转移到客户手中，满足客户的需要，为企业再生产和扩大再生产创造条件，是推销人员最基本的职责，也是销售工作的核心。因此，推销商品是企业的核心工作，一切工作都是围绕着商品的销售来开展。诸如汽车这类商品的销售主要依靠人员推销，人员推销的关键在于商品的推介。

4. 提供服务

商品推销活动本身就是为客户提供服务的过程。推销人员不仅要为客户提供满意的商品，更重要的是为客户提供各种周到和完善的服务。未来企业的竞争日趋集中在非价格因素上，非价格竞争的主要内容就是服务。在市场竞争日益激烈的情况下，服务往往成为能否完成销售目标的关键因素。

推销人员所提供的服务包括售前服务、售中服务和售后服务等三种服务。

（二）汽车推销员的职业素质

一个企业推销人员的素质与能力关系到企业的生存与发展。想要成为一名合格的推销员，应该具备以下基本素质。

1. 思想素质

推销工作是一项创造性的、艰苦的脑力和体力劳动相结合的工作，因此要求推销人员具有强烈的事业心、高度的责任感、坚强的意志和毅力。

（1）强烈的事业心。作为推销人员，应当有远大的理想、坚定的目标、强烈的欲望，真正做到干一行、钻一行、爱一行，并力争成为推销队伍中的尖兵；作为推销人员，必须树立正确的推销观念，把满足客户消费需求作为推销工作的起点，诚心诚意为客户着想，全心全意为客户服务，把推销商品与解决客户的实际问题有机地结合起来。

（2）高度的责任感。首先，推销员是企业的销售代表，是企业的代言人，其一言一行都关系到企业的声誉与形象；同时，推销活动也是企业与客户进行信息沟通的一种有效方式。因此，推销员首先必须具有高度的责任感，想方设法地完成企业的销售任务，这是推销人员工作的主要目的，也只有这样，才能算得上是合格的推销员。其次，推销员代表的是一个企业，除完成一定的推销任务外，还需要在推销活动中为企业树立良好的形象，与客户建立和保持良好、融洽的关系，不能为了实现推销定额而损害企业的形象和信誉。

（3）坚强的意志和毅力。推销活动以人为工作对象，而人又是复杂多变的。因此，影响推销成功的不确定性因素很多，这也决定了推销的难度很大。推销员必须具备一往无前、压倒一切困难的勇气，必须具备百折不挠的毅力与韧劲。

【小知识1-3】

在推销活动中，只要有1%的成功可能性，就要用100%的行动去争取，这就是百折不挠的精神在推销中的具体体现。在某些场合，勇气和毅力比经验、技巧更为重要。

2. 业务素质

推销员在推销过程中，会接触到各种各样的客户，他必须在较短的时间内迅速做出判断，并确定具体的推销方式与技巧。因此，推销员除具备过硬的思想素质外，还要具有较高的业务素质。

推销员的业务素质，主要表现在对以下几方面知识的掌握上：

（1）企业方面的知识。对自己企业了解越多，推销员就越有可能取得客户的信任，从而获得订单。一般来说，企业规模、企业声誉、企业产品、企业对客户的支持、企业财务状况、企业优惠政策等，往往会成为客户判断企业是否值得依赖和选购该企业产品的重要依据。

【小知识1-4】

优秀的推销员一般会从以下几点解读企业：

① 企业的历史、经营理念和特点；
② 企业在同行业中的地位、影响力以及当前的财务状况；
③ 企业的经营范围和产品、服务优势；
④ 企业的折扣政策和客户奖励政策；
⑤ 企业的订单处理程序。

（2）产品方面的知识。称职的推销员，应掌握产品的技术性能、使用与维修方面的技术知识，明确本企业产品与竞争对手的产品之间的差异。

（3）市场方面的知识。推销员应接受一定程度的教育，掌握必要的理论知识与实务技能，包括市场营销理论、市场营销调研方法、推销技巧等方面的知识，熟悉有关市场方面的政策、法令和法规。

（4）客户方面的知识。推销人员还要懂得客户心理与购买行为方面的知识，因此应掌握消费者心理学、公共关系学、人际关系学、行为科学和社会学等方面的知识，以便分析客户的购物心理，并据此运用合适的推销手段。

（5）竞争方面的知识。要成功地实施推销，还必须掌握同行业竞争状况的信息，包括整个行业的产品供求状况、企业所处的竞争地位、竞争产品的优点、本企业产品的优点、竞争产品的价格、竞争产品的销售策略等。

3. 身体素质

无论是外出推销，还是在展厅推销，推销工作都是一项复杂、艰苦的体力劳动。推销人员必须有强健的身体、充沛的精力方能胜任，健康的身体是实施推销活动一切策略的保证。

4. 心理素质

成功的推销员都比较注重培养一种有利于达成交易的个人心理素养。性格外向、自信、良好的个性品格是一个汽车推销人员所应具备的心理素养。

（三）汽车推销员的职业能力

一名杰出的推销员除具备上述这些基本素质外，还应有较强的观察力、创造力、社交能力、语言表达能力及应变能力等。

1. 观察能力

观察能力是指人们对所注意事物的特征具有的分析判断和认识的能力。具有敏锐观察力的人，能透过看起来不重要的表面现象而洞察到事物的本质与客观规律，并从中获得进行决策的依据。新发明、新产品、新广告、新观念、新方法的魅力在于其"新"，推销人员推销时的吸引力也出自于"新"，他如何在推销过程中创新，有赖于他对新鲜事物的高度敏感性，这就要求推销人员具有超凡的观察能力。

【小知识1-5】
对客户的观察与了解，可以从六个方面入手：
① 客户的社会背景，如家庭背景、职业、经历、收入水平等；
② 客户的气质、性格、兴趣爱好；
③ 客户对社会、对工作、对购买的态度；
④ 客户在整个购买过程中所担任的角色、所处的地位、所起的作用；
⑤ 客户在人际关系中的特征，如对自己、他人和人际关系的看法与做法；
⑥ 客户的体态、服饰和动作姿态等。

2. 创造力

对推销人员而言，开拓一个新市场、发掘一个新客户，采用一种别出心裁的推销手段，都必须首先具有开拓创新的精神和能力。推销人员不仅要满足现实的需求，更要创造和发现潜在的需求。

【案例1-2】 两个皮鞋推销员

位于南太平洋上的一个岛屿，来了两个皮鞋推销员。这两个推销员分别来自A、B两个国家。A国推销员看到该岛居民均光着脚，于是马上给公司发了电报："本岛无人穿鞋，我决定明天回国。"而B国推销员发回公司的是另一份截然不同的电报："好极了！该岛无人穿鞋，是个很好的市场，我将长驻此地工作。"结果，B国公司开发了一个新的市场，取得了巨大的成功。由此可见，一个墨守成规、因循守旧的推销人员与一个勇于开拓创新的推销人员，在推销业绩上会有多么大的不同。

3. 社交能力

推销员除具备推销领域必须掌握的丰富专业知识外，还应有广的兴趣爱好、宽阔的视野，以便能够得心应手、运用自如地应付不同性格、年龄、爱好的客户。社交能力不是天生的，是在推销实践中逐步培养的。要培养高超的交往能力，推销员必须努力拓宽自己的知识面，同时要掌握必要的社交礼仪。推销人员应勇敢、主动地与人交往，不要封闭自己。

4. 语言表达能力

推销员的接洽工作总是以一定的语言开始的，不管是形体语言、物质载体语言还是文字语言，都要求推销员通过语言准确地表达推销品的信息，使推销对象清楚地了解和明白推销品的方方面面。

5. 应变能力

在实际推销时，推销人员面对的客户太多，必然会出现一些意想不到的情况，对于这样突然的变化，推销员应理智地进行分析和处理，遇事不惊，随机应变，并立即提出对策。

【案例1-3】机敏的钢化玻璃杯推销员

一名推销员正在向一大群客户推销一种钢化玻璃杯，他首先是向客户介绍商品，宣称其钢化玻璃杯掉到地上是不会坏的，接着进行示范表演，可是碰巧拿到一只质量不合格的杯子，只见他猛地往地下一扔，杯子"砰"的一下全碎了，真是出乎意料，他自己也十分吃惊，客户更是目瞪口呆，面对这样尴尬的局面，假如你是这名推销员，你将如何处理呢？这名富有创造性的推销员急中生智，笑着对客户说："看见了吧，这样的杯子就是不合格品，我是不会卖给你们的。"接着他又扔了几只杯子，都获得了成功，博得了客户的信任。这位推销员的杰出之处就在于他把突发情况转变成一件貌似事先已准备好的推销步骤，做得真是天衣无缝！

二、客户购买心理

客户在购买过程中发生的复杂微妙的心理活动，影响着购买活动的全过程，支配着购买行为。如若能捕捉到客户购买心理及其变化，力求与其产生共鸣，给客户一种"知音"相见恨晚的感觉，那么客户就会消除防备心理，成交将会水到渠成。

（一）客户的购买心理

客户的购买心理是指客户在成交过程中发生的一系列极其复杂、极其微妙的心理活动，包括客户对商品成交的数量、价格等问题的一些想法及如何付款、选择什么样的支付条件等。这个心理活动过程可分为认知、感情、意行三个阶段。

1. 认知阶段

这是客户接触、了解、掌握商品信息的过程，是购买活动的基础和先导。认知过程又是由注意、感知、记忆、联想、思维等几种心理活动复合而成。此阶段推销员要注意观察客户的行为，倾听客户的声音，揣摩客户的内心需求。

2. 感情阶段

这是客户对商品主观体验和感受的过程，这个心理活动过程形成了客户对商品的主观态度。这个过程是购买心理活动过程的关键阶段，买或不买的思想倾向在这时明显分化，客户若能产生积极的感情体验，对购买欲望和购买行为就具有促进作用；反之，则有抑制作用。此时，就需要推销员根据认知阶段所收集的客户心理判断其购买心理类型并做出积极的回应，进一步放大客户对购买之后的利益想象。

3. 意行阶段

这是客户在购买活动中的意志和行为过程，即客户确定购买目标并付诸实施的过程。客户经过认知、感情阶段，通过商品包装获取的有关商品信息在这个阶段进行归纳、概括之后，会结合自己的需要，采取购买行动，此阶段推销员应该做好成交的准备。

（二）客户购买心理类型

客户根据自己的需求，到市场去购买商品，这一行为中，心理上会有许多想法，驱使自己采取不同的态度。客户的购买心理可以决定成交的数量甚至交易的成败。因此，我们对客户的心理必须高度重视。

1. 求实心理

这是客户特别是我们客户普遍存在的心理动机。他们购买物品时，首先要求商品必须具备实际的使用价值，讲究实用。比如，购买汽车就是为了满足自己和家人日常出行方便、快捷、舒适的需求。

2. 求新心理

这是以追求超时和新颖为主要目的的心理动机，他们购买汽车重视"时髦"和"奇特"，好赶"潮流"。在经济条件非常优越的年轻人中较为多见，只要有新款跑车、豪车上市，马上能引起他们的注意。

3. 求美心理

爱美是人的一种本能要求，喜欢追求商品的欣赏价值和艺术价值，在青年妇女和文艺界人士中较为多见，在经济发达的国家的客户中较为普遍。他们在选择商品时，特别注重商品本身的造型美和色彩美，注重商品对人体的美化作用，对环境的装饰作用，以达到艺术欣赏和精神享受的目的。

4. 求名心理

这是一种以显示自己的地位和威望为主要目的的购买心理。消费者讲名牌、用名牌，以此来"炫耀自己"。具有这种心理的人，普遍存在于社会各阶层，尤其是现代社会中，使用名牌，既能提高生活质量，也可象征社会地位。

5. 求利心理

这是一种"少花钱多办事"的心理动机，其核心是"廉价"。有求利心理的客户，在选购商品时，喜欢对同类商品之间的价格差异进行仔细的比较，喜欢选购折价商品或处理商品。具有这种心理动机的人，以经济收入较低者为多。

6. 偏好心理

这是一种以满足个人特殊爱好和情趣为目的的购买心理。有偏好心理动机的人，喜欢购买某一类型的商品。例如，有的喜欢宝马汽车的驾驶乐趣，有的喜欢悍马的霸气，有的喜欢法拉利的速度与激情，还有的喜欢改装车的标新立异。这些偏好性心理动机往往同性格、知识、生活情趣等有关。因而偏好性购买心理动机也往往比较理智，指向也较稳定，具有经常性和持续性的特点。

7. 自尊心理

有这种心理的客户，在购物时，既追求商品的使用价值，又追求精神方面的高雅。他们在采取购买行动之前，常希望能受到推销员的欢迎和热情友好的接待。

8. 仿效心理

这是一种从众式的购买心理动机，其核心是不甘落后，总想跟着大众趋势走。有这种心理的客户，购买某种商品，往往不是由于急切需要，而是为了赶上他人，借以求得心理上的满足。

9. 疑虑心理

这是一种思前顾后的购物心理动机，其核心是怕"上当"、怕"吃亏"。客户在购买物品的过程中，对商品质量、性能、功效持怀疑态度，怕不好使用，怕上当受骗，满脑子疑虑。因此，反复向推销员询问，仔细地检查商品，并非常关心售后服务工作，直到心中的疑虑解除后，才肯掏钱购买。

推销员对客户的购物心理，必须细心观察，认真分析，并针对其特点，恰当对待，促使推销工作顺利进行，提高成交业绩。

三、汽车推销的基本知识

（一）汽车推销模式

所谓推销模式，是指根据推销活动的特点及对客户购买活动各阶段的心理演变应采取的策略，归纳出的一套程序化的标准推销形式。推销模式来自于推销实践，具有很强的可操作性，是现代推销理论的重要组成部分。推销模式的种类有很多，这里主要介绍应用最广泛的四种模式，即爱达（AIDA）模式、迪伯达（DIPADA）模式、埃德帕（IDEPA）模式、费比（FABE）模式。

1."爱达"（AIDA式）模式

"爱达"模式的具体内容是指一个成功的推销人员必须把客户的注意力吸引或者转移到产品上，使客户对推销人员所推销的产品产生兴趣，这样客户的购买欲望也就随之产生，然后促使客户采取购买行动。它的推销活动分为四个步骤：引起客户注意、唤起客户兴趣、激起客户购买欲望、促成客户购买行为。由于注意（Attention）、兴趣（Interest）、欲望（Desire）、购买（Action）四个英文单词的第一个字母分别是A、I、D、A，所以被称为AIDA（爱达）模式，如图1-3所示。

"爱达"模式被公认为是国际成功的推销模式，比较适用于展厅的推销，如柜台推销、展销会推销。

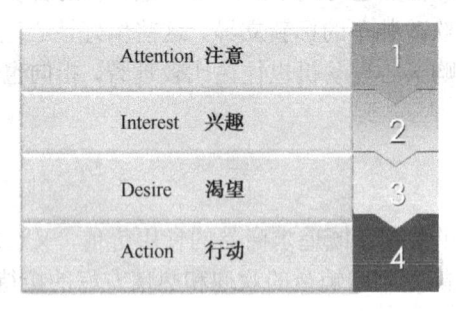

图1-3 爱达模式

【案例1-4】 以AIDA（爱达）模式接待客户—引起客户注意

一个推销人员面对客户，开口总是说："我是××公司的销售代表，这是我的名片。我们公司生产的××产品，性能优良，质量稳定，希望你考虑购买我们的产品。"

这种开场白使客户感觉到话题围绕的中心是推销人员及推销品，接受推销、购买产品也是推销人员所希望的事，与客户无关，由此会导致推销人员总是遭受拒绝和冷遇。如果在一开始就让客户感觉到自己是被关注的中心,自己的需要和利益才是真正重要的,那么气氛就会不同。

"久闻大名,大家都希望能为您做点事情。这是我的名片,希望能为您效劳。"最冷漠的客户也会受到感动,从而将注意力集中起来。可见,吸引住客户眼球,引起客户好感和注意,是推销成功的关键一步。

资料来源:崔平. 推销学(第3版)[M]. 北京:机械工业出版社,2005.

【案例 1-5】 以 AIDA(爱达)模式接待客户——唤起客户兴趣

美国克莱斯勒公司的董事长埃克哈,推销员出身,当年推销汽车,向汽车经销商展示汽车座椅性能的时候,没有直接说:"坐着如何舒适,如何柔软。"而是采用这样的手法:他把各经销商邀集到一块,把汽车座椅卸下来,放在地上,然后爬上三层楼顶,向汽车座椅扔鸡蛋,扔在座椅上的鸡蛋都没有被摔烂。

2. "迪伯达"(DIPADA)模式

"迪伯达"是 6 个英文字母 D、I、P、A、D、A 连在一起时的译音。这 6 个字母分别为 6 个英文单词 Definition(发现)、Identification(认定)、Proof(证实)、Acceptance(接受)、Desire(欲望)、Action(行动)的首字母,它们表达了迪伯达公式的 6 个推销步骤:

(1)准确地发现并指出客户有哪些需要和愿望。在这一阶段,推销人员应围绕客户的需要,探讨客户需要解决的问题,以客户为中心。

(2)把客户的需要与推销的产品紧密联系起来。

(3)证实推销品符合客户的需要和愿望。

(4)促使客户接受所推销的产品。在推销过程中,客户往往不能把自己的需求与推销品联系起来。推销人员必须拿出充分的证据向客户证明,推销品符合客户的需求。

(5)刺激客户的购买欲望。在推销过程中,还应该使客户认识到:他必须购买推销品。因此,必须激发客户的购买欲望。

(6)促使客户采取购买行动。这个阶段同'爱达'模式的第四个阶段"促成交易"是相同的。

由于"迪伯达"模式紧紧抓住了客户需要这个关键性的环节,使推销工作更能有的放矢,因而具有较强的针对性。"迪伯达"模式适用于生产资料市场产品的推销;适用于对老客户及熟悉客户的推销;适用于对单位购买者的推销。

3. "埃德帕"(IDEPA)模式

"埃德帕"(IDEPA)模式是"迪伯达"模式的简化形式,其中:I 为 Identification(认定)、D 为 Demonstration(示范)、E 为 Elimination(淘汰)、P 为 Proof(证实)、A 为 Acceptance(接受)。这种模式适用于有着明确的购买愿望和购买目标的客户,采用该模式时不必去发现和指出客户的需要,而是直接提示哪些产品符合客户的购买目标,这种模式适合于零售推销。"埃德帕"模式把推销全过程概括为五个阶段:

(1)把推销的产品与客户的愿望联系起来;

(2)向客户示范合适的产品;

(3)淘汰不宜推销的产品;

(4)证实客户已作出正确的选择;

（5）促使客户购买推销人员所推销的产品，作出购买决策。

4. 费比（FABE）模式

费比模式是由美国奥克拉荷马大学企业管理博士、中国台湾中兴大学商学院院长郭昆漠先生总结并推荐的推销模式。费比模式将推销活动分为四个步骤：

（1）特征（Feature）。

推销人员在见到客户后，要以准确的语言向客户介绍产品特征，如向客户介绍产品的性能、构造、作用、使用的简易及方便程度、耐久性、经济性、外观优点及价格等。

（2）优点（Advantage）。

要求推销人员应针对在第一步骤中所介绍的产品特征，寻找出其特殊的作用或者是某项特征在该产品中扮演的特殊角色、具有的特殊功能等。如果是新产品，务必说明该产品开发的背景、目的、必要性以及设计时的主导思想、相对于老产品的差别优势等。

（3）利益（Benefit）。

推销人员应在了解客户需求的基础上，把产品能给客户带来的利益尽量多地列举给客户。不仅讲产品外表的、实体上的利益，更要讲产品给客户带来的内在的、实质上的利益。

（4）证据（Evidence）。

推销人员应让证据说话，以真实的数字、案例、实物等证据解决客户的各种异议与顾虑，促成客户购买。比如，推销员在介绍汽车的燃油经济性时，与其说该车非常省油、特别省油、最省油等，还不如把百公里综合油耗这冷冰冰的数值说出来，与同级别的车进行比较。

费比模式的突出特点是：事先把产品特征、优点及带给客户的利益等列出来印在卡片上，这样就能使客户更好地了解有关内容，节省客户产生疑问的时间，减少客户异议的内容。这个也是汽车推销中用得最广泛的推销模式。

费比句式：针对不同客户的购买动机，把最符合客户要求的商品利益向客户推介是最关键的，为此，最精确有效的办法，是利用特点（F）、功能（A）、好处（B）和证据（E）等来说明。其标准句式是："因为（特点）……，从而有（功能）……，对您而言（好处）……，你看（证据）……"

（二）汽车推销方式

1. 直接的推销方式

（1）人员推销。

人员推销是一个由汽车推销人员与客户进行面对面沟通的推销方式。汽车推销人员通过与客户交流，了解客户潜在购买的欲望和要求，介绍汽车的功能与特点，并让客户体验汽车的驾乘感受，适当引导，促成推销成功，以满足消费者需求。人员推销还能与购买者建立长期友好的关系。

（2）电话推销。

电话推销是汽车推销人员采用电话直接向客户推销汽车，这种方法适用于为老客户提供销售服务，如新车型上市、以旧换新等。还适用于向新客户推销的初始阶段，争取客户来展厅做进一步的了解，为人员推销提供客源。

(3) 网络推销。

网络推销是指利用汽车厂商或经销商的门户网站进行汽车展示的一种推销方式。这是近几年电子商务发展相对成熟后才发展起来的一种推销方式。目前这种推销方式还处于初始阶段，成交量很少，一般仅作为人员推销的辅助推销方式。

(4) 汽车展会推销。

利用汽车展会与客户接触，汽车推销人员与客户在展会上进行买卖交流，商谈购车事宜。有的客户当场预定，有的客户留下资料待以后进一步约见和商谈。从近些年的数据统计获知，此种方式推销成功交易的量在逐年上升。

(5) 研讨会推销。

研讨会推销是指召开由汽车推销企业技术人员向买方技术人员介绍汽车某项最新技术的研讨会，让客户了解本企业的最新产品和服务情况，促使其购买本企业的产品。这种方式一般用于生产性车辆，属于大客户销售。

2. 间接汽车推销方式

(1) 广告推销。

广告推销是公司用付费的方式，把有关汽车商品、服务等信息通过报纸、杂志、广播、电视、网络等媒体，有计划地传递给消费者，以建立供需之间的联系，达到指导消费、扩大汽车推销的目的。其特点是可以更为广泛地宣传其产品，传递商品信息。

(2) 营业推广。

营业推广是指企业在特定的目标市场中，为迅速地刺激需求和鼓励消费而采取的一种促销手段，是汽车推销企业为了正面刺激购买者需求而采取的非人员推销方式，诸如展览会、有奖销售、减价折扣或者在大量购买中给予优惠等。其共同特点是可以有效地吸引客户，刺激购买欲望。

(3) 公共关系推销。

公共关系推销是指一个公司为了谋求社会各方面的信任和支持，树立企业信誉，创造良好的社会环境而采取的一系列措施和行动。从销售角度看，它是企业为了获取公众信赖，加深客户印象而用非直接付费方式进行的一种促销活动。

（三）影响汽车推销的因素

1. 国家政策

国家政策对汽车推销的影响主要体现在三个层面：宏观经济政策、针对汽车行业的激励政策和城市治堵治污政策。

针对汽车行业的激励政策对促进汽车推销有较大影响。如政府取消低价位车型的养路费、把汽车业列为十大产业振兴计划、汽车下乡优惠、小排量新车购置税减半等一系列措施刺激和鼓励购车政策，对促进汽车消费有较大影响，特别是对中、小型城市的汽车消费刺激作用很大。但为了缓解城市交通拥堵和改善空气质量，北京、贵阳、上海、天津等城市出台了限号、摇号、拍卖号等一系列治堵政策，抑制汽车的销量。

2. 汽车品牌

消费者在选择汽车时往往会有理性分析、感性选择这样一个过程。理性分析主要表现为对汽车性能、质量、价格和售后服务的比较。但在品牌选择上，现在很多人不买自主品牌，而会选择合资品牌或者国外品牌，就是因为有感性主导。从需求上说，汽车作为一种交通工具供人们出行代步；从情感上说汽车是人身份的象征。

【小知识 1-6】 促使中国消费者更换汽车品牌的最大因素

2013 年度调查显示，促使中国消费者更换品牌的最大因素是质量（30%），其次是服务（20%）、价格（19%）、产品组合（18%）性能和特点（12%）。虽然更优的价格最初会吸引消费者，但如果产品无法提供它所承诺的内容，它将不能留住消费者。（资料来源：新浪微博汽车营销分析网站（im4s.cn）官方微博）

3. 交通环境

道路的畅通可以间接带动汽车销量的增加，而交通拥堵会降低百姓购车的积极性。由于城市车辆保有量不断增加，道路拥堵现象日益严重，再加上一些地方政府实行限行措施以缓解交通拥堵现象和减轻交通压力，降低了消费者购车的欲望。

4. 推销技巧

推销技巧是成功销售的主要因素。前面几点影响因素都是外因，而推销技巧则是内因。国家政策、道路交通环境等外因虽会影响汽车的销量，但要真正取得推销的成功，还得靠内因起作用，这就要求推销员要掌握和运用好推销技巧。

任务实施

（一）任务要求

根据以下案例内容，利用本任务所学的有关推销模式的知识进行分析，并回答问题。

（二）任务载体

【案例】向老客户进行推介增换

推销人员："早上好！我是一汽丰田 4S 店的推销人员小李，您是李先生吗？希望没打扰到您，您现在说话方便吗？方便我花 3 分钟时间为您介绍面向老客户的一项新活动吗？"

李先生："是啊，您说……"

推销人员："我们公司将在 10 月份举办一次免费体验活动，因为您是我们的老客户，所以这次活动特邀请您及家人一起参加；我用大概 2～3 分钟的时间跟您简单介绍一下活动的具体情况好吗？这次活动的举办地点依山傍水、风景优美；距离市区也不远。这次邀请的都是跟您一样层次（志趣相投、兴趣爱好相近、生活习惯相仿以及有共同的车型爱好）的贵宾。另外，这次活动还有精美礼品赠送。当然，我们还欢迎您带着跟您一样喜欢一汽丰田的朋友参与。"

李先生："这样啊……"

推销人员:"我们这一次活动将使您在繁忙的工作之余在优美的大自然里和你的家人一起放松休闲;既能增加亲情,又能放松身体。您在放松之余还可以扩大您的社交圈和增添商机。"

李先生:"我考虑考虑吧!"

推销人员:"李先生,那到时您会带几个人来参加呢?我好提前给您安排位置。您是希望周六还是周日过来呢?李先生,因为这次活动邀请的贵宾数量有限;如果现在定不下来,我怕迟了名额就报满了;再加就比较困难了,不如我先帮您把名报上,我们回头会跟您再确认的,好吗?"

(三)任务思考

思考一:利用推销相关知识,分析以上案例采用的是什么推销模式?

思考二:这种推销模式有什么优势?

项目二

开发与管理潜在客户

学习目标

通过本项目的学习，使学生掌握汽车潜在客户的开发方法和流程，能够按照商务礼仪上门拜访客户，对客户进行正确分级，并能管理好潜在客户。

项目描述

在汽车产品日益同质化的今天，汽车行业的竞争日益激烈，而竞争的焦点归根结底是关于客户的竞争，客户已成为企业生存和发展的关键因素。因此，要进行汽车推销，首要的任务就是寻找潜在客户，这是汽车推销工作的基础。

任务一　开发潜在客户

知识目标

- 掌握潜在客户的含义
- 掌握寻找潜在客户的原则
- 掌握客户开发的方法与流程
- 掌握客户分级管理的方法

技能目标

- 能对潜在客户进行有效开发
- 会对客户进行有效分级管理

任务剖析

推销过程的第一个步骤就是寻找潜在客户，潜在客户是产生现实客户的基础，对潜在客户的有效管理和培养是增大现实客户群的有效途径，汽车推销人员必须先确定推销的对象，才能开展有效的推销工作。因此，推销人员应针对产品的市场目标，寻找相应的潜在客户。

知识准备

一、潜在客户定义与 MAN 法则

（一）潜在客户

潜在客户是指那些还没有使用，有购买某种产品或服务的需要、有购买能力、有购买决策权，对产品所提供的功能有所需求的那些客户。

寻求潜在客户是一项艰巨的工作，特别是对刚刚从事汽车推销行业的推销员来说，更需要花费更多的精力并通过多种方法来寻找潜在客户，才能保证企业的生存和发展。

（二）客户分类

(1) 潜在客户：尚未接触，也尚未购车的客户。
(2) 有望客户：已经接触，但尚未购车的客户。

（3）战败客户：已经接触，但购买其他品牌汽车的客户。

（4）基盘客户：已经接触，且已经购车的客户。

（三）MAN法则

MAN法则，即引导推销人员去发现潜在客户的支付能力、决策权力及需要。

在推销人员收集的潜在客户的名单中，有相当一部分不是真正的潜在客户。要想提高推销的效率，就必须练就能准确判别真正潜在客户的本领，以免浪费大量的时间、精力和财力。

作为推销人员，必须对需求有正确的认识：需求不仅可以满足，而且可以创造。事实上，普通推销人员总是去满足客户的需求、适应客户的需求；而优秀的推销人员则是去发现客户的需求、创造客户的需求。

潜在客户应该具备三个条件：有需求，有购买能力，有购买决策权。

判别是否为潜在客户，一般遵循"MAN"原则：

M（Money），代表"金钱"，所选择的对象必须有一定的购买能力。

A（Authority），代表购买"决定权"，该对象对购买行为有决定、建议或反对的权力。

N（Need），代表"需求"，该对象有产品或服务的需求。

"潜在客户"应该具备以上特征，但在实际操作中，会碰到表2-1所示状况，应根据具体状况进行操作。

表2-1　潜在客户的状况

购车能力	购车决定权	购车需求
M（有）	A（有）	N（有）
m（无）	a（无）	n（无）

其中：

- M+A+N：是有望客户，理想的推销对象。
- M+A+n：可以接触，配上熟练的推销技术，有成功的希望。
- M+a+N：可以接触，并设法找到具有A之人（有决定权的人）。
- m+A+N：可以接触，须调查其经济状况、信用条件等给予融资。
- m+a+N：可以接触，应长期观察、培养，使之具备另一条件。
- m+A+n：可以接触，应长期观察、培养，使之具备另一条件。
- M+a+n：可以接触，应长期观察、培养，使之具备另一条件。
- m+a+n：非潜在客户，停止接触。

由此可见，潜在客户有时在缺乏某一条件（如购买力、需求或购买决定权）的情况下，仍然可以开发，只要应用适当的策略，便能使其成为企业的新客户。

1. 准确判断客户购买需求

判断客户购买欲望的大小，有以下5个检查要点：

（1）客户对汽车的关心程度：如客户对所购买汽车的品牌、动力性、安全性、油耗、维修服务等的关心程度；

（2）客户对购车的关心程度：如客户对汽车的购买合同是否仔细研读或是否要求将合同条文增减、主动要求试驾等；

（3）是否能符合客户的各项需求：如客户的小孩上学、大人上班是否方便；是否详细了解售后服务流程等；

（4）客户对产品是否信赖：客户对汽车品牌、油耗等是否满意；

（5）客户对销售企业是否有良好的印象：客户对推销人员印象的好坏左右着潜在客户的购买欲望。

2. 准确判断客户购买能力

判断潜在客户的购买能力，有 2 个检查要点。

（1）信用状况：可从职业、身份地位等收入来源状况，判断其是否有购买能力；

（2）支付计划：从客户期望一次付现，还是要求分期付款，以及首付金额的多少等方面，都能判断客户的购买能力。

经由客户购买欲望及购买能力这两个因素判断后，做出下一步计划。

二、寻找潜在客户的方法

要将汽车产品成功推销出去，首先要找到客户。企业拥有再好、再多的车，如果没有客户，就不能形成推销，特别是现在汽车产品日益同质化的今天，市场的竞争更为激烈。

由于我国汽车营销目前大多数采取"店销"的形式，推销人员只要守在展厅里面，等待客户来店咨询或者来店看车，做好接待工作就可以了。开发客户在国内被等同于上门推销，是费力不讨好的工作，由于不能正确认识，造成我国汽车推销人员的销售业绩不佳，而日本、美国等其他国家则不同，日本的汽车推销人员平均要上门拜访 30 次才能成功推销一台汽车，美国的汽车推销人员则是被认为最能纠缠客户的推销员。

在准备销售之前，开拓准客户是最难的工作，特别是对于那些刚刚开始投入销售行业的新推销人员更是如此。汽车 4S 店在进行潜在客户开发时，主要有以下几种方式，如图 2-1 所示：

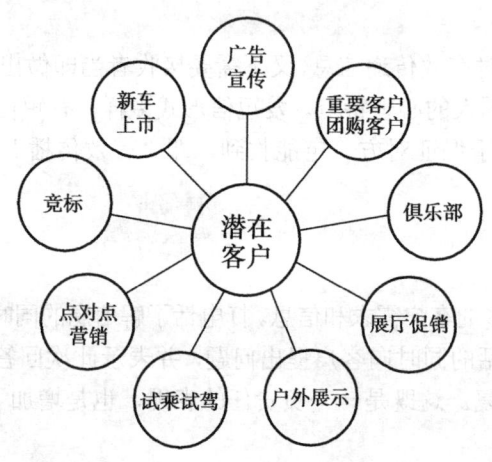

图 2-1　4S 店进行潜在客户开发的主要方式

（1）广告宣传：在对客户渠道信息来源、客户来源进行分析后，有针对性地选择广告载体，达到宣传效果最大化，这也是提高销售服务中心知名度和增加潜在客户开发数量的方式之一。

（2）重要客户、团购客户：对辖区内企业及政府单位车改信息进行收集，并派专人定期拜访。

（3）俱乐部活动：销售服务中心通过组建客户俱乐部，为老客户提供超值服务，定期组织形式多样的俱乐部活动，以加强与客户之间的沟通，增进销售服务中心与客户的情感交流，达到提高客户忠诚度、获取更多客户推荐的目的。

（4）展厅约见：主要是指在节假日或者选定的时间，于销售服务中心展厅举办各种活动，利用发放宣传资料、介绍产品优势等方式展示车辆，打造服务品牌，进而吸引更多客户来展厅。

（5）户外巡展：主要是指在分析客户背景特征后，在选定的区域长期定点举办小型展示活动，利用发放宣传资料、介绍产品优势等方式展示车辆，打造服务品牌，进而吸引更多客户来展厅。

（6）试乘试驾：主要指在对客户需求进行分析后，对特定的客户群体发出邀请，在选定的地点进行"体验式"推销，让更多的客户亲自感受产品的优越性能，产生购买欲望。

（7）新车上市：这是很好的宣传契机，经过事先活动的策划，邀请老客户、对产品关注的潜在客户参加新车上市活动，提高潜在客户开发量，增加其他车种的销售。

（8）点对点营销：比如电话营销、上门拜访、DM（直邮）等。

（9）竞标：参加相关用车公司、工厂及政府的公开采购活动。

三、潜在客户跟进

潜在客户跟进是分析客户购买心理，了解客户购车需求，增进客户感情交流的绝妙良方。通过及时、有效、全面的跟进沟通，能够探询得到客户实际购车需要，了解到客户的性格及处事风格，明晓自身的问题和机会，最终获得销售业绩的提升。

潜在客户跟进的方式及策略通常有以下几种。

1. 发短信

短信的特点是既能及时有效传递信息，又不需要接收者当即做出回答，对接收者打扰很小，非常"含蓄"，更符合中国人的心理特点。发短信形式多样，有短信提醒、短信通知、短信问候等，这些方式的优势在于保证对方一定能收到，即"有效传播"，但是也很容易被不小心删除。

2. 打电话

打电话是为了获得更多的客户需求和信息。打电话了解信息的同时也要为自己留下下次接触的机会，这就需要在打电话的同时向客户提出问题，并表示此次回答不了，等作了深入了解之后再给客户一个满意的答复。这既是一个负责任的表现，也是增加了解感情交流的好机会。

3. 发 E-mail

利用 E-mail 进行客户跟进和产品宣传，既节省了纸张，又迅速快捷，且附带内容多样化。

文字、图片、动画、视屏、电影等均可通过 E-mail 即时传递到客户面前。这是一种快捷方便的跟进方式，所见即所得，信息量大，目的性强。

4. 接听电话

对推销人员来讲，接听电话是一门学问，也是增进沟通的一座桥梁。同时说明客户已经开始接受和认可你了。在接听电话中，要注意接听电话礼仪，态度要热情，口气要和善，声音要洪亮。

5. 发传真

利用传真进行客户跟进也不失为一种好方法。推销人员经常会在听到客户的询问之后，要求传真一份参数给客户，让客户作基本了解。优秀的推销人员会认识到此时也是一种良好的跟进方式：复印清晰的参数表，明确的展厅线路图，车型的官方网站及相关论坛网址列表，个人详细的联络电话及名片放大复印图……

6. 寄送邮件

寄送邮件，就是以实物为代表跟客户进行接触。邮递内容包括产品资料、车型目录、车辆参数、车主杂志、报纸媒体摘编、贺卡、生日卡、祝福卡、小礼物、活动邀请函、参观券等，这些都是维系客户关系的一种渠道。通过这种方式，经常会给客户带来意想不到的惊喜，让客户眼前一亮。

7. 上门拜访

相关推销资料显示，上门拜访是成功率最高的一种客户跟进办法，但成本相当昂贵。

8. 展厅约见

客户既然愿意预约来到展厅，表明他本人对此款车型已经有相当的购买意愿。展厅约见的基本理由：有新车型到，有客户中意的颜色到，有新配置车型，邀请试乘试驾，店头促销活动邀请等。

【小知识2-1】 80%的销售是在第四至十一次跟踪后完成的

美国专业营销人员协会和国家销售执行协会的统计报告数据如下：

2%的销售是在第一次接洽后完成；

3%的销售是在第一次跟踪后完成；

5%的销售是在第二次跟踪后完成；

10%的销售是在第三次跟踪后完成；

80%的销售是在第四至十一次跟踪后完成！

跟踪工作使您的客户记住您，一旦客户采取行动，首先会想到您，有助于交易的最终达成。

跟踪工作须注意其正确的策略：①采取较为特殊的跟踪方式，加深客户对您的印象；②为每一次跟踪找到漂亮的借口；③注意两次跟踪时间间隔，太短会使客户厌烦，太长会使客户淡忘，推荐的间隔为2~3周；④每次跟踪切勿流露出强烈的渴望，应调整自己的姿态，试着帮助客户解决其问题，了解客户最近想法和工作进度。

四、潜在客户信息收集

在开发潜在客户的过程中，对相关客户信息的收集非常重要，一般主要收集潜在客户 4 个方面的信息，如表 2-2 所示：

表 2-2　开发潜在客户时所要收集的信息

客户个人： ● 家庭状况及家乡、文化程度 ● 喜欢的运动、餐厅和食物 ● 喜欢的娱乐项目、宠物 ● 喜欢阅读的书籍、行程 ● 在机构中的作用、同事之间的关系 ● 今年的工作目标 ● 个人发展计划和志向	竞争对手： ● 竞争车型的使用情况 ● 竞争车型的优劣对比分析 ● 客户对竞争车型的满意程度 ● 竞争对手的销售代表的名字和推销特点 ● 该销售代表与客户的关系
客户所处机构资料： ● 客户组织机构 ● 客户各种形式的通信方式 ● 客户所购车辆的使用部门、采购部门、支持部门 ● 车辆具体使用人员、维护人员、管理层、高层 ● 客户公司车辆的使用情况；客户的业务情况 ● 客户所在行业的基本状况	项目资料： ● 客户最近的采购计划 ● 通过整个项目要解决什么问题 ● 使用者、决策者和影响者 ● 采购时间表 ● 采购预算 ● 采购流程

五、上门拜访客户

上门拜访客户是汽车推销人员进行潜在客户开发最常用的方法之一，有效地拜访客户，与客户面对面地进行沟通，是汽车推销迈向成功的第一步，只有在充分准备下的客户拜访才能取得成功。

（一）成功拜访形象

上门拜访客户，尤其是第一次上门拜访客户，难免相互之间存在一点戒心，不容易放松心情，因此汽车营销人员要特别重视留给别人的第一印象，成功的拜访形象可以在成功之路上助你一臂之力。

（1）外部形象：服装、仪容、言谈举止乃至表情动作上都力求自然，就可以保持良好的印象。

（2）控制情绪：不良的情绪是影响成功的大敌，推销人员要学会控制自己的情绪。

（3）投缘关系：清除客户心理障碍，建立投缘关系就建立了一座可以和客户沟通的桥梁。

（4）诚恳态度："知之为知之，不知为不知。"这是老古语告诉我们的做人基本道理。

（5）自信心理：信心来自于心理，只有做到"相信公司、相信产品、相信自己"，才可以树立强大的自信心理。

（二）拜访前的准备

接触是促成交易的重要一步，上门拜访接触是奠定成功的基石。营销人员在拜访客户之前，要为成功奠定良好的基础。

1. 计划准备

（1）计划目的：由于推销模式具有连续性，这使得上门拜访的首要目的是推销自己和企业文化，而不是产品。

（2）计划任务：营销人员的首要任务就是把自己"陌生之客"的立场短时间转化成"好友立场"。

（3）计划路线：推销人员要做好路线规划，统一安排好工作，合理利用时间，提高拜访效率。

（4）计划开场白：如何进门是我们遇到的最大难题，好的开始是成功的一半，可以帮助我们掌握75%的先机。

2. 外部准备

（1）仪表准备："第一印象好坏的90%取决于仪表"，上门拜访要成功，就要选择与个性相适应的服装，以体现专业形象。通过良好的个人形象向客户展示品牌形象和企业形象，最好是穿公司统一服装，让客户觉得公司很正规，企业文化良好。

讲究个人着装时，也要考虑被访的对象，若双方着装反差太大反而会使对方不自在，会无形中拉开双方的距离。若工程机械推销人员西服笔挺地到工地拜访工地老板，双方就难有共同语言。因此，一般推销人员最好的着装方案是"客户+1"，也就是只比客户穿得好"一点"，这样既能体现出对客户的尊重，同时又不会拉开双方的距离。

（2）资料准备："知己知彼，百战不殆！"要努力收集到客户资料（教育背景、生活水准、兴趣爱好、社交范围、习惯嗜好等），掌握活动资料、公司资料、同行业资料。

（3）工具准备："工欲善其事，必先利其器。"一位优秀的营销人员除了具备锲而不舍的精神外，一套完整的推销工具是绝对不可缺少的战斗武器。凡是能促进推销的资料，推销人员都要带上。调查表明，推销人员在拜访客户时，利用销售工具，可以降低50%的劳动成本，提高10%的成功率，提高100%的销售质量！销售工具包括产品说明书、企业宣传资料名片、计算器、笔记本、钢笔、价格表、宣传品等。

（4）时间准备：如提前与客户预约好时间并准时到达，到得过早会增加客户的压力，到得过晚会给客户传达"我不尊重你"的信息，同时也会让客户产生不信任感，最好是提前5～7分钟到达，做好进门前准备。

3. 内部准备

（1）信心准备：营销人员的心理素质是决定成功与否的重要原因，突出自己最优越个性，让自己人见人爱，还要保持积极乐观的心态。

（2）知识准备：上门拜访是推销前的热身活动，这个阶段最重要的是提出对方关心的话题以制造机会。

（3）拒绝准备：大部分客户通常是友善的，换个角度去想，通常在接触陌生人的初期，每个人都会产生本能的抗拒和保护自己的反应，只是想找一个借口来推却你罢了，但并不是真正讨厌你。

（4）微笑准备：管理方面讲究人性化管理，如果你希望别人怎样对待你，你首先就要怎样对待别人。

（三）选择拜访客户的最佳时间

在销售行业，不少推销人员之所以销售失败，往往是因为选错了拜访客户的最佳时间。不能瞄准拜访客户的最佳时间，就无法获得客户的好感，拜访也就无从谈起。

拜访客户的最佳时间，应当是客户最空闲的时间。这时双方能达到充分交流与沟通的效果。下面以第一次拜访客户为例，说明各阶层人士的最佳拜访时间，供推销人员参考，如表 2-3 所示。

表 2-3　各个阶层人士最佳拜访时间

职　业	建议拜访时间
公司职员、公务员	如果到公司去拜访，最好在上午 11 点之前
企业负责人	最好在刚上班时拜访。因为上班时间拜访他们，见到的机会最高
产业工人	最好在中午吃饭时间拜访，或在晚上 6 点到 8 点之间拜访
医生	最好的拜访时间应当选在上午 7 点到 8 点左右
值班人员	最好在晚上 7 点到 9 点之间拜访
教师	最好在下午 4 点半左右拜访
家庭主妇	不上班的家属，一般在上午 9 点到 11 点、下午 2 点到 4 点不忙于做家务，推销人员可以在这个时间段去拜访她们
夜市老板	最好在下午 2 点左右拜访他们
商店老板、摊主	最好在上午刚开门时拜访，这时商店刚开门，客流不大，他们有时间
鱼贩、菜贩、集贩	最好在下午 2 点左右拜访他们
其他	对于难以确定作息规律的行业，一般最好在晚饭后拜访，晚上 7 点左右为宜

（四）拜访方法与步骤

1. 上门拜访的十分钟法则

（1）开始十分钟：虽然推销人员与从未见过面的客户之间没有沟通过，但"见面三分情"！因此，开始的十分钟很关键，这十分钟主要是以消除陌生感为主要目的而进行的一种沟通。

（2）重点十分钟：了解客户需求后自然过渡到谈话重点，为了避免客户戒心，千万不要画蛇添足超过十分钟。这十分钟主要是通过情感沟通，了解客户是否是我们的目标客户。

（3）离开十分钟：为了避免客户反感而导致上门拜访失败，我们最好在重点交谈后十分钟内离开客户家。给客户留下悬念，使其对活动产生兴趣。

2. 第一次上门拜访的七个步骤

（1）第一步——确定进门。

进门之前应先按门铃或敲门，然后站在门口等候。敲门以三下为宜，声音有节奏但不要过重。可采用话术："××叔叔在家吗？""我是××公司的小×！"主动、热情、亲切的话语是顺利打开客户家门的金钥匙。进门之前一定要显示自己态度，要诚实大方，避免傲慢、慌乱、卑屈、冷漠、随便等不良态度。同时，严谨的生活作风能代表公司与个人的整体水准，千万不要让换鞋、雨伞等小细节影响大事情。

（2）第二步——赞美观察。

在上门拜访过程中，会遇到形形色色的客户群，每一个客户的认知观和受教育程度是不同的，但有一件事要强调——"没有不接受产品和服务的客户，只有不接受推销产品和服务的营销人员的客户，客户都是有需求的，只是选择的品牌的产品或服务不同而已！"

人人都喜欢听好话，喜欢被奉承，这就叫"标签效应"，善用赞美是最好的推销武器。可以采用房间干净、房间布局、房间布置、气色、气质、穿着等话题开始交流。赞美是一个非常好的沟通方式，但不要过于夸张，过于夸张只会给人留下不好的印象。

通过观察可以了解客户的身份、地位、爱好等，从而确信是否是目标客户。

观察六要素：门前的清扫程度、进门处鞋子排放情况、家具摆放及装修状况、家庭成员及气氛明朗程度、日常爱好（宠物、花、鸟、书画）状况、屋中杂物摆放状况。

【小知识2-2】 赞美的相关知识

如果这位客户家装饰精美，房屋面积很大，家里很干净，还有一个保姆等。可以确定这位客户是一个有一定经济能力的人，营销人员可以充分地与其沟通。

如果这位客户家装饰普通，房屋又小，地面又不干净，几个子女与其住在一起，可以充分说明这位客户并不是一个有钱人，营销人员可以适当围绕重点进行沟通。

如果这位客户房屋装饰为古代文化风格，可以说明这位客户是一个很有修养的人，素质较高，文化底蕴丰富，营销人员可以充分地与其沟通。

（3）第三步——有效提问。

营销人员是靠嘴巴来赚钱的，凡是优秀的推销人员都具备良好的沟通能力，但"客户不开口，神仙难下手"。推销人员应通过有效的提问，让客户来主动讲话，从而与客户进行有效沟通。

① 提问的目的：通过沟通了解客户是否是所要寻找的目标客户。

② 提问注意。

● 确实掌握谈话目的，熟悉自己谈话内容，交涉时才有信心；
● 预测与对方的面谈状况，准备谈话的主题及内容；
● 努力给对方留下良好的第一印象，即努力准备见面最初15～45秒的开场白。

③ 寻找话题的八种技巧。

● 仪表、服装："阿姨这件衣服料子真好，您是在哪里买的？"客户回答："在Sogo买的。"营销员就要立刻有反应，客户在这个地方买衣服，一定是有钱的人。

● 乡土、老家："听您口音，您是湖北人吧！我也是……"营销员不断以这种提问拉近关系。

- 气候、季节:"这几天热得出奇,去年……"
- 家庭、子女:"我听说您家女儿是……"营销员了解客户家庭状况是否良好。
- 饮食、习惯:"我发现一家口味不错的餐厅,下次咱们一起尝一尝。"
- 住宅、摆设、邻居:"我觉得这里布置得特别有品位,您是搞这个专业的吗?"了解客户以前的工作性质,并确定其是不是目标客户。
- 兴趣、爱好:"您的歌唱得这样好,真想和您学一学。""我们公司最近正在办一个老年大学,其中有歌唱这门课,不知阿姨有没有兴趣参加呢?"营销员可以用这种提问技巧销售公司的企业文化,加深客户对企业的信任。
- 线索、侦察:从蛛丝马迹中就可以了解到客户喜欢的一些话题。

④ 上门拜访,提问必胜绝招。

- 先让自己喜欢对方,向对方表示亲密,尊敬对方。
- 尽可能以对方立场来提问,谈话时注意对方的眼睛。
- 开放性问题所回答的面较广,不容易被客户拒绝。
- 特定性问题可以展现你的专业身份,由小及大、由易及难多问一些引导性问题。
- 问二选一的问题,帮助犹豫的客户做决定。
- 先提问对方已知的问题,再引导性地提问对方未知的问题。

(4) 第四步——倾听推介。

上天赋予我们一张嘴巴、两只眼睛和两只耳朵,就是提醒推销人员要少说话、多听、多看。推销人员通过倾听,获取客户信息,有助于对客户需求进行分析,在倾听时要集中精力、灵活思考,抓住内容的精髓。

(5) 第五步——克服异议。

在汽车推销的过程中,任何时候客户都有可能提出异议。因此,作为推销人员,应该正确对待客户异议,客户异议是成交的开始,只有处理好客户异议,才能促进成交。

(6) 第六步——确定达成。

推销人员应该从客户的举止、言谈中正确识别客户的成交信号,并抓住这些信号,进而把握成交的契机。

(7) 第七步——致谢告辞。

① 时间:初次上门拜访时间不宜过长,一般控制在20~30分钟之内。

② 观察:根据当时情况细心观察,如发现客户有频繁看表、经常喝水等动作,应及时致谢告辞。

③ 简明:古语有画蛇添足之说,我们在说清楚事情之后,不要再进行过多修饰。

任务实施

(一) 任务要求

阅读以下案例内容,运用本任务所学的有关潜在客户开发的知识进行分析,并回答问题。

（二）任务载体

【案例】潜在客户的开发

客户背景：熊先生约45岁，品牌家私制造商，第一次来展厅开"普拉多4000"。

8月下旬，熊先生携太太一行4人来到展厅，从谈话中得知，其目前需要购买一辆越野车，他们刚从对面奥迪展厅走出来就来到了我们这边，熊太太看到"路虎发现3"之后，当场就反对购买此车，认为方头方脑的，像个大货柜，太难看。熊先生匆匆了解之后，留下电话就离开了。其间通过近两个月的跟进，最终于10月中旬成交。

（三）任务思考

思考一：你认为熊先生是否是潜在客户？属于哪个级别？

思考二：如果你是一名汽车推销人员，对以上案例客户不同阶段的跟进进行分析，设计相关的跟进话术。

序号	潜在客户资料	跟进方法	建议话术	沟通目的
1	8月下旬，客户到店看车，离店大约1小时后			
2	客户来展厅3天后			
3	9月中旬，接到熊先生的电话，说到想做按揭，要推销人员把购车的相关费用列个明细表传到他办公室			
4	9月下旬，推销人员从别的途径了解到熊先生10月2日到新加坡出差的信息			
5	9月下旬，通过和客户熊先生助理沟通，得知熊先生想进一步了解路虎车的有关情况			
6	10月中旬，熊先生所希望购买的路虎绿色车到货，于是通知客户到展厅看车			

任务二　管理潜在客户

知识目标

- 掌握潜在客户的分类方法；
- 掌握客户分级管理的方法。

技能目标

- 能对潜在客户进行正确分类；
- 会对客户进行有效分级管理。

任务剖析

潜在客户虽然都有可能达成交易，但为了获得最大的效益，推销员推销员应对来店、来电等有意向的客户进行管理，4S店通过客户管理工具，将客户的想法和要求、客户的意向级别等信息用计算机信息管理系统进行管理，通过对潜在客户进行分类管理，进一步提高销售业绩。

知识准备

一、潜在客户的分类

目前，主要根据MAN模型以及客户意向级别来确定潜在的客户，潜在客户虽然都有可能达成交易，但为了获得最大的效益，提高销售业绩，应该将这些潜在客户分类管理，以提高销售的有效性。一般将潜在客户进行以下分类：

（1）根据可能成交的时间分类。

所谓紧迫性，是指客户购买公司产品/服务或成交时间长短的迫切程度。

① 1个月内可能成交的客户，被称为渴望客户；

② 3个月内可能成交的客户，被称为有望客户；

③ 超过3个月才能成交的客户，被称为观望客户。

对于渴望客户，推销人员可以增加访问的频率与深度；对于有望客户，推销人员需要积极争取，主动出击；对于观望客户，推销人员需要作出进一步的判断与评估，然后安排访问的时间。

（2）按客户意向程度分类

客户的意向级别一般是根据客户的意向程度来确定的，一般可分为 A、B、C、D 四个级别。

① A 级是指已交纳购车订金的；

② B 级是指品牌、车型、价格、交车期等主要因素都已确定，只是对诸如颜色等非主要因素还要进行商量和确认，一般情况下能够在一周内付款、订车的；

③ C 级是指品牌、车型、价格、交车期等主要因素中有部分认定，如对购车的价格范围已经确定，但却不知具体购买哪个品牌、哪种型号，还需再了解、再咨询，一般情况下在一个月内可以决定付款、订车的；

④ D 级是指已有购车愿望，可能尚在等待一笔钱到账或者先行对汽车的品牌、车型、价格、颜色、付款方式等问题作调查、咨询和了解，一般情况下需在一个月以上才能够付款订车的。

不同的汽车品牌按意向级别分类的方法稍有不同，如日产、莲花品牌按照客户意向级别不同，可分为 O 级、H 级、A 级、B 级，其客户级别判定与跟踪频率如表 2-4 所示。

表 2-4　客户级别判定与跟踪频率

级　别	判别基准	购买周期	客户跟踪频率
O 级 （订单）	● 购买合同已签 ● 全款已交但未提车 ● 已收订金	● 预收订金	● 至少每周一次维系访问
H 级	● 车型车色、型号已选定 ● 已提供付款方式及交车日期 ● 分期手续进行中 ● 二手车置换进行处理中	● 7 日内成交	● 至少每两日一次维系访问
A 级	● 车型车色、型号已选定 ● 已提供付款方式及交车日期 ● 商谈分期手续 ● 要求协助处理旧车	● 7 日～15 日以内成交	● 至少每四日一次维系访问
B 级	● 已谈判购车条件 ● 购车时间已确定 ● 选定下次商谈日期 ● 再次来看展示车辆 ● 要求协助处理旧车	● 15 日～一个月内成交	● 至少每周一次维系访问
C 级	● 购车时间模糊 ● 要求协助处理旧车	● 一个月以上时间成交	● 至少每半月一次维系访问

注：客户跟踪（频率）时间以与客户约定的访问时间为第一优先；以经销店销售活动的时间为参考，可适当调整。

在对潜在客户进行分类与不断分析后，可排除那些完全无希望的潜在客户，进行均衡化的销售活动，使销售业绩不至于发生很大的起伏。保持多数潜在客户，可增大推销人员的信心。推销人员应尽可能频繁地访问潜在客户，通过打电话、发邮件或书信等方式联络客户。

当然，客户意向级别的确定，是指一般情况下的常例，由于会受到不确定性的多种因素的影响，其变动系数是很大的。如有的客户虽然已经交付了购车订金，但也随时存在着退订的可能；再如，原本要一个月才能决定的客户，也有可能在一周内决定付款购车。另外，不同的公司对客户意向的分级标准和名称也会有所不同。

二、潜在客户的评估

要评估潜在客户，一般要经过以下 3 个步骤：
（1）首先，问诊客户，仔细询问并且聆听。
（2）接着，由诊断的结果界定客户需要什么样的解决问题的方法。
（3）最后，让客户知道推销人员所推销的产品能够解决客户的问题。评估潜在客户的第三点，你要问自己四个问题。
第一，潜在客户是不是真的想要你的产品或服务？
第二，潜在客户是不是真的需要你的产品或服务？
第三，潜在客户是不是能够使用你的产品或服务？
第四，潜在客户是不是买得起你的产品或服务？
身为一位专业的推销人员，必须能回答这几个问题，唯有所有答案都是肯定的，你才能继续下一个推销步骤。

此外，推销人员首先需要建立客户对自己的信任，并且在此基础上说服客户，说明产品能给其带来的实际效用，才能使客户最终下定决心向你购买。

三、潜在客户的分级管理

客户管理的目的有两个，一是通过有规划地广拓客源、科学地层层筛选及维护，建立资源丰富的客户宝库。二是在现有客户中产生最大的销售回报。客户管理的工作便围绕此展开，其具体的方法有以下几个：

1. 建立客户档案

要进行有效的客户管理，首先要对客户有充分的了解，能及时了解客户的各种变化，能够科学地将各种相关资料记录、分析、整理、归类，也就是要建立客户档案，填写客户资料卡，如表 2-5 所示。

表 2-5　客户资料卡

基本信息	姓　名		日　期	
	公司地址		电　话	
	私人地址		电　话	
	职　业			
	最佳联系时间			
	影响购买的因素			
	兴趣爱好			

续表

购买需求	车　型		特殊选装要求	
	信息来源		交易类型	
	资金来源		竞争对手	
当前车辆	品　牌		型　号	
	生产年份		注册日期	
	车辆状态		里　程	
	牌照号码			
补充信息				
交易失败的信息				
汽车推销顾问				
日　期	C	T	L	联系报告	下次联系

2. 客户级别分类的意义

把客户进行分类后，可按照意向级别分别填在表上，以后根据客户意向级别，按照设定的时间追踪方法对其进行追踪联系。客户级别分类的意义主要表现在以下两个方面。

第一，对于销售经理来说，可以及时了解到很多信息，便于日常工作的掌控和管理，合理有效地安排工作和资源。

例如，可以了解来店、来电客户的购车意向级别、各时段来店的客户情况、客户留下资料的比例、来店成交率、来店客户的喜好车型、值班推销人员的销售能力等。

因此，需要不断地联系和管理客户，不断地重新认定客户的购车级别，这样才能在变动中更准确地把握公司的意向客户，把握住各阶段的市场信息，从而提高客户管理的能力。

第二，对于推销人员来说，便于其改进工作质量，提高工作水平；便于保留和登录来电、来店的客户资料；便于作为其继续联系客户和判断客户级别的依据；便于了解个人推销的能力；便于通过与其他推销人员的业绩对比来增强自己提高销售业绩的动力；便于获得同事的援助。

任务实施

（一）任务要求

根据以下案例内容，利用本任务所学的管理潜在客户的相关知识进行分析，并回答问题。

（二）任务载体

客户级别判定与跟踪频率

级别	购买周期	客户跟踪频率	跟进话术
O级（订单）	● 预收订金	● 至少每周一次维系访问	
H级	● 7日内成交	● 至少每两日一次维系访问	
A级	● 7日~15日以内成交	● 至少每四日一次维系访问	
B级	● 15日~一个月内成交	● 至少每周一次维系访问	
C级	● 一个月以上时间成交	● 至少每半月一次维系访问	

（三）任务思考

思考：请根据所学习的客户管理知识，针对不同的客户级别，填写上表中跟进话术。

项目三

汽车展厅接洽

学习目标

通过本项目的学习,使学生能够利用商务礼仪接待客户,能在展厅接待客户,能缩短与客户之间的距离,尽快获得客户的信任,以利于推销工作的顺利推进。

项目描述

与客户在汽车展厅接洽的过程中,开始往往会历经推销前准备、展厅接待两个环节,推销人员只有做好汽车推销前的准备工作,并利用商务礼仪对到店的客户进行接待,使客户放松,延长其停留在展厅的时间,才能最终有完成销售的机会。

任务一 汽车推销前准备

知识目标

↗ 掌握汽车推销人员的商务礼仪；
↗ 掌握汽车推销前车辆准备的注意事项；
↗ 了解汽车推销前所要准备的销售工具。

技能目标

↗ 能在展厅客户接待中灵活运用商务礼仪。

任务剖析

第一印象主要是客户根据推销人员的表情、姿态、身体、仪表和服装等形成的印象，第一印象会影响客户对企业的评价，是决定其是否光临的重要条件。特别是对于汽车推销，更多的客户与推销人员是第一次接触见面，因此推销人员更应该给人以好印象。同时，准备好有利于汽车推销的推销工具和展车，才能提高推销的成功率。

知识准备

使推销接待工作成功的关键集中在四个方面：第一，让客户感到这个公司的迎客氛围——公司的推销人员都在等待着客户的到来；第二，给客户一个深刻的印象，即让公司给客户留下专业化、高品质服务的感知；第三，增加客户对产品的信心；第四，推销人员可运用与客户沟通的技巧来获取良好的第一印象。

对于汽车推销企业来说，凡是汽车推销企业以外的人都是客户，推销人员的工资和企业的利润都是客户购买汽车获得的，如果没有客户，推销人员就会失业，因此可以说，推销人员的工作和工资都是客户给的，应当以"客户就是上帝"的想法来进行接待。

作为一名合格的推销人员，不仅要有专业的汽车知识，而且要有敏锐的销售意识、积极的工作态度、健康向上的团队及敬业精神。遵照规范的操作流程，把企业文化、产品信息传递到每一位客户心中，可体现出一名推销人员的综合素质和能力。

一、推销人员自我准备

在与陌生人交往的过程中，所得到的有关对方的最初印象被称为第一印象。第一印象并非

总是正确的，但却总是最鲜明、最牢固的，并且决定着以后双方交往的过程。给客户留有好印象的推销人员，客户也愿意与之交往；反之，客户则不想有进一步的接触。因此推销人员更应该给人以良好印象，为推销成功打下好的基础。

对人进行评价的顺序：

（1）外表评价：占60%，尤其是穿着、仪表，如面部、发型、服装等；
（2）态度评价：占20%，如寒暄、礼貌、姿势等；
（3）语言评价：占10%，如礼貌用语的使用；
（4）内容评价：占10%，如说话的内容。

当客户作出判断时，对推销人员外观、态度等见面时的第一印象要占八成。不论推销人员说话内容有多好，如果给客户的印象不好，往往很难得到对方的信任。

1. 仪容仪表

较好的仪容仪表是对一个汽车推销人员的基本要求，要能够赢得客户，首先要从外表上吸引客户。

（1）仪态。

仪态是指人在行为中的姿势和风度。在与人交往中，可以通过一个人的仪态来判断其品格、学识、能力以及其他方面的修养程度。从容潇洒的动作，能给人以清新明快的感觉；端庄含蓄的举止，能给人以深沉稳健的印象。因此汽车推销人员应通过训练培养良好的个人仪态，尤其是站姿、走姿、坐姿、手势等，给客户一个良好的印象。

① 站姿礼仪。

符合礼仪规范的站姿，是培养仪态美的起点，其动作要领也是培养其他优美仪态的基础，如图3-1所示。

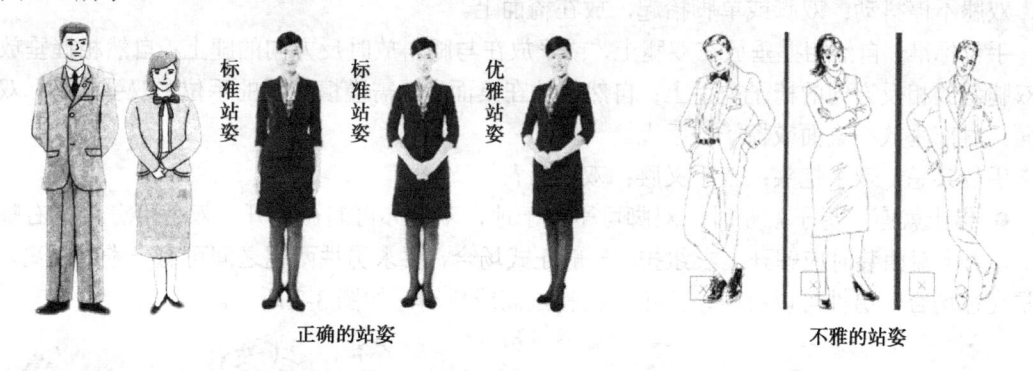

图3-1 站姿

标准站姿：a. 头正，双目平视，嘴角微闭，下颌微收，面容平和自然。b. 双肩放松，稍向下沉，人有向上的感觉。c. 躯干挺直，挺胸，收腹，立腰。d. 双臂自然下垂于身体两侧，中指贴拢裤缝，两手自然放松。e. 双腿立直、并拢，脚跟相靠，两脚尖张开约60°，身体重心落于两脚正中。（男、女皆适用）

此外，男性还可经常采用后搭式手式站立，女性则可经常采用前搭式手式站立，相关要求分别如下。

男性站姿：身体立直，两手背后相搭，贴在臀部，两腿分开，两脚平行，比肩宽略窄些。

女性站姿：身体立直，右手搭在左手上，自然贴在腹部，右脚略向前靠在左脚上成丁字步。

正确健美的站姿会给人以挺拔笔直、舒展俊美、庄重大方、精力充沛、信心十足、积极向上的印象。站姿的基本范式是其他各种工作姿势的基础，也是优雅端庄的举止的基础。

② 坐姿礼仪。

● 女士就座。一般来说，在正式社交场合，要求女性两腿并拢无空隙。两腿自然弯曲，两脚平落地面，不宜前伸。在日常交往场合，女性可大腿并拢，小腿交叉，但不宜向前伸直。如图 3-2 所示。

正位坐姿	侧位坐姿	重叠式坐姿	不正确的坐姿
	正确坐姿		

图 3-2　女士坐姿

头部：头正稍抬，下颌内收，双眼平视。

躯体：双肩自然下垂，躯干竖直，也可向椅背后靠。

三种脚位：双脚自然平行停放，双膝并拢，膝盖自然弯曲 90°～120°；双膝并拢，双脚自然往一侧平放，可稍往内弯曲；两脚交叉叠放，膝关节相连，两脚腿面相贴，可往一侧斜放。

脚位禁忌：分腿、前伸、平放；双膝相连，两脚分别向外侧斜放，形成人字形；两腿叠放时，双腿不停抖动；双脚或单脚抬起，放在椅面上。

手位标准：自然相握垂放在双腿上，或平放在与腿斜放时反方向的腿上；自然相握垂放在与双腿斜放相反方向的椅子扶手上；自然平放在桌面上。需谨慎使用的手位：双手抱胸；双手托面，肘部垂放在桌面或椅子扶手上。

手位禁忌：双手抱头；双手叉腰；双手后背。

● 男士就座。男子就座时，双脚可平踏于地，双膝亦可略微分开，双手可分置左右膝盖之上，男士穿西装时应解开上衣纽扣。一般正式场合，要求男性两腿之间可有一拳的距离。在日常交往场合，男性可以跷腿，但不可跷得过高或抖动，如图 3-3 所示。

正位坐姿	叠腿式坐姿	西方国家男士叠腿方式	错误的坐姿
	标准坐姿		

图 3-3　男士坐姿

头部：头正稍抬，下颌内收，双眼平视。

躯体：双肩自然下垂，躯干竖直，可向椅背后靠。

三种脚位：双脚自然平行停放，双膝弯曲90°～120°；双脚脚踝部分自然小交叉，往前停放在椅前，或曲回停放在椅下；一脚摆放在另一脚腿面，形成"二郎腿"姿势。

脚位禁忌：分腿、前伸、平放；一腿弯曲，一腿平伸；采取"二郎腿"脚位时，双腿不停抖动；双脚或单脚抬放在椅面上。

手位标准：自然相握垂放在双腿上；双手自然平放在腿上；自然垂放在椅子扶手上；自然平放在桌面上。需谨慎使用的手位：双手抱胸；双手托面，肘部垂放在桌面或椅子扶手上。

手位禁忌：双手抱头；双手叉腰；双手后背。

入座时要轻要稳，即走到座位前转身，轻稳地坐下。坐在椅子上时，一般坐满椅子的1/3～2/3。一般情况下不要靠椅背，休息时可轻轻靠背，坐下以后不要前俯后仰、东倒西歪，也不要随性地抖动双脚或猛然站起，那样会给人以松懈、无礼的印象。起身时要尽量避免自己或座椅发出大的声音。女士分腿而坐显得不够雅观；腿部倒V字式也是不提倡的；女士若穿裙装应有抚裙的动作，如图3-4所示。

起立时，双脚往回收半步，用小腿的力量将身体支起，不要用双手撑着腿站起，要保持上身的起立状态。

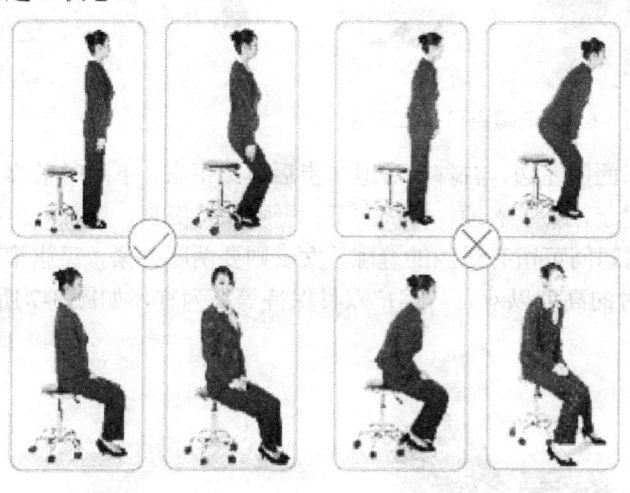

图3-4　女士入座　　　　　　　　　　图3-5　正确走姿和错误走姿

③ 走姿礼仪。

走姿要点，如图3-5所示。

● 以站姿为基础，面带微笑，头正颈直，眼睛平视。
● 双肩平稳，有节奏地摆动，摆幅以30°～35°为宜，双肩、双臂都不应过于僵硬。
● 重心稍前倾，行走时左、右脚重心反复地前后交替，使身体向前移。
● 身份重心在脚掌前部，两腿跟走在一条直线上，脚尖偏离中心线约10°。
● 步幅要适当。一般应该是前脚的脚跟与后脚的脚尖相距为一脚掌长，但因性别、身高不同会有一定的差异。着装不同，步幅也不同。例如，女士穿裙装（特别是穿旗袍、西服裙、礼服）和穿高跟鞋时步幅应小些，穿长裤时步幅可大些。
● 速度适中，不要过快或过慢，过快给人轻浮印象，过慢则显得没有时间观念，没有活力。

- 跨出的步子应是脚跟先着地，膝盖不能弯曲，脚腕和膝盖要灵活且富于弹性，不可过于僵直。
- 走路时应有一事实上的节奏感，走出步韵来。

④ 蹲姿礼仪（图3-6）。

欧美国家的人认为"蹲"这个动作是不雅观的，所以只有在非常必要的时候才蹲下来做某件事情。日常生活中，蹲下捡东西或者系鞋带时一定要注意自己的姿态，尽量迅速、美观、大方。

而在展厅销售中，当客户坐在展车内听取介绍时，为了表示对客户的尊敬，推销人员应该保持大方、端庄的蹲姿。

图 3-6　正确蹲姿和不雅蹲姿

若用右手捡东西，可以先走到东西的左边，右脚向后退半步后再蹲下来，下蹲时前脚全着地，小腿基本垂直于地面后，脚跟提起，脚掌着地，臀部向下。脊背保持挺直，臀部一定要蹲下来，避免弯腰翘臀的姿势。男士两腿间可留有适当的缝隙，女士则要两腿并紧，穿旗袍或短裙时需更加留意，以免尴尬。下蹲时的高度以双目与客户双目保持等高为宜，如图3-7所示。

图 3-7　手势

⑤ 手势礼仪。

手势可以反映人的修养、性格。所以推销人员要注意手势的幅度、次数、力度等。手势礼仪主要用来引导来宾、指示方向、介绍商品。

指示性手势语的正确姿势为：以右手或左手抬至一定高度，五指并拢，掌心向上，与地面呈45°，以肘部为轴，朝一定方向伸出手臂，做动作时亦可配合身体向指示方向前倾，如图3-7所示。

手势应大小适度，在社交场合，应注意手势的大小幅度，手势的上界一般不应超过对方的

视线，下界不应低于自己的胸区。一般场合，手势动作幅度不宜过大，应在人的胸前或右方进行，次数不宜过多，不宜重复。手势应自然亲切，交谈时不得出现"一阳指"等不规范姿势，且手势不能过快或过急，应温柔平稳，让客户感受到一种美感。

⑥ 握手礼仪。

一般在见面和离别时进行握手。冬季握手应摘下手套，以示尊重对方。一般应站着握手，生病时或在特殊场合，也要欠身握手，以示敬意。如果和妇女、长者、主人、领导人、名人打交道时，为了尊重他们，应把是否愿意握手的主动权赋予他们。在和新客户握手时，应伸出右手，掌心向左虎口向上，以轻触对方为准（如果男士和女士握手，则男士应轻轻握住女士的手指部分）。时间为1～3秒，轻轻摇动1～3下，并且根据双方交往程度确定握手的力度，和新客户握手时应轻握，和老客户握手时应握重些，表明礼貌、热情，握手时表情应自然、面带微笑，眼睛注视对方，如图3-8所示。

图3-8 握手姿势

⑦ 鞠躬礼仪。

鞠躬也是表达敬意、尊重、感谢的常用礼节。鞠躬时应从心底发出对对方表示感谢、尊重的意念，从而体现于行动，给对方留下诚意、真实的印象。在行鞠躬礼时，应按标准站姿站立，或在标准行姿行走时适当减缓速度，面带微笑，头自然下垂，并带动上身前倾15°，时间要持续1～3秒。遇到客人一般是15°；"问候礼"通常是30°；"告别礼"通常是45°。鞠躬时眼睛直视对方是不礼貌的表现，地位低的人要先鞠躬，而且相对深一些，男士鞠躬行礼时手放在身体的两侧，女士行礼时，双手握于体前，当别人向你行鞠躬礼时你一定要以鞠躬礼相还，如图3-9所示。

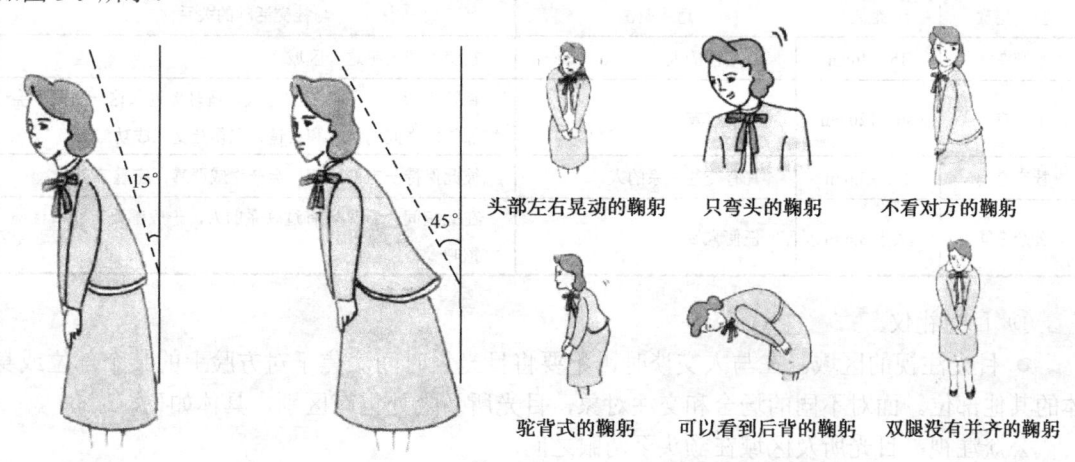

图3-9 鞠躬（15°鞠躬、45°鞠躬和6种不正确的鞠躬）

⑧ 名片礼仪（图3-10）。

名片是工作过程中重要的社交工具之一。交换名片时也应注重礼节，如图3-10所示。名片通常包含两个方面的意义，一是表明所在的单位，二是表明职务、姓名及承担的责任。总之，名片是自己（或公司）的一种表现形式，因此在使用名片时要格外注意。

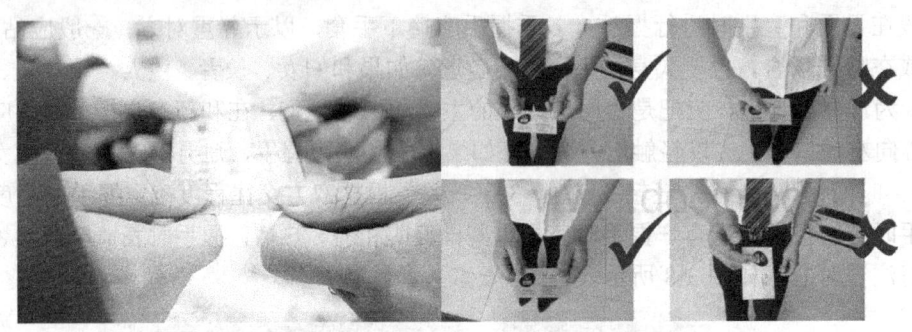

图3-10 递名片的正确方法和错误的方法

在进行名片的准备时，不要将名片和钱包、笔记本等放在一起，原则上应该使用名片夹，名片也可放在上衣口袋（但不可放在裤兜里）中，应保持名片或名片夹的清洁、平整。在接受名片时，必须起身双手接收名片，不要在接收的名片上面作标记、写字或来回摆弄，接收名片时，要认真地看一遍，不要将对方的名片遗忘在座位上或在存放时不注意落在地上。递名片时，次序是由下级或访问方先递名片；如果在进行介绍，应由先被介绍方递名片，将名片上的字体正对对方，并说些"请多关照""请多指教"之类的寒暄语。如果是互换名片，则应用右手拿着自己的名片，用左手接受对方的名片。在会议室如遇到多人相互交换名片时，可按对方座次排列名片。

⑨ 距离礼仪。

在接待客户时应根据情况保持适当的空间距离。一般情况下，人际交往的空间距离如表3-1所示。

表3-1 人际交往空间距离

空间层次	距离	适用范围	与社交活动的关系
亲密空间	15~46cm	最亲密的人	社交不能侵犯这一区域
个人空间	46~120 cm	亲朋好友	将社交活动按照适当的方式，适时地进入这一空间，会增加彼此之间的情感和友谊，取得社交的成功
社交空间	1.2~3.6 m	凡有交往关系的人	彼此保持一定的距离，会产生威严感、庄重感
公众空间	大于3.6 m	任何人	在此空间，看见曾有过联系的人，一般都要有礼节性地打招呼

⑩ 目光礼仪。

● 目光注视的区域。在与人交谈时，不要将目光长时间聚焦于对方脸上的某个部位或身体的其他部位。面对不同的场合和交往对象，目光所及之处也有区别，具体如下。

公众注视：目光所及区域在额头至两眼之间。

社交注视：目光所及区域在两眼到嘴之间。

亲密注视：目光所及区域在两眼到胸之间。

● 目光注视时间。注视时间应占交谈时间的 30%~60%，低于 30%会被认为对交谈不感兴趣，高于 60%则会被认为你对他本人的兴趣高于对谈话内容的兴趣。凝视的时间不能超过 5 秒，因为长时间凝视对方会让对方感到紧张、难堪。如果面对熟人、朋友、同事，可以用从容的眼光来表达问候、征求意见，这时目光可以多停留一些时间，切忌迅速移开，这会给人留下冷漠、傲慢的印象。

⑪ 微笑礼仪。

人与人相识，第一印象往往是在前几秒形成的，而要改变它，需付出很长时间的努力。良好的第一印象来源于人的仪表谈吐，但更重要的是取决于他的表情。微笑则是表情中最能赋予人好感，增加友善和沟通，愉悦心情的表现方式。一个习惯对人微笑的人，能体现出他的热情、修养和魅力，从而得到别人的信任和尊重。

⑫ 电话礼仪。

● 接听电话。接听电话时，应在电话机旁准备好纸笔进行记录，在电话铃响 3 声之内接起，使用礼貌语言，注意听取时间、地点、事由和数字等重要词语，认真记录来电的时间、地点、对象和事件等重要事项。电话中应避免使用对方不能理解的专业术语或简略语，讲话语速不宜过快，基本用语及注意事项如表 3-2 所示。

表 3-2　接听电话流程及各流程的基本用语、注意事项

序号	电话内容	基本用语	注意事项
1	拿起电话听筒，并告知自己的姓名	a. "您好，×××店销售顾问×××，很高兴为您服务。" b. 如上午 10:00 以前使用"早上好"。 c. 电话铃声响 3 声以上时的话术："让您久等了，我是××汽车 4S 店的汽车销售顾问×××，很高兴为您服务。"	a. 电话铃响 3 声之内接起。 b. 在电话机旁准备好记录用的纸笔。 c. 接电话时，不使用"喂"回答。 d. 音量适度，不要过高。 e. 告知对方自己的姓名
2	确认对方	"先生/女士，您好！请问怎么称呼？" "感谢您的关照。"等	a. 要尽量留下客户的电话和客户的需求信息。 b. 如是客户，要表达感谢之意
3	听取对方来电用意	"有什么可以帮到您的？""您想咨询哪款车？""您是周六还是周日来展厅看车呢？"等	a. 必要时应记录。 b. 谈话时不要离席。 c. 简单回答客户的问题，一定要向客户介绍厂家或公司正在进行的促销活动。 d. 不要在电话中回答客户的所有问题，尽量将客户邀约到店看车、试乘试驾。 e. 客户问题如果不能回答，放下电话后，需要在 10 分钟之内给客户回复，如果客户是在线请求，回复的时间应在 20 分钟以内
4	进行确认	"我是销售顾问×××""您看什么时间再给您一个电话？""我们店的营业时间是 8:30~17:30，我将在展厅恭候您的光临。"等	a. 吐字清晰，语气轻松愉快。 b. 再次强调自己的姓名、企业营业时间。 c. 热情欢迎客户到店看车

续表

序号	电话内容	基本用语	注意事项
5	结束语	"感谢您的来电。""恭候您的光临。"	a. 语气诚恳、态度和蔼。 b. 让对方先挂断电话。 c. 电话接完后，10分钟之内给客户发送来电短信，内容：尊敬的客户，感谢您的关注，我店的地址在×××区××路××号，公交路线×××××，驾车路线××××，我是您的销售顾问×××，电话是×××，恭候您的光临！

● 打电话。打电话应考虑打电话的时间（对方此时是否有时间或者方便）；注意确认对方的电话号码、单位、姓名，以避免打错电话；提前准备好所需要用到的资料、文件等；讲话内容要有次序，简洁明了；注意通话时间不宜过长，拨打电话流程及各流程的基本用语、注意事项如表3-3所示。

表3-3 拨打电话流程及各流程的基本用语、注意事项

序号	电话内容	基本用语	注意事项
1	准备	确认对方的姓名、电话号码	a. 准备好要讲的内容、说话的顺序和所需要的资料、文件等 b. 明确通话所要达到的目的
2	问候、告知自己的姓名	"您好!我是××汽车4S店的销售顾问×××。"	一定要报出自己的姓名，讲话时要有礼貌
3	确认电话对象	"请问是××先生吗？"	必须要确认电话的对方
4	电话内容	"今天打电话是想告诉您一个好消息，上次您看中的××车型有现车了……"	a. 一定要向客户介绍厂家或公司正在进行的促销活动 b. 对时间、地点、数字等进行准确的传达 c. 说完后可总结所说内容的要点
5	结束语	"恭候您的光临。""感谢您百忙之中接听我的电话。"等	a. 语气诚恳、热情，态度和蔼 b. 让对方先挂断电话

● 电话用语。下面是一些令人满意和不满意的电话用语，在日常的工作中要灵活运用令人满意的电话用语，如表3-4所示。

表3-4 电话用语对比

令人不满意的用例	令人满意的用例
谁呀？	请问您是哪位？
什么事？	您有什么事吗？
等一下。	请稍等。
不知道。	我不清楚。
我会告诉他打电话的。	我转告他给您打电话。
你有什么事？	请问您……
怎么样？	您觉得如何？

续表

令人不满意的用例	令人满意的用例
对不起（赔罪）。	非常抱歉。
知道了。	我明白了。
没听说。	我没有听说。
来一趟好吗？	可以请您来一趟吗？
我们去吧。	还是我们去拜访您吧！
辛苦。	您辛苦了。
行。	可以。

● 关键时刻起决定作用的电话用语。在电话沟通过程中，在一些关键时刻使用一些合适的话语可以起到事半功倍的效果，常见的关键时刻和关键电话用语如表3-5所示。

表3-5 关键电话用语

场　　合	电　话　用　语
在接待处或接电话时询问对方姓名	请问您贵姓？
寒暄	您是×××先生吧，早就期待着与您见上一面。
自我介绍	我是×××，很高兴认识您！
询问对方的印象时	您还满意吧！
让对方就等时	让您就等了。
赔罪时	真的是非常抱歉。
电话邀请对方来店时	对不起，能否请您光临本店呢？
别人拜托自己传话时	明白了。请放心，我会将您的原话转告他的。
感谢对方来店时	非常感谢您能抽出时间光临本店！
拜托对方再次来店时	恭候您的再次光临！

⑬ 座位排次礼仪。

推销人员拜访客户或有客户来访时，座位排次应有礼仪，不能随便坐。

为了方便客户观看到展车，应将客户引导到能全面观看到其所感兴趣的展车的座位就座。而汽车推销人员是为客户推荐符合其需求的车型，不是在与客户谈判，所以一般推销人员应坐在客户的右侧位置，并从座椅右侧入座，如图3-11所示。

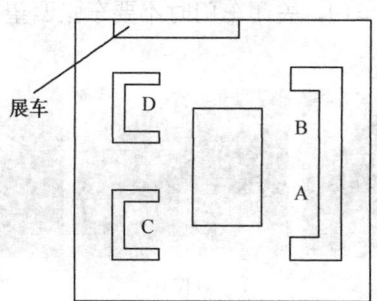

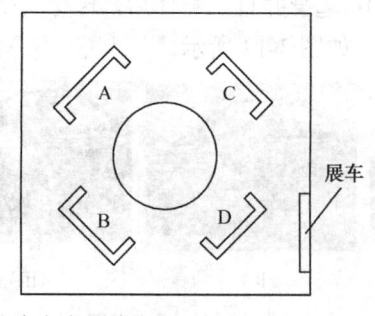

图3-11 洽谈区座次礼仪（A为上座，其次B、C、D）

⑭ 访问客户礼仪。

作为汽车推销人员，访问时的礼节、礼仪是非常重要的，访问前应与对方预约访问的时间、地点及目的，并将访问日程记录下来；访问时，要注意遵时守约；到访问单位前台时，应先自我介绍。如需等候被访问人，可听从访问单位接待人员的安排，亦可在会客室等候或在沙发上边等候边准备使用的名片和资料文件等。看见被访问人后，应起立（初次见面，递上名片）问候。如遇到被访问人的上司，应主动起立（递上名片）问候，会谈重新开始。会谈应尽可能在预约时间内结束，并且在会谈时，要注意谈话或发言不要声音过大。告辞时，要与被访问人打招呼道别。

⑮ 注目礼。

当客户离店时，应向远去的客户挥手、微笑、行注目礼，目送到客户或其车辆消失在视野中为止。

⑯ 上下车礼仪。

● 上车礼仪。上车时仪态要优雅，姿势应该为"背入式"，即将身体背向车厢入座。女士登车，在拉开车门后手要自然下垂，将背部侧向座位，坐到座位上（如着裙装，可半蹲捋裙摆顺势坐下）；然后脚并拢提高，保持双腿与膝盖并拢姿势，脚平移至车内，坐好后稍加整理衣服；略微调整身体位置，坐端正后，关上车门。不要一只脚先踏入车内，也不要爬进车里。需先站在座位边上，把身体降低，让臀部坐到位子上，再将双腿一起收进车里，双膝一定要保持合并的姿势，如图3-12所示。

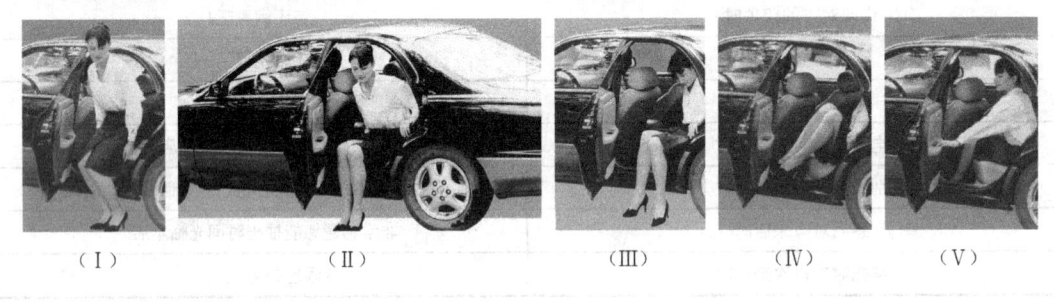

（Ⅰ）　　　（Ⅱ）　　　（Ⅲ）　　　（Ⅳ）　　　（Ⅴ）

图3-12　女性上车礼仪

● 下车礼仪。身体保持端坐状态，侧头，伸出靠近车门的手并打开车门，略斜身体把车门推开；然后双脚膝盖并拢抬起移出车门外，身体随着转向车门，同时双膝膝盖并拢着地，一手撑着座位，一手轻靠门框，身体移近门边立定，然后将身体重心移至一只脚，再将整个身体移离车外，最后踏出另一只脚（如穿短裙，则应保持膝盖并拢，并将身体从车身内移出，双脚不可一先一后）；起身并直立身体后，转身关闭车门，关闭车门时不要东张西望，应面向车门，避免用力过大，如图3-13所示。

（Ⅰ）　　　（Ⅱ）　　　（Ⅲ）　　　（Ⅳ）　　　（Ⅴ）

图3-13　女性下车礼仪

(2) 仪表。

汽车推销人员的仪表礼仪不仅表现了推销人员的外部形象,也反映了推销人员的精神风貌。在展厅推销中,推销人员能否赢得客户的尊重与好感,能否得到客户的承认与赞许,先入为主的"第一印象"非常关键,而礼仪正是构成第一印象的重要因素。一般汽车4S店推销人员每天晨会前应完成仪容仪表的自检,展厅经理晨会根据表3-6所示的仪容仪表检查单进行检查。

① 个人着装的四个原则。

● 整体性原则。着装要能与形体、容貌等形成和谐的整体美。服饰的整体美的构成因素是多方面的,包括:人的形体和内在气质,服装饰物的款式、色彩、质地,着装技巧乃至着装的环境等。

● 个性原则。着装的个性原则中的"个性"不单指通常意义上的个人的性格,还包括一个人的年龄、身材、气质、爱好、职业等因素反映在外表上所形成的个人特点。

因此,选择服装时要依据个人的特点,选择与个性融为一体的服装才会使人自然生动,才能烘托个性、展示个性,保持自我以别于他人;只有当服饰与个性协调时,才能更好地通过服饰塑造出更佳形象,展现出良好的礼仪风范。

● TPO原则。TPO原则指的是着装应与时间(Time)、地点(Place)、场合(Occasion)相配的原则。

● 整洁原则。在任何情况下,服饰都应该是干净整齐的。衣领和袖口处尤其要注意不能污渍斑斑;服装应该是平整的,扣子应齐全,不能有开线的地方,更不能有破洞;内衣亦应该勤换洗,特别是西服衬衫,应非常洁净。

皮鞋应该经常保持鞋面光亮,一旦落上灰尘要及时擦去。袜子要经常洗换,保持清洁。

在汽车展厅销售工作中,以上4个原则是我们要遵守的主要原则。

② 推销人员仪表规范。

表3-6 仪容仪表检查单

面部	男士面部清洁,不蓄须,不留鬓角
	女士面部化淡妆
	牙齿清洁,口腔无异味
头发	男士头发不宜过长或者过短
	女士头发不过肩,过长需挽束,做到前不覆额、侧不过耳、后不及领
手	保持手和指甲清洁,指甲修剪整齐、不染色
服饰	统一着装,佩戴胸牌(左上方口袋正上方2cm处)
	着装上衣长度:手臂自然垂直,双手自然弯曲时手指第三节正好接触到西装上衣末端
	服装表面没有脱线、衣领褶皱、纽扣松脱等现象
	男士西服上扣保持扣住,最下方的扣子始终不扣
	女士着套裙,裙长至膝盖上方1cm
	外套熨烫平整,着统一浅色衬衫,每日更换且熨烫平整
	衬衫领口可以正好容纳2指伸入,不松不紧
	领带宽度与西装上衣翻领相协调

续表

服饰	男士领带、女士丝巾选择100%丝绸面料
	男士黑色棉袜，女士肤色丝袜
	男士黑色系带皮鞋，女士黑色船型皮鞋，皮鞋要擦拭干净，鞋跟磨损不严重
	男士腰间不佩带手机或者其他饰物
	女士佩戴的饰物应小巧精致

注：推销人员每天晨会前完成仪容仪表的自检，展厅经理晨会时进行检查。

汽车推销人员良好的外在形象和举止表现可以给客户留下较好的第一印象，仪容仪表可根据表3-6的仪容仪表检查单进行自我检查。

（3）良好的心态。

积极、主动、诚实待人、乐观向上的心态，使推销人员在遇到推销困境时能够主动出击、积极进取。

【案例2-1】 心态影响推销

李先生："你们的汽车有什么好？你说给我听听。"

推销员："先生，我们这个品牌的汽车具有低耗油、小巧玲珑等特点。"

李先生："小巧玲珑是不是空间小的代名词呢？"

推销员："先生，这个……"

这时候，李先生扫了一眼一脸无知的汽车推销员小李，转身走了，留下汽车推销员小李尴尬地站在原地，看着李先生的背影，小李的泪水在眼角打转，他真的觉得没法再坚持下去了，或许换个工作是最好的解决办法。

在汽车推销过程中，积极向上的心态可以帮助汽车推销人员取得成功，而消极低落的心态则会成为推销工作中的障碍。同样的客户，同样的态度，在不同心态的汽车推销员面前，其结果也将是完全不一样的。良好的心态可以帮助汽车推销人员养成立刻行动的习惯，能够主动占据有利位置，迅速行动而尽早获得优势，因而更加容易取得成功。

因此，汽车推销人员应保持以下良好的心态：

① 热爱、激情的心态——爱岗敬业，满怀激情。工作一旦成为一种爱好，将不再单调，而是转变为一种欢乐和满足。这种成就感将促使汽车推销人员的事业更加稳定且具有激情。

② 自信、行动的心态——干劲十足，付出行动。汽车推销人员要对自己的工作能力充满自信，对自己推销的汽车充满自信，对美好的未来充满自信，把最美好的生活推荐给客户，想方设法满足他们的出行需求，通过行动来实现目标。

③ 给予、双赢的心态——销量大增，客户遍地。汽车推销人员必须追求一种双赢的结果，不能为了自己的利益而给客户造成损失。这已经成为时代的共识，并日渐成为众多公司的市场原则。汽车推销人员应懂得"想要索取，要先学会给予"的道理，在把汽车卖出去之前，不能怕付出。只有切实付出了，你才会收获真正的利润。

④ 老板的心态——业绩提升，职位提升。到了这个层次的汽车推销人员已经站在了事业和行业的制高点，已经懂得从市场的角度去经营自己的客户和人生，与普通汽车推销人员相比，他们更加勇于承担责任，更加容易赢得公司和客户的尊重和信任。

很多汽车推销人员往往专注于推销技巧的提升和专业知识的学习，而忽略掉对心态的历练。其实，好的心态是成为优秀汽车推销人员的重要因素，它能够使汽车推销人员积极向上，全力以赴地向自己的目标奋进。

2. 掌握汽车产品知识

专业的汽车推销人员必须具备全面的汽车知识、独到的见解，才能够提高客户的信任度，帮助客户建立倾向于自己所销售汽车产品的评价体系与评价标准。

汽车推销人员只有完全了解自己的汽车产品，了解它的优点、缺点、价格策略、技术、品种、规格、宣传促销活动、竞争产品状况及替代产品状况等，才能为客户释疑解惑，以最专业的姿态赢取客户的信任和尊重。

3. 掌握丰富的汽车推销知识

优秀的汽车推销人员不仅应具备专业的汽车基础知识，还应具备丰富的汽车消费信贷、新车上户及年检、新车保险等与汽车相关的推销知识，这些知识可以有效地拉近推销人员与客户的距离，实现与客户的顺畅交流。

二、推销工具准备

"工欲善其事，必先利其器。"调查表明，推销人员在拜访客户时，利用推销工具，可以降低 50% 的劳动成本，提高 10% 的成功率。

推销工具主要包括公务包、公司及产品介绍、名片、便签纸、笔以及各类表格。具体的推销工具清单如表 3-7 所示。

表 3-7 推销工具

序 号	项 目	主 要 工 具
1	工具表格	展厅来电（来店）客户登记表、有望客户管理卡（C 表）、有望客户级别月度管控卡、产品参数表、产品装备表、产品价目表、洽谈卡、月计划分析表、需求分析评估表、试乘试驾协议书、总报价表、新车订单协议、万元基数表、车险解决方案表、保费报价单、库存车表等
2	资料	公司介绍材料、荣誉介绍、产品介绍、竞争对手产品比较表、媒体报道剪辑、客户档案资料等
3	其他	公文包、名片（夹）、计算器、打火机、便签纸、笔、地图、纸巾、小礼品等

三、展车准备

1. 展车准备要点

（1）车外部分。

① 车顶正上方摆放 POP 板（价格板或者促销板）。

② 展车摆放按本品牌规范执行，包括展车数量、型号、位置、照明、车辆信息牌等。

③ 展车前后均有车牌（前、后牌），指示车辆名称/型号。

④ 保持展车全车洁净，轮胎上蜡，轮毂中央品牌车标摆正，轮胎下放置轮胎垫。

⑤ 展车不上锁，前窗或者后窗玻璃打开，且左、右高度一致，配备天窗的车型则应打开遮阳内饰板。

⑥ 展车发动机舱干净无灰尘。

（2）车内部分。

① 展车内座椅、饰板等的塑胶保护膜须全部去除，放置精品脚垫。

② 展车前挡风玻璃贴有汽车燃料消耗标识。

③ 展车电瓶电力充足，蓄电池电压不低于 12.5V。

④ 展车车内、行李箱内、手套箱内、车门内侧杂物袋干净、整洁、无杂物。

⑤ 摘除前挡风玻璃上的扩大票，置于手套箱内。

⑥ 展车方向盘调整至较高位置且标识保持向上，座椅头枕调整至最低位置，驾驶座座椅向后调，椅背与椅垫成 105°，与副驾驶座椅背角度对齐一致。（客户使用 10 分钟后回位。）

⑦ 展车时钟与音响系统预先设定，选择信号清晰的电台，并准备 3 组不同风格的音乐光盘备用。

⑧ 展车应有充足的油。

⑨ 安全带缩进到位。

2. 展车摆放原则

（1）摆放规范：符合品牌展厅布置要求、VI 视觉要求，并注意车头朝向的统一性。

（2）车辆间距适当：车辆间的距离应方便开门，摆放空间应方便客户走动。

（3）展车颜色搭配：选择代表性颜色，不要太单一，车辆及颜色都应每周更新。

（4）车型的选择：最好摆放最高配的库存车辆，并应突出所推荐的车型。

3. 展车维护标准

必须确保每位来展厅观赏展车的客户看到的展车都处于最佳的展示状态，因此要严格按照展车维护标准及时进行展车的动态维护，一般要求推销人员在每组客户观赏完展车离开后 5～10 分钟之内，完成展车的维护，以保证能给下一组客户提供最佳的展示效果，这也是做好展车绕车介绍的关键性前提条件。

大众迈腾展车维护检查表如表 3-8 所示。

表 3-8 迈腾展车维护检查表

维护时间：____年____月____日____时____分　　　　　　　　维护人（签字）：

序号	项目	检查结果 合格	检查结果 不合格
1	车身漆面光滑、光亮，无划痕、灰尘、油垢和指纹	□	□
2	玻璃内外擦拭干净，无手纹或水痕	□	□
3	车身外饰及各种装饰条、车型标识、标牌齐全无损	□	□
4	轮胎气压正常、打过轮胎蜡，内轮弧清洁无尘	□	□
5	车轮装饰盖上的大众标识始终保持水平	□	□

续表

序号	项目	检查结果 合格	检查结果 不合格
6	座椅上无塑料罩，方向盘去除保护套	□	□
7	前排车窗保持开启状态	□	□
8	中控门锁、遥控门锁开关正常，遥控钥匙各项功能正常	□	□
9	四门、两盖开关灵活无干涉、反弹	□	□
10	展车所有车门锁均处于开启状态	□	□
11	内饰、仪表板、门护板、顶棚、座椅、脚垫清洁无破损	□	□
12	方向盘上大众标识保持水平	□	□
13	各项电气设施使用正常	□	□
14	行车电脑各项设置恢复出厂设置	□	□
15	驾驶座椅按180cm身高驾驶者设置，位于腿部空间最大位置和高度最低位置，靠背与椅面垂直	□	□
16	副驾驶座椅较驾驶座椅前移3~5cm	□	□
17	后排座椅处于标准位置，中央扶手处于放下位置	□	□
18	行李箱干净、整齐、无杂物	□	□
19	展车内无任何杂物	□	□
20	展车电瓶有电	□	□
21	展车备件完整无缺，如随车工具、备胎	□	□
22	发动机室干净、无灰尘	□	□

【任务要求】

根据本学习任务所学到的推销人员推销前仪表等方面的知识，分析以下案例，并回答问题。

【任务载体】

小王是一个很细心的推销员，每次拜访客户时，在走进客户办公室前，他总是先到洗手间去一下，对着镜子整理自己的仪容仪表，把手洗干净、擦干，以免手掌有汗或不干净，然后才去敲客户的门，和客户握手寒暄。

【任务思考】

思考：小王为什么这样做？你认为小王这样的做法重要吗？

任务二　汽车展厅接待

知识目标

- 掌握汽车展厅接待的流程；
- 掌握汽车展厅接待的方法。

技能目标

- 能灵活运用商务礼仪进行展厅客户的接待；
- 会根据不同的客户类型进行有针对性的接待；
- 能有效解决汽车展厅接待过程中的客户异议。

任务剖析

展厅接待是汽车推销中的一个重要环节，也是后续实质性谈判的前奏。汽车制造商与汽车经销商在营销策划中，无论是广告、各种促销活动，还是业务推广，主要的目的都是为了吸引客户进入推销展厅。当企业的营销活动吸引客户的注意后，客户就会来到汽车展厅。当客户进入展厅时，推销人员就要开始实质性推销工作的第一步，即销售接待。

销售接待如果做得好，就能够给客户留下好印象，为下一步的推销工作打下良好的基础。而如果接待失败，则意味着不能接近客户，也就是推销工作的中止。

知识准备

一、展厅销售规范流程

规范汽车的销售流程、提升推销人员的营销技能和客户满意度，已成为当今各汽车公司以及各 4S 店的追求。

1. 流程的作用与意义

（1）流程的作用。

销售流程就是将复杂的销售过程分解为易于理解和清晰的阶段目标和步骤。

（2）流程的意义。

汽车推销流程的意义主要包括：提高销售成功率；提升品牌形象；便于网络、团队内互相

借鉴、经验共享；利于工作质量的自我检查；便于规范记录和团队合作；使管理层和推销人员之间的沟通更准确、清楚。

2. 规范的销售流程内容

汽车推销指的是整车销售。整车销售是指当客户在选购汽车产品时，帮助客户购买到汽车所进行的所有服务性工作。在整个销售过程中，推销人员应遵循一定的服务规范，为客户提供全方位、全过程的服务，在推销工作中满足客户要求，确保客户有较高的满意度，提高客户对所推销的产品的品牌忠诚度。

汽车推销人员不仅需要有流程性的销售技能表现，还需要许多个人素质方面的技能，如沟通的细节问题，拉近距离的方法，发现客户个人兴趣方面的能力和协商能力。尽管汽车推销流程会给汽车推销人员一个明确的步骤，但是具体的软性的推销素质还需要靠灵活的、机智的、聪颖的个人基本实力。汽车推销人员应具备七种必需的销售基本实力，分别是：行业知识、客户利益、顾问形象、行业权威、赞扬客户、客户关系、压力销售。

3. 各汽车品牌规范的汽车销售流程

各汽车品牌（经销商一般都执行整车厂的标准流程）的汽车销售流程各个环节略有不同，但内容却是大同小异，例如，一汽丰田标准汽车销售流程包括：集客活动、客户接待、需求分析、商品说明、试乘试驾、报价说明、车辆交付和售后跟踪八个环节，如图 3-14 所示；广州本田"喜悦销售"流程包括：售前准备、客户接待、需求分析、产品介绍、试乘试驾、报价成交、交车、售后跟踪八个环节；VOLVO 轿车的标准销售流程包括：寻找潜在客户、初次联系和需求分析、产品展示和试驾、贴旧换新与估价和报价、达成交易和下订单、订单跟进和交车准备、客户交付、交付跟进和后续联系八个步骤，如图 3-15 所示。

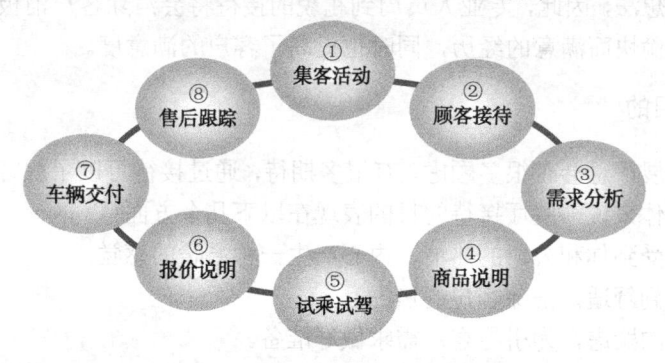

图 3-14　FTMS（一汽丰田）标准销售流程

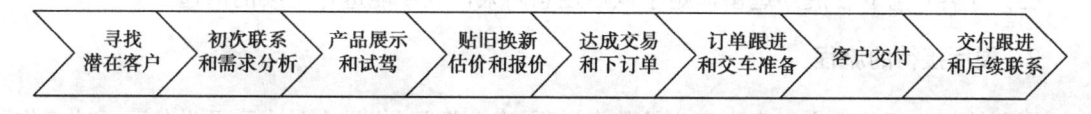

图 3-15　VOLVO 轿车的标准销售流程

而随着汽车市场的不断发展，为了体现以满足客户实时动态的需求为核心，提供超越客户的期望值的服务，有些汽车品牌已经开始对本品牌的汽车销售流程进行优化，如广州本田的"喜悦销售"流程已经于 2012 年进行了升级，将售前准备和需求分析贯穿到了整个汽车销售流程当中，被称为"新喜悦销售流程"，这个流程更能够反映真实的汽车销售过程，如图 3-16 所示。

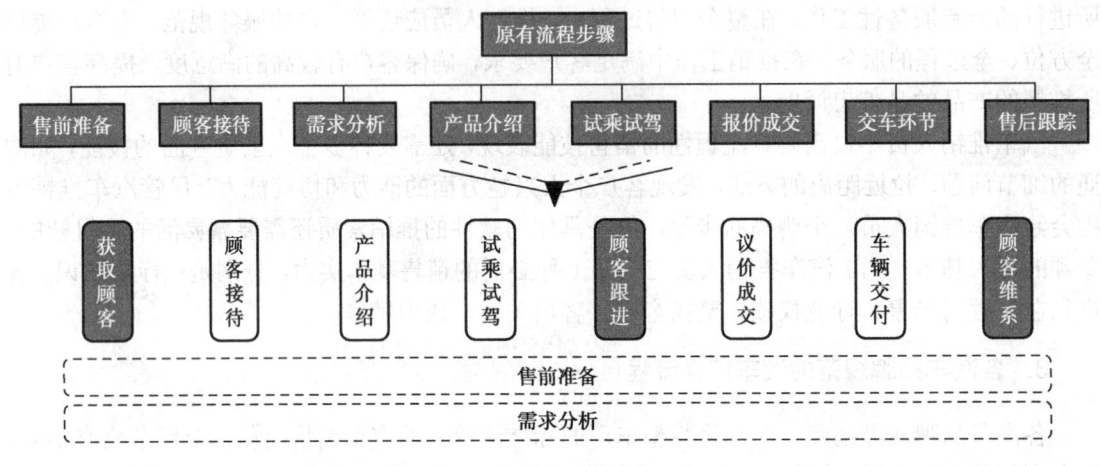

图 3-16　广州本田汽车销售流程

二、展厅接待的关键时刻及接待要点

销售流程的接待步骤是给客户建立一个第一印象。通常情况下，客户对购买汽车的过程都有一个先入为主的想法，因此，专业人员周到礼貌的接待将会消除客户消极的思想情绪，并为客户未来购买设计愉快而满意的经历，同时也提高了客户的满意度。

1. 展厅接待目的

潜在客户进入展厅总会有很多顾虑，有很多期待，通过接待可以了解客户，并为后续销售工作打好基础。具体来说，展厅接待的目的表现在以下几个方面：

（1）让客户感受到你和公司的热情，内心产生一种温暖的感觉。

（2）让客户感到舒适，消除客户的焦虑。

（3）消除客户的疑虑，为引导客户需求做好准备。

（4）建立客户的信心，为销售服务奠定基础。

（5）让客户喜欢在展厅逗留，走了以后还想回来，以便能进行持续的沟通。

2. 展厅接待的流程

展厅接待包括从客户来店到离店的整个过程，在此期间，推销人员大致要做如下一些工作，这些工作就形成了展厅接待流程，展厅接待的各个关键时刻及接待要点如图 3-9 所示。

表 3-9 汽车展厅接待关键时刻及接待要点

序号	客户接待的关键时刻	接待要点
1	客户接待的准备	(1) 推销人员穿着指定的制服，保持整洁，佩戴名牌； (2) 每日早会推销人员互检仪容仪表和着装规范； (3) 推销人员从办公室进入展厅前在穿衣镜前依人形模特标准自检仪容仪表和着装； (4) 每位推销人员都配有销售工具夹，与客户商谈时随身携带； (5) 每日早会，推销人员自行检查销售工具夹内的资料并及时更新； (6) 每日早会设定排班顺序，制定排班表； (7) 接待人员在接待台站立接待，值班推销人员在展厅等候来店客户
2	客户来店时	(1) 若客户开车前来，值班保安应主动引导客户进入客户停车场停车； (2) 值班保安人员着标准制服，对来店客户问候致意，并指引展厅入口； (3) 客户来店时，值班推销人员至展厅门外迎接，点头、微笑、主动招呼客户； (4) 推销人员随身携带名片夹，第一时间介绍自己，并递上名片，请教客户的称呼； (5) 推销人员抬手开启自动门，引导客户进入展厅； (6) 经销店的所有员工在接近客户至 3m 时都主动问候来店客户（全员参与）； (7) 若雨天客户开车前来，应主动拿伞出门迎接客户； (8) 推销人员主动询问客户来访目的； (9) 按客户意愿进行，请客户自由参观浏览，明确告知（客户）推销人员在旁随时候教
3	客户自己参观车辆时	(1) 与客户保持 3~5m 的距离，在客户目光所及的范围内关注客户动向和兴趣点； (2) 客户表示想问问题时，推销人员主动趋前询问； (3) 客户对商品有兴趣时，推销人员主动趋前询问
4	请客户入座时	(1) 推销人员向客户提供可选择的免费饮料（3 种以上），主动邀请客户享用； (2) 客户就近入座，座位朝向须方便客户观赏感兴趣的车辆； (3) 征求客户同意后入座于客户右侧，保持适当的身体距离； (4) 关注客户的同伴（不要忽略"影响者"）
5	客户离开时	(1) 提醒客户清点随身携带的物品； (2) 推销人员送客户至展厅门外，感谢客户惠顾，热情欢迎再次来店； (3) 微笑、目送客户离去（至少 5 秒）； (4) 值班保安人员向客户致意道别； (5) 若客户开车前来，陪同客户到车辆边，感谢客户惠顾并道别； (6) 值班保安人员提醒客户道路状况，指引方向； (7) 若出口位于交通路口，则保安人员引导车辆到主要道路上
6	客户离去后	整理客户信息，填写《来店（电）客户登记表》（附表五）及 A~C 卡
7	电话应对	打出电话： 做好打电话前的准备工作（5W2H），尤其是客户资料和信息。 接通电话后： (1) 先表明自己的身份，并确认对方身份；标准开场："您好，我是××经销店的推销人员××，是××先生吗？……您上次……"； (2) 电话结束时感谢客户接听电话，待对方挂断电话后再挂电话 (3) 记录客户信息和资料；

续表

序号	客户接待的关键时刻	接待要点
7	电话应对	接听电话： （1）电话铃响 3 声之内接听电话，微笑应对； （2）主动报经销店名称、接听人姓名与职务，"您好！××经销店，推销人员×××，请问有什么可以帮到您的？……"； （3）在电话中明确客户信息，包括联络方式、跟踪事项等，并适时总结； （4）结束时感谢客户致电，并积极邀请客户来店参观； （5）待对方挂断电话后再挂电话； （6）填写《来店（电）客户登记表》，记录客户信息

三、展厅接待的主要工作内容

来店客户，尤其是初次来店的客户，往往会感到担心、疑虑、紧张和感到不舒适。他们希望在自己需要的时候能够及时得到帮助。客户在看车时不希望被打扰，而在需要帮助的时候又希望能够立刻得到帮助，一般把客户的这种心理状态称为进入了不舒适区，如图 3-17 所示。

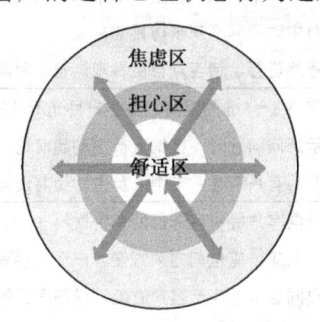

图 3-17　客户到店时的心理状态

舒适区最早是心理学上的一个概念。顾名思义，舒适区就是一个使人感到非常舒服的社会环境，人在这种环境内会感到舒适、安全、温暖、轻松、愉悦。客户一旦进入舒适区，就容易对你产生信任。因此，汽车推销人员应该通过自己热情的服务尽快将销售大厅变成客户的舒适区，营造无压力销售环境，才能提高推销的成功率。

与客户接触，应主动缩短与客户之间的距离，恰到好处地了解客户来店的真实动机，以尽快取得客户的信任为目的。一般情况下客户进入展厅时大都存在以下几种情况。

期待：以最少的钱买最好的车；

担心：希望、想法、要求不能得到满足甚至被骗。

由于这种期待和担心常常交织在一起，故表现出本能上的自我保护——对立意识，往往会有一种怀疑或逃避的态度。

1. 消除客户疑虑的方法

为了消除客户的这些疑虑，你要想方设法"营造"一个舒适、温馨的客户购车环境，并在和客户的整个接触过程中针对不同的情况，使用一定的方法来消除客户的疑虑。

（1）认同客户的观点，承认他讲的道理。

（2）不诋毁同行或竞争对手。

（3）尽量展示出你的专业能力。

（4）努力表现出你的素质与修养。

（5）通过灵活地运用方法和技巧，让客户情绪放松，逐渐取消对立情绪。

（6）向客户了解购买动机和真实的需求。

（7）以客户为中心，从客户的角度来帮助解决客户的疑难问题。

2．迎接客户的方法

（1）微笑，并保持眼神接触，争取让客户主动交谈。

（2）和与客户同来的每一个人打招呼，并奉上茶水、咖啡、点心、糖果等。

（3）业务表现要专业。

（4）自然放松，态度热情，语言真诚，与客户保持适当的距离，不要给客户压迫感。

（5）如有儿童一同来店，则需关注孩子对家长的影响。

（6）对第二次进店的客户，能熟练地说出客户的名字，对于客户来说是非常高兴的，会觉得自己受到了重视。

（7）关注与客户同来的影响者。

（8）善于利用破冰的语言与客户进行寒暄。

【补充内容1】 寒暄

销售顾问在跟客户沟通的过程中，寒暄是很重要的一部分，好的寒暄可以引起对方的兴趣，促使对方继续沟通。而糟糕的寒暄往往让客户对销售顾问反感，不利于沟通的深入进行。

寒暄是销售的一种手段，是沟通彼此感情，创造交谈气氛的一种方式，同时也是很重要的礼节，所涉及的内容一般与正题无关；其主要任务是造势，在涉及实质性问题前创造一个有利于交谈的气氛，特别是对于初次见面的客户来说，寒暄的内容和方法是否得当，直接关系到销售的成败。

销售顾问在与客户初次见面时，为了消除彼此之间的陌生感、缓解紧张的气氛，可以通过寒暄，先谈一些与正事无关，但大家都熟知的、轻松的话题，如天气、社会新闻等，能迅速地拉近彼此之间的距离，营造一种亲切友好的气氛，为之后的深入交流、沟通奠定基础。

1．寒暄的目的

（1）有效消除客户紧张、戒备的心理及陌生感，获得客户的信任。

（2）了解客户的许多真实状况。

2．寒暄的种类

（1）初步寒暄。初步寒暄时，可针对天气、兴趣、爱好、居住区域、工作区域、购买动机、需求、媒体等，提问一些浅显的问题。

（2）深入寒暄。深入寒暄时，可针对职业、家庭成员状况、预算、资金来源、兴趣、客户疑虑等，提问一些较深层次的问题。

3．寒暄应注意的问题

（1）态度应保持热情、自然、大方，脸色应保持温和、微笑，语气应保持亲切。

（2）通过巧妙的发问，了解真实状况。一定要选择合适的时机自然切入，或者提前作好铺垫，使发问显得自然些。

（3）多聊客户感兴趣的话题。

（4）适当谈论自己，是为了与客户的兴趣、意识、主张等产生共鸣，让客户觉得你们是同一类人。

（5）在适当的时间、适当的地点或适当的话题中赞美客户。

（6）忌一个问题接一个问题地直接问，且中间没有任何衔接语言。

（7）针对不同类型客户，找寻不同的话题或切入点。

① 针对中年以上的客户，多聊他们的子女或孙辈情况。

② 针对打扮时尚的年轻人，多聊时尚的话题，例如，衣服、鞋子、香水、名牌、美容等；多多赞美他们会保养皮肤，会搭配衣服，等等。

③ 针对30岁左右的男士，可以聊一些男人们喜欢话题，例如，足球、篮球、旅游经历、网络游戏等。

④ 针对中年成功男士，可以聊他们的事业、创业史。

⑤ 针对政府机关官员，忌聊他们的工作，可以聊聊生活、家庭等轻松的话题。

（8）适当地保持自己的立场，保持一个度，否则就变成让人一眼就看穿的"马屁精"，客户会觉得销售顾问不够稳重、诚恳。

另外，寒暄中难免要恭维对方一番，这样会使对方感到愉悦，对即将进行的交谈更感兴趣，但是要注意，恭维一定要得体，一定要了解他的需求，不能过分恭维，否则会适得其反。例如，初次见面赞美女士"您的眼光真好"，这句话起到的作用微乎其微，不能给对方留下任何印象，不能激起她对你的好感；我们可以这样说："女士，您选的这辆车的颜色真的很适合您的气质，而且，这款车也是我们卖得最好的一款车，您的眼光真好。如果您的朋友买车的话，一定愿意听取您的意见。"这样，恭维的效果更加明显。

【补充内容2】关键时刻（MOT）的概念

在竞争日益激烈的市场，产品本身所能带给客户的感动已不是非常明显的了，在众多的汽车销售公司里，汽车产品的同质化日趋明显，如何让客户在众多的汽车销售公司里选择在你的展厅购买，这就取决于客户是否能够在你这里得到超越期望值的感动！在提供服务给客户，以期望取得客户的满意与感动时，往往取决于推销人员与客户相互接触的短时间内的真实一刻，而这些真实一刻发挥着非常关键的作用，称为关键时刻。这些小小一刻，让客户留下小小印象，从而在购买时做出小小的决定。而这些小小决定最终会影响到客户最终的购买决定，如下图3-18所示，所以汽车推销人员在推销过程中要关注客户需求的细节。

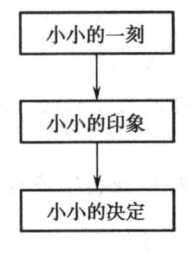

图3-18 关键时刻示意图

细节之处不可忽视，如宜人的环境布置和温馨的展位布置，播放背景音乐，甚至可以在车里根据事先了解到的客户喜好准备音乐CD，如此，客户肯定会眼前一亮，被这小小的温馨一刻所打动。

3. 接待客户要遵循以下几点

在展厅接待过程中，客户的情况各种各样，处理的具体方法也会有所不同，但以下三点对于每个推销人员来说都是必须遵循的。

（1）重视来店的每位客户。对每位客户都要做到一视同仁，不能有好恶之分，不要以貌取人。

（2）运用心理学知识，巧妙地解开客户心中的"结"。这个指的是运用心理学的技巧去影响客户最初的观点。

当客户在下决心购买之前，一定会货比三家。客户最初观点的形成最容易受到第一家产品"先入为主"的印象的影响。遇到这样的客户，当他拿竞争对手的车型、销售政策等来打压你的时候，你千万不要与他对着干，不要诋毁别人的产品，特别是在没有弄清楚事实真相的前提下，更不要擅自做主仓促应战，随意承诺你做不到的事情。

因为绝大多数购车的客户都是非常在意安全问题的，所以你从安全的角度去影响他，往往效果会不错。一般来说，关键是要说自己车的比较优势。

（3）同事间相互配合，协同作战。专营店的推销人员不能以单兵作战的形式进行销售，而应以团队合作的形式，尽早、尽快地将客户带进"舒适区"，以缩短距离，取得信任。

（4）礼貌送客。在客户离开展厅时，应送客户到门外，如果可能，要一直把客户送到车上，并欢迎他下次光临，目送客户的车辆开出30m远，或车辆已转弯方可回店。客户离去后，要及时整理、分析并将有关资料记录到来店（电）的客户管理表、意向客户级别状况表、推销活动日报表、意向客户管理卡或其他公司规定的表格中，以便后续追踪。这些工作也是接待工作的一部分，称为意向客户的管理工作。

四、接近客户的时机

所谓"接近客户"，其实就是汽车推销人员一边仔细观察，一边和客户接近的行为。找准与客户做"初步接触"的适当时机，对汽车推销人员来说是最首要的，也是最困难的。但是，只要初步接触的时机恰当，推销工作就已成功了一半。

如果接触的时机掌握不当，会出现以下两种尴尬的局面。

（1）接触太早。如果在客户观看商品时，汽车推销人员就迫不及待地问："您需要什么帮助吗？"那么，客户一定会感到被骚扰、有压力，易产生戒备心而"逃之夭夭"。

（2）接触太迟。太迟的接触会让客户感到受冷落、不被重视，他们往往会找借口溜掉，从而丧失促使其购买的最佳时机。

那么，汽车推销人员该如何寻找接触的最佳时机呢？其实，从客户走进展厅的那一刻开始，他就在不断地向我们传递各种信号，这其中就包括一些寻求帮助的信号。

（1）当客户长时间凝视汽车时。

客户若对某一辆汽车注视了很长时间，就表示其对该商品产生了兴趣，此时就是接近的时机。当然，接近客户不可冒昧，需要讲求一些技巧。

① 在与客户打招呼时，最好是站在客户的正面或侧面，轻轻地说："需要我帮忙吗？"绝不能从客户的背后突然冒出来，一句话使客户吓一跳，从而降低客户购买欲望。

② 与客户打招呼时，其语言不只局限于"欢迎光临""我能帮您什么"，还应扩大到"先生，您真有眼光，这款车型很时尚""这种内饰在目前的车市还很少见""您的形象非常适合驾驶这款车"，用类似的话来作初步接触，成功几率较高。

（2）当客户触摸汽车时。

客户将汽车宣传资料拿在手上翻看；或用手触摸汽车，就是对此商品产生好感，并加以确信自己是不是需要这项商品的表现。但此时的初步接触，不要在客户触摸商品那一瞬间就开始（以免惊吓到客户），而是稍微等一等再以温和的声音询问。有时可以加上几个简单的商品说明来刺激客户的购买欲望。

（3）当客户抬起头时。

客户一直在注意汽车，这时候突然抬起头来有两个原因。

① 想叫汽车推销人员，仔细了解一下这款商品。如果是这种原因，推销人员稍加游说，这笔交易就可能成功。

② 决定不买了，想要回去。

汽车推销人员应马上迎上去亲切地问："你喜欢这款车型吗？我们还有其他款型。""这款车的空间稍微小了一些，旁边还有比较适合您的，要不要看一下？"

客户也许会回心转意，而把他认为不满意的方面说出来。由此可见，把握好初步接触的时机，不仅能够挽留住想要离去的客户，而且还能够倾听客户不购买的理由，为自己以后的销售服务积累宝贵的经验。

（4）当客户突然停下脚步时。

当客户突然在展台旁停下脚步，注视某辆汽车的时候，如果没有汽车推销人员过来招呼他，他就会继续向前走。营业员一定不可错过这个好机会，应立即去招呼客户。

（5）当客户放下手提袋时。

这也是对商品留意而产生好感的行动之一，汽车推销人员应自信地对客户说："欢迎光临。"这种情况要在客户放下手提袋一段时间后，再上前接近较好。

（6）当客户的眼睛在搜寻时。

一些具有明确购车目的的客户在进入销售展厅之后，首先会东张西望，寻求帮助，汽车推销人员不应迟疑，要以最快的速度过来向客户打招呼，以亲切的态度向客户说："先生，您好，我能帮您什么？"从而替客户节省寻找的时间和精力，客户一定会很高兴。

（7）客户和推销人员的眼光相遇时。

客户需要建议时，大多会寻找汽车推销人员。当其眼光和汽车推销人员相遇时，汽车推销人员应向客户微笑点头，走向客户说"欢迎光临""您好""早安"之类的话。虽然不一定能立即谈成生意，但至少可表现出汽车推销人员应有的礼貌，给客户留下较好的印象。

（8）当客户与同伴交流时。

客户与同伴交谈，这种情形正是客户对商品产生好感的明确行为。此时，汽车推销人员的说明和建议也特别容易产生效果。

五、不同客户的展厅接待技巧

接近客户，不是一味地向客户低头行礼，也不是迫不及待地向客户说明商品，这样做，反而会让客户产生逃避的想法。接近客户的重点是让客户对以销售为职业的推销人员抱有好感。

【案例 3-1】 体察客户的心理防线，用恰当的方法消除客户的戒心

推销员："您好，这是本品牌最近推出的一款车型，外观和配置都不错，您看怎么样？"

客户："哦，我已经看了 5 个品牌了，感觉都不错，我再看看吧。"

推销员："我们的这款车是专为都市白领设计的，造型时尚、动力十足，而且还很省油，销量一直很好，刚才的那位先生就购买了一辆，您还是考虑一下吧。"

客户："人家买了是人家的事情，我暂时不考虑了。"

推销员："先生，您看这样，我们可以多给您送点赠品……"

客户："还是以后再说吧，对不起。"

汽车推销人员在接近客户时，忽视了客户对陌生人的防备心理，在客户还没有接受自己的情况下，一个劲地推销产品，会让客户感到唐突和不愉快。因此，汽车推销人员应很好地把握"在推销产品之前，先推销自己"的原则，利用一些技巧，成功地打开客户的心理防线，让客户先对自己产生好感。

在客户仍然抱有戒心的时候，汽车推销人员要想促成交易，就必须学会声东击西，分散客户的注意力，从而化解客户的戒心。根据客户的不同类型，分散客户的注意力。

（1）唯唯诺诺的客户。

唯唯诺诺的客户是对于任何事都同意的客户，不论汽车推销人员说什么都点头说"是"。即使作了可疑的汽车介绍，此类客户仍会同意。

对于此类说"是"的客户，应该干脆问："为什么今天不买？"客户会因看穿了其心理的突然的质问而惊异，失去辩解的余地。大多数人会说出真心话，推销人员就可以因地制宜地"进攻"了。

（2）硬装内行的客户。

此类客户自认为对汽车的了解比推销人员多。他会说"我很了解这类产品"或"我常参与贵公司的工作"等一些令汽车推销人员发慌或不愉快的话。这类客户故装内行，有意操纵对汽车的介绍。

此类客户不希望汽车推销人员占优势或强制他，不想在周围人面前不显眼。他知道自己很难对付优秀的推销人员，因此事先建立"我知道"的强硬的防御以保护自己。汽车推销人员应避免被他们认为是"没有受过汽车知识教育的愚蠢的家伙"。

如果客户开始详说汽车的情况，推销人员则不必妨碍，让客户随心所欲。汽车推销人员还应假装从他的话中学到了些什么或频频地点头表示同意。客户会很得意地继续说明，但可能有时会因不懂而不知所措。此时，推销人员应说："不错，你对这款汽车的优点已经很了解了，打算什么时候购买呢？"客户既然为了向周围的人表示自己对该车的了解而自己开始介绍汽车，就会对如何回答买车问题而慌张，致使他们可能会否认自己开始说的话，这正是你开始推销的时机。

（3）金牛型客户。

此类客户渴望说明自己很有钱，且过去有许多成就。他会说自己与哪些名人有来往，并夸口说："只要我愿意，买10辆也不成问题。"

此类客户可能满身债务，但表面上，仍要过豪华的生活。只要不让他立即交钱，他很有可能在汽车推销人员的劝说下，冲动地购买。

此时，推销员应先附和他，适当地称赞他，打听其成功的秘诀，尊敬他，并表示有意成为朋友。在签订购车协议时，询问他需要几天时间来调拨采购汽车用的那部分资金。这样，既使他能有筹措资金的余地，又顾全了他的面子。接待这一类型的客户时，汽车推销人员千万不能问："你不是手边没有钱吧！"即便你知道他手头没钱，也决不可以在态度上表露出来。

（4）完全胆怯的客户。

此类客户很神经质，害怕汽车推销人员，经常左顾右盼像是在寻找什么，无法安静地停在一个地方。他们好像经常在摆弄台上的宣传册或其他东西，不敢与汽车推销人员对视，对于家人和朋友也用尖锐的声音说话。

若汽车推销人员在场，此类客户就会认为自己被迫陷入了痛苦的、需要立即或必须回答与私人有关的问题提问中，因而提心吊胆。

对于此类客户，必须亲切、慎重地对待。细心观察他的言行举止，并称赞所发现的优点。对于此类客户，只要稍微提到与他们工作有关的问题即可，不要深入探听其私人问题，使他们轻松地听你的介绍。应该多与他们接触，寻找自己与他们在生活上的共同点。这样，可以解除他们的紧张感，让他们觉得你是朋友。

（5）稳静思索型客户。

此类客户稳坐在椅子上思索，只是不停地抽烟或远望窗外，一句话不说。他会以怀疑的眼光凝视一处，显出不耐烦的表情。汽车推销人员会因其沉默而有被压迫的感觉。

稳静思索型客户是真正思考的人，他想注意倾听汽车推销人员的话，并想看清汽车推销人员是否在认真接待他，他在分析并评价汽车推销人员。此类型客户以知识分子居多，对于汽车或市场行情有所了解。他们细心，动作安稳，发言不会出差错，会立即回答质问，属于理智型购买者。

对此类客户进行推销时，应该很有礼貌，诚实且多少沉稳一点，但不要疏忽大意，细心注意客户所说的话比什么都重要。可以从他们言语的微细处看出他们在想什么。换言之，采取柔软且保守的推销方式，但关于汽车及公司的政策，应该详细地说明。在交谈中不妨轻松地谈及自己的家庭或工作问题，这会使客户更想进一步了解你，松懈防备心理，把需求告诉你。对于此类客户，汽车推销人员绝不可有自卑感。

（6）冷淡型客户。

冷淡型客户采取自己买不买都无所谓的姿态，看起来完全不介意汽车优异与否或自己喜欢与否。其表情与其说不关心汽车推销人员，不如说是不耐烦，不懂礼貌，而且很不容易亲近。

此类客户不喜欢推销人员对他施加压力或销售，喜欢自己实际调查汽车产品，讨厌汽车推销人员介绍汽车的行动。此类客户分为两种：一种喜欢宁静，另一种喜欢热闹，喜欢在有利于自己的时候，按自己的想法做事。此类客户虽然好像什么都不在乎似的，但事实上对于很细微的信息也关心，注意力强。他搜集各种情报，沉着冷静地考虑每一件事。

对于此类客户，普通的汽车介绍不能奏效，必须设法让他们情不自禁地想买汽车才能达到销售目的。因此，汽车推销人员必须引起客户的好奇心，使他们对汽车产生兴趣，这样，客户

才会乐于倾听推销员关于汽车的介绍。

（7）"今天不买""只是看看而已"的客户。

此类客户一看到汽车推销人员就会说"今天不买""我只是看看"等。在进入店门之前，他早就准备好了答案。他会轻松地与汽车推销人员谈话，因为，他认为已经完成了心理上的准备。

他们可能是所有客户中最容易推销的对象。他们虽然采取否定的态度，却在内心很明白若此种否定的态度一旦崩溃，即不知所措。他们对汽车推销人员的抵抗力很弱。在推销员介绍汽车的前半阶段可能会说"不"，之后则任由汽车推销人员摆布。他们对条件好的交易不会抵抗，因此，只要在价格上给予优待，就可以成交。他们最初采取否定态度，犹如在表示"如果你提出好的条件，就会引起我的购买欲"。

（8）好奇心强的客户。

此类客户没有关于购买的任何障碍，他们只想把目标汽车的相关信息带回去。只要时间允许，他们愿意听汽车的介绍。他们态度谦恭而有礼貌，如果你开始说明了，他们会积极发问，而且，提问得很恰当。

此类客户只要喜欢所看到的汽车，并被激起了购买欲，便会发生购买行为。他们是因一时冲动而购买的典型，只要有了动机，对汽车推销人员及展厅气氛有了好感，就毫不犹豫地购买。应做好汽车介绍，使客户产生兴趣后，促成其购买。你不妨说："现在正是优惠时期，故能以特别便宜的价格买到。"对于此类客户，必须让他觉得这是个"难得的机会"。

（9）人品好的客户。

此类客户谦恭有礼并且素质高尚，对于汽车推销人员不仅没有偏见，甚至还会表示敬意，有时会贴心地说："推销员的确是辛苦啊！"

他们经常说真心话，并会认真倾听汽车推销人员的话，但是，不会理睬强制推销的汽车推销人员。他们不喜欢特别对待。

若碰到此类客户一定要认真接待。汽车推销人员应以绅士的态度显示自己在专业方面的能力，展示始终有条理的汽车介绍。但是，应该小心以免过分，不可以过于施加压力或强迫对方。

（10）粗野且疑心重的客户。

此类客户会气冲冲地进入销售展厅，他的行为似乎在指责一切问题都是由你引起的，因此你与他的关系很容易恶化。他完全不相信你的介绍，对于汽车推销员的疑心很重。因而，汽车推销人员不容易应付他。

此类客户具有私人的烦恼，例如，家庭生活、工作或经济问题。因此，想找个人发泄，而汽车推销人员很容易被选中，他们会寻找与汽车推销人员争论的机会。

应该以亲切的态度接待他们，不可以与他们争论，避免提及会让对方构成压力的话题，否则，会使他们更加急躁。推销人员介绍汽车时，应轻声、有礼貌、慢慢地说明，应留心他的表情。适时地问他们是否需要帮助，让他们觉得你可以成为他们的朋友，等到他们镇静之后，再慢慢地以传统方式介绍汽车。

除了以上这些细化的消除客户心理防线的方式，在与客户的交流过程中，汽车推销人员还应该注意分析客户产生戒备、防范心理的原因，尽量避免在推销过程中形成不愉快的气氛，以保持积极、热情的推销氛围；在客户对服务和汽车产品进行指责或表示疑惑时，汽车推销人员应设法让客户愉快地转移注意力,转移客户注意力最有效的方法往往不是长驱直入,而是以退为进,把谈论的话题转移到客户关注的内容上,然后再抓住推销的有利时机。

很多交易无法达成的原因并不在于汽车本身,而在于汽车推销人员未能及时消除客户的戒心,甚至使客户有一种"他们是在想方设法从我口袋里掏钱"的想法。面对客户的这种心态,汽车推销人员应了解并理解客户的防范心理,在愉快的沟通气氛中转移他们的注意力。

任务实施

(一) 任务要求

根据汽车展厅接待的流程及关键点的要求,对以下案例进行分析,并思考相关问题。

(二) 任务载体

【案例 1】一次成功的接待

推销人员李明接待客户的时候,往往手上会准备一张小卡片,随时将客户的信息记下来,客户走了之后,李明再将内容进行整理并记录到客户资料卡上。有一次,有个客户一个人来看车,当时他匆忙了解了一下君威,拿了一份目录,留了一个电话就走了。从看车到离去不到3分钟。虽然他在店的时间很短,但从他的言行举止来看,李明觉得他是一个很好的潜在客户,于是把他的特征、开的车型、车牌号码都记下来。过了3个月之后,有一天他突然来看车,李明老远看见他就觉得很面熟,于是打开客户登记表的记录,想起了他就是3个月前来看车的黄先生,李明立刻上前接待,叫了一声黄先生。这时他很惊奇地笑了一下,问李明怎么知道他姓黄,李明就把他3个月之前来看车的经过都讲给他听,这时他又嘻嘻笑了一下。接着李明再运用推销中的赞美法夸奖了他一番,这时他更加开心了。然后在李明的引导下,他试驾了一下君威,他对君威非常满意,临走之前跟李明说了一句"买车我一定找你"。一个星期之后,店里刚好有购车送大礼活动,李明马上打电话给他。几天之后他带了一个朋友来试车,虽然第三次来了也没有订车,但是李明觉得这个客户已经有 90% 的成功率了。过了一个星期,李明打个电话给他,告诉他"我们促销活动快到期了",要他抓紧时间,这时他也急了,跟李明说再多考虑两天就给他答复。没想到第二天下午他就打电话跟李明说,叫李明拿合同给他签。

【案例 2】一次失败的接待

一个秋高气爽的午后,某经销商的展厅内,来访的客户络绎不绝,有的在看车,有的围着推销人员津津有味地商谈着什么,还有的围在前台,仔细地阅读着一份份有关车款、车型或某些新特征的产品介绍书。

汽车推销人员小王紧盯着门口,等待可能出现的新客户。小王来到这个展厅工作已经两个多月,但业绩一直平平,毫无起色,作为一名营销专业的本科毕业生,推销业绩一直处在初级的水平上,让小王颇为着急。

这时,一位先生和一位女士走了进来,尽管这两位人士衣着休闲,却异常考究,明眼人就能看得出来,这二位颇有些来头。小王紧紧盯着这一男一女,暗暗判断:从衣着和气质上看,这二位绝不是一般的看车人,从神情上看,显然是一对夫妻。想到这里小王来了精神,看来这二位潜在客户很有希望啊!正暗自高兴的他突然眼前一亮,他看见这二位停在了一款新车前面,这款新车是刚刚推向市场的，集现代、流行、高档于一身，颇受客户青睐。机会难得，他赶紧走了过去。

"二位好，今天天气不错，看看车啊！"小王热情地打着招呼。

男士点点头应声："看看这款新到的车。"

小王："感觉如何？这是新上市最流行的流线型轿车，德国原装。"

男士没有回应，仍在专注地看着车，小王饶有兴致地介绍起来："该车采用的是全时四驱技术，这是国内轿车所不具备的，变速器是手自一体的，还有……"

男士突然摆摆手，打断了正介绍在兴头上的小王，很客气地说："谢谢你热情的介绍，我们只是来看看。"

"先生，你们现在开的什么车呀？"小王见客户有抵触情绪，赶忙转换话题。

"是代步用的捷达。"女士开口了，但眼睛仍然没有离开车。

"啊，那款车是有些过时了，看二位现在的身份，再开那辆车与现在的身份不相配呀！"小王恭维道。但没想到小王话音刚落，那位男士突然变了脸色，女士和男士不约而同地对视了一眼，女士说："咱们走吧，改日再来。"说着两个人向门口走去，小王怔怔地待在那里，不知何时是好，他困惑不解，不知道自己做错了什么。

（三）任务思考

思考一：请根据以上两个案例，分析在展厅接待过程中，李明成功接待，而小王失败接待的原因是什么。

思考二：如果你是推销人员，会如何进行接待？试根据接待要点填写以下表格。

序号	接待要点	时机及沟通话术	关键动作
1	客户进店		
2	接近客户		
3	引导客户到洽谈区		
4	送别客户		

项目四

汽车产品展示

学习目标

通过本项目的学习，使学生能够有效地进行客户需求分析，并针对客户的需求进行展厅汽车产品的静态展示和试乘试驾的动态展示，最终引导客户成交。

项目描述

在汽车展厅推销过程中，推销人员必须将汽车产品的优势、卖点技巧性地展示给客户，而要充分地进行汽车产品的展示，必须先了解客户的需求，才能有针对性地对汽车产品进行展厅的静态展示和试乘试驾的动态展示。

任务一　正确分析客户需求

知识目标

- 了解需求分析的作用、要求与内容；
- 掌握需求分析的步骤。

技能目标

- 能够通过需求分析列表对客户进行购车需求分析；
- 会根据提问的方式进行客户背景信息的获取，并分析和提炼，得到客户的关键信息。

任务剖析

推销人员在进行车辆展示之前必须先进行客户的需求分析，如果没有了解客户的需求就开始介绍产品，就像在屋子里蒙上眼睛打移动靶，击中的几率极低，只有完全了解客户的需求，才能提高成交的几率。详细的需求分析是满足客户需求的基础，也是保证推销有针对性地进行的前提。

知识准备

一、需求分析概述

在当今汽车推销市场竞争非常激烈的情况下，汽车推销是以客户为中心的顾问式销售，不能采用以往"黄瓜敲锣——一锤子买卖"的做法，而是要给客户提供一款适合其需要的车型。

汽车商品说明的基本流程如图 4-1 所示，从图中可以看出，在整个商品说明环节，推销人员首先要把握客户的需求，应通过需求分析，帮助客户有目的地了解其特定需求，并强化客户的需求，提高客户改变现状的迫切程度，使客户因自身想改变现状而实施购买。而如果不进行客户需求分析，会使客户需求慢慢下降，甚至减弱客户购车的欲望。

1. 需求分析的作用

（1）通过客户需求分析，帮助推销人员挖掘出影响购买决定的非价格因素。详细说明这些非价格因素的重要性会降低价格因素在购买决策中所起的作用。

（2）需求分析可以实现增值销售。通过了解客户需求并获得客户参与后，提高客户的认知

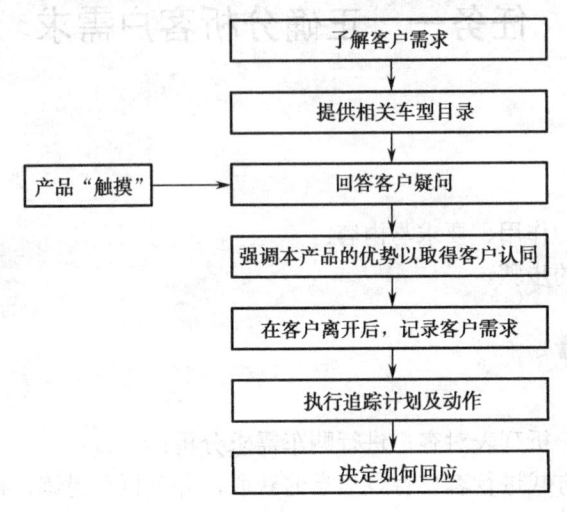

水平，增强客户想要改变现状的愿望，如果客户想购买的心情要比推销人员出售产品的心情要迫切，就不会过多地关注产品的价格，推销人员可以通过高价格获得更多的利润。价格仅仅是客户很多购买因素中的一个，而不是决定购买产品的主要因素。

```
           ┌──────────────┐
           │  了解客户需求  │
           └──────┬───────┘
                  ↓
           ┌──────────────┐
           │ 提供相关车型目录│
           └──────┬───────┘
                  ↓
产品"触摸" → ┌──────────────┐
           │  回答客户疑问  │
           └──────┬───────┘
                  ↓
     ┌────────────────────────┐
     │强调本产品的优势以取得客户认同│
     └──────────┬─────────────┘
                ↓
     ┌────────────────────────┐
     │在客户离开后，记录客户需求  │
     └──────────┬─────────────┘
                ↓
           ┌──────────────┐
           │执行追踪计划及动作│
           └──────┬───────┘
                  ↓
           ┌──────────────┐
           │  决定如何回应  │
           └──────────────┘
```

图 4-1　产品说明基本流程

2. 需求分析的要求

（1）推销人员应该仔细倾听客户的需求，让客户随意发表自己的意见；

（2）通过与客户的充分沟通，确认客户的需求和期望；

（3）不要试图说服客户去买某辆车；

（4）推销人员应该了解客户的需求和愿望，并重复一遍客户所说的内容，以使客户相信推销人员已经理解他（她）所说的话；

（5）提供合适的解决方案。

3. 需求分析的内容

汽车推销人员应该充分了解客户的背景，才能将客户的潜在需求变成显现的需求，赢得客户的青睐，最终达成交易。

当客户走进汽车展厅或推销人员上门拜访客户时，不论他们是否真正建立起了自己对汽车产品的需求，每一位推销人员都要做好的一件工作就是与这位客户建立有效的沟通，因为客户未来的购买决策目标与方向一定与他们的背景情况相关联。

此时，推销人员要对那些将会影响他们购车行为的因素进行全面的调查。通常，推销人员可以从以下几个方面了解客户的真实情况。

（1）购车主体：是单位购车还是个人购买；资金来源情况如何；

（2）从事行业：可以与以往该行业客户购车的情况建立联系；

（3）客户的决策地位：据此确定洽谈的重点。如果客户是决策人（一般是单位和部门的负责人或一个家庭的家长），则较关注品牌、品质与省钱；如果是决策影响人（采购负责人、经办人），则除关注品牌、品质、价格外，还会关注决策人对该车型的喜好与评判；如果是决策受益人（一般为驾车人），则关注该车型驾乘的舒适性、操控性、内饰的豪华程度和外观的新颖时尚，而对于价格关注度不高，有时还会关注自己在购买中的利益情况。

（4）收入状况：不论单位还是个人，收入高的客户在确定品牌时比较容易接受知名品牌，收入相对较低的会接受一些经济性的品牌与车型；

（5）年龄/性别：可以通过判断来确定客户对品牌与车型的选择倾向；

（6）所在地区：来自不同的地区的客户对品牌和车型喜好的倾向性不同；

（7）个人喜好：这方面的选择因客户的个性不同而有很大的差异；

（8）以往接触过什么样的品牌、使用过什么样的汽车：客户之前接触过的品牌和车型会影响到其对同类车型的接纳程度；

（9）接触之前对汽车产品、经销商的了解情况：对经销商了解的多少也会影响到客户对现在接触的销售商的接受程度；

（10）其他需要调查的情况：推销人员可以根据不同客户的情况和自己的汽车产品特性确定还需要再了解的情况。

以上这些情况的调查都是成功推销的基础，了解这些情况有助于做到知己知彼。为此，推销人员可以围绕上面十个方面的内容设计一些问题向客户询问，只是要注意询问的方式要巧妙、节奏要适中，不能让客户有被"拷问"的感觉。如果对客户的背景情况有了一个充分的认识，就可以针对他们在汽车产品方面的专业程度制定相应的推销对策。

推销人员应通过提问的方式对客户情况进行信息收集，有些汽车品牌则借助《需求分析表》进行客户购车需求分析，如上海大众客户购车需求分析清单（表4-1），通过获取客户的背景信息，并经过分析和提炼，取得客户的关键信息，以利于客户的需求分析，客户的关键信息主要有以下几个方面。

表 4-1　上海大众客户购车需求分析清单

内　容	建 议 话 术	可　选　项
有关现用车	（1）您目前开的是什么车？使用多长时间了？	
	（2）您想换一辆比你目前车辆大一些的还是小一些的车？	
	（3）为什么您想更换车辆？	
	（4）您最喜欢目前车辆的哪一点？	□外观 □内饰 □空间 □动力 □操控 □安全 □经济 □舒适 □其他
	（5）您最不喜欢目前车辆的哪一点？	□外观 □内饰 □空间 □动力 □操控 □安全 □经济 □舒适 □其他
有关新购车	（6）您有特别中意的车吗？了解过哪些车型？	
	（7）您将购买的新车是商用还是个人使用？请说明您将如何使用新车。	□商用 □公务 □个人
	（8）用车频率如何？什么时候需要？	用车频率：□每日使用 □每周使用 □定期使用 □其他 购车时间：_____
	（9）您认为新车应当最具备什么特点？	
	（10）对于您的购买决定来说，有什么其他重要因素吗？	

续表

内容	建议话术	可选项
关于购车过程	（11）您是想留下目前的车，还是想以旧换新？	□新购 □换购 □增购
	（12）您目前的车是全额现金购买的，还是租借的，或是贷款购买的？	
	（13）您买车是分期付款吗？金额是多少？	
	（14）您考虑的是哪个价格档次的车辆？	□10万以下 □10~15万 □15~20万 □20~25万 □25~30万 □30万以上
	（15）您考虑的付款方式？	
有关客户背景	（16）家庭情况	
	（17）业余爱好	
	（18）联系方式	
	（19）与上海大众的接触经验	
	（20）其他	

- 购车时考虑的主要因素？（动力、安全、舒适、造型、经济等）
- 对品牌的了解程度。
- 购车用途？（家用、商用、公务）
- 购车的次数？（首次、重购、置换）
- 购车决策者？
- 使用者？
- 意向车型？（A级、B级、C级、SUV、MPV、越野车等）
- 意向车型颜色？（浅色、深色）
- 付款方式？（一次性付款、按揭）
- 关注竞争品牌？（日韩系、美系、欧系）
- 购车时间？（一周之内、一个月之内、三个月之内、三个月以上）

【案例4-1】 了解客户的背景需求

推销人员：您好，看您那么面熟，应该不是第一次到我们店吧？

客户：我是第一次来，刚拿到驾照，考虑买一台车。

推销人员：之前来看过我们品牌的车吧？

客户：还没有。

推销人员：那现在有没有中意的品牌和车型呢？

客户：先看看，还没确定。

推销人员：您主要是关注车辆的哪些因素呢？

客户：10万左右，耗油低一些的。

上述的对话中，推销人员的关注点是与客户未来购买决策相关的一些背景情况，通过提问的方式，推销员了解到客户是第一次购车，缺乏汽车方面的知识，需要建立一个汽车品牌和车型的选择目标。因此，推销人员应该根据客户对品牌和车型基本不了解的特点，制定推销策略，进一步了解和分析客户关注的问题，经过有效的需求引导，让客户意识到本品牌的产品能够符合其需求。

4. 需求分析的步骤

推销人员只有对客户进行需求分析，才能有针对性地为客户推荐一款符合消费者需求的车型，而一般进行需求分析主要是通过以下3个步骤来进行。

（1）获取客户信息。

推销人员要通过提问的方式来获取有助于进行客户需求分析的信息，就是上面所提到的需求分析内容，所以这里不再重复。

（2）总结分析客户信息。

在获取客户的有效信息后，推销人员应站在客户的立场上，总结分析出三条客户购买动机，并获得客户的确认。在与客户沟通的过程中，态度要亲切、友好，回答客户的问题时要准确自信、充满感染力。主动给客户递交产品资料，供客户参考，而且应在恰当的时机请客户进入车内感受，或请客户到洽谈区休息。创造轻松愉快的谈话氛围，有助于推销人员需求分析环节的顺利进行。

（3）提出建议车型。

最后一个步骤就是推荐符合客户需求的车辆，并解释推荐的原因，让客户认同推销人员所推荐的车型，然后根据客户的关注点进行汽车推销的下一个环节——产品介绍，或是根据客户意愿安排试乘和试驾。

二、冰山理论

分析客户需求，会涉及一个表面的问题和一个隐藏的问题，汽车推销流程理论中将表面的现象称之为显性，也叫显性动机；而隐藏的问题，叫做隐性的动机，冰山理论就是用来形象地解释这个显性和隐性的问题。

冰山既有露在水面以上的部分，也有潜藏在水面以下的部分。水面以上的部分是显性的，就是客户自己知道的、能说出来的那一部分；水面以下的是隐藏的那一部分，这一部分比较复杂，可能有的客户自己都不知道自己的真正需求到底是什么，如图4-2所示。

图4-2 需求冰山理论示意图

冰山理论说明了需求背后的理性和感性需求。理性需求包括商业利润、省钱、法律保障、交车时间等；感性需求包括自豪、名气、乐趣、健康、激情、忠实、传统等。

理性动机一般是客户愿意说的,而感性动机不一样,除非建立了客户的信任,客户才会说出来。例如,某客户可能打算花十万元买车,可是不知道买什么型号的车好,这个时候推销人员要解决这个问题,就要先去了解客户,既要了解其显性问题,也要了解其隐形问题,分析隐性的问题更关键,更能体现你的顾问形象,这样才能正确分析客户的需要。如图4-3所示的奥迪汽车显性与隐形需求分析示意图,客户购买奥迪车的显性动机有可能是该品牌汽车豪华、舒服、质量可靠以及其有地位的朋友都开奥迪等原因,但实际上隐含的购买动机可能是购买该车可以显示地位和身份、获得女性更多的关注,并可获得更周到的服务,而有时这个隐性的需求才是客户购买该车的关键因素。

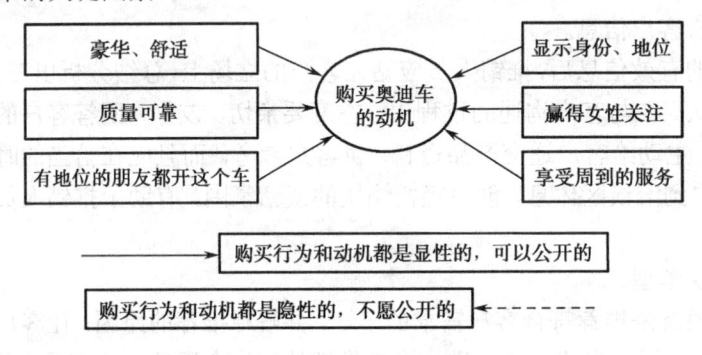

```
┌──────────────┐                      ┌──────────────┐
│  豪华、舒适   │──┐              ┌──│ 显示身份、地位│
└──────────────┘  │              │   └──────────────┘
┌──────────────┐  │ ┌──────────┐ │   ┌──────────────┐
│   质量可靠    │──┼→│购买奥迪车│←┼───│ 赢得女性关注 │
└──────────────┘  │ │  的动机  │ │   └──────────────┘
┌──────────────────┐└──────────┘│   ┌──────────────┐
│有地位的朋友都开这个车│─┘         └───│ 享受周到的服务│
└──────────────────┘               └──────────────┘
```

───────→ 购买行为和动机都是显性的,可以公开的

- - - - - → 购买行为和动机都是隐性的,不愿公开的

图4-3 奥迪购买动机示意图

【案例4-2】 个人爱好与实际需求

有一天,一位客户到某专营店来买车,他在展厅里仔细地看了一款多功能的SUV车,该公司的推销人员热情地接待了他,并且对这位客户所感兴趣的问题也做了详细的介绍,之后,这位客户很爽快地说马上就买。他接着还说,之所以想买这款SUV车是因为他特别喜欢郊游,喜欢出去钓鱼。这是他的一个爱好,他很早以前就一直想这么做,但是因为工作忙,没时间,现在他自己开了一家公司,已经经营一段时间了,但总的来说还处于发展阶段,现在积累了一点钱,想改善一下。

当时客户和推销人员交谈的气氛比较融洽,要是按照传统前的做法,推销人员不会多说,直接签合同、交定金,这个推销活动就结束了。但是这名推销人员没这么简单地下定论,他继续与这个客户聊,通过了解客户的行业,他发现了一个问题。

这位客户是做工程的,他的业务来源于他的一位客户。他的客户一到这个地方来他就去接他,而跟他一起去接他的客户的还有他的一个竞争对手。

这位客户过去没车,而他的竞争对手有一辆北京吉普——切诺基,人家开着车去接,而他只能找个干净一点的出租汽车去接。他的想法是不管接得到接不到,一定要表示自己的诚意。结果每次来接的时候,他的客户都上了他这辆出租车,而没去坐那辆切诺基。这位客户并不知道其中的原因。但这名推销人员感觉到这里面肯定有问题,推销人员就帮助这位客户分析为什么他的客户总是上他的出租汽车,而不上竞争对手的切诺基。

推销人员问:"是因为您的客户对你们两个人厚此薄彼吗?"

他说:"不是的,有的时候我的客户给竞争对手的工程比给我的还多,有的时候给他的是肉,给我的是骨头。"

这名推销人员分析以后发现,他那位客户有一种虚荣心,不喜欢坐吉普车而要坐轿车,出

租车毕竟是轿车。于是这位推销人员就把这种想法分析给这位客户听。

推销员说："我认为，您现在买这辆SUV车不合适，您的客户来了以后，一辆切诺基，一辆SUV，上哪个车都脸上挂不住。以前一个是吉普，一个是出租，他会有这种感觉，毕竟出租是轿车。到那个时候万一您的客户自己打的走了，怎么办？"

这位客户想想有道理。然后这名推销人员又给他分析，说："我认为根据您的这个情况，您现在还不能够买SUV。您买SUV是在消费，因为您买这辆车只满足了您的个人爱好，对您的工作没有什么帮助。我建议您现在还是进行投资比较好，SUV的价格在18万到20万之间，在这种情况下我建议您还是花同样多的钱去买一辆自用车，也就是我们常说的轿车，您用新买的轿车去接您的朋友和您的客户，那不是更好吗？"

这位客户越听越有道理，他说："好吧，我听你的。"

他之所以听从推销人员的建议，是因为从客户的角度来讲，推销人员不是眼睛只看着客户口袋里的钱，而是在为客户着想。他说："我做了这么多年的业务了，都是人家骗我的钱，我还没遇到过一个我买车他不卖给我，而给我介绍另外一款车的情况，还跟我说买这款车是投资，买那款车是消费，把利害关系分析给我听，这个买卖的决定权在我，我觉得你分析得有道理。确实是这种情况，按照我现在公司的水平还不具备消费的那种水平。"

于是他听从这名推销人员的建议，买了一款同等价位左右的轿车，很开心地把这个车开走了。

在开走之前，那位客户对推销人员说："非常感谢你，我差点就买了一辆我不需要的车，差点白花了这20万还不起作用。"他一声一个谢。

这名推销人员很会说话："先生，您不用对我客气，您要是谢我的话，就多介绍几个朋友来我这买车，这就是对我最大的感谢。"

这位客户说："你放心，我一定会帮你介绍的。"

果然，没过多长时间，他亲自开车带了一个朋友来找那位推销人员。经过介绍，大家一聊，推销人员不是问买什么车，而是问买什么样的车，买车做什么用，是从事哪个行业的，这几个问题一问，客户觉得这名推销人员很会为自己着想，于是又在这儿买了一辆车。

这位推销人员还是用同样的方法跟他说："您买了这辆车以后，如果觉得好就给我在外边多宣传，多美言两句。"

那位客户说："好，我们王兄就是在你这儿买的车，我就是他介绍来的。现在我也很满意，我也会给你介绍的。"下面肯定也会有这样的事情发生，因为那位客户也有他的朋友社交圈。

半年以后，第一位客户又来找这名推销人员。他说："我找你是来圆我的那个心愿的。"

这名推销人员一听就乐了，他是来买那辆SUV的。

以客户为中心的顾问式推销使这位推销人员因同一名客户在半年之内卖了三辆车。

如果汽车公司都像以前那样只做一锤子买卖，客户可能当时购买了，回去以后发现不对，就不会再次跟你购买，也不会推荐他人向你购买汽车。所以学习汽车推销的流程和规范，拉近与客户的距离，取得客户的信任，与客户相处融洽、成为朋友，提高客户的满意度，促进客户的重购和推荐他人购买。

推销人员要了解顾问式销售方式，把握住客户的满意度，跟客户成为朋友，拉近客户与推销人员的距离，取得客户的信任，然后客户在买车的时候就会主动来找你，而且还会带动他周围的人来找你。我们很快就会像国外经常出现的情形那样，客户第二年、第三年或第四年，又再次找你进行二次购车，还会不断有他的朋友过来。这才是推销人员所追求、所期望出现的局面。

(三) 需求分析的技巧

在分析客户购车需求细节时,首先必须明确其购买的动机、立场、偏好以及对品牌认识的深度,尤其是汽车的用途与购买决定的关键点。有时,客户的期望比需要更为重要!

1. 影响客户购车需求的因素

要了解客户的需求与真正的期望,就等于要在短短的数分钟内了解一个人的内心,所以经验老到的推销人员容易成交,而一般新手就做不到。一般影响客户购车需求的因素主要有如下一些原因。

(1) 经济原因。经济状况影响和决定了一个人的需求,但是,一个有10万元的人未必期望拥有10万元的车。经济原因只是一个基本条件,甚至只是一个不十分重要、准确的原因。

(2) 社会原因。一个人的社会地位及社会上的一些主流思想也影响了一个人的期望和需求。某些购车人的攀比心理较强,一个人的选择往往会因可以对比的事物而发生变化。

(3) 心理原因。心理偏好往往很难用规律总结。如某个推销人员曾经联系过一个客户,结果他怎样努力都不能达成目标。后来他们成了朋友,那个客户说,上大学时,他同宿舍的开玩笑说"你算老几?开凯迪拉克啊?"因此这个客户就认定凯迪拉克就是最好的车,他就是要买凯迪拉克。

(4) 其他原因。

2. 提问的技巧

需求分析的一个关键技巧就是向客户提问,通过提问来挖掘客户的需求细节。怎样提问才能获得最大的信息呢?这里有一定的提问技巧,下面先看一个例子。

例如,汽车加油站的职员如果问客户:"你需要多少公斤汽油?"客户就会很随便地回答一个数字,这个数字常常是很小的。而如果这样问客户:"我为你把油加满吧?"客户常常会回答"好"。油的销售量因此会增加很多。

这是一种通过问话使销售量增加的例子。如果推销员想获得更多的关于客户的信息,应采用适当提问方法,下面介绍几种常用的提问方法。

(1) 开放式提问法。开放式提问法是指发问者提出一个问题后,回答者围绕这个问题要告诉发问者许多信息,不能简单地以"是"或者"不是"来回答发问者的问题,能体现开放式问题的疑问词有:"什么""哪里""告诉""怎样""为什么""谈谈"。

推销人员要想从客户那里获得较多信息,就需要采取开放式问法,使客户对你的问题有所思考,然后告诉你相关的信息。例如,推销员可以这样来提问客户:"你从事什么行业的""你以前开什么车""你什么时候要用车",以开放式问法询问客户并且耐心地等待,在客户说话之前不要插嘴,或者说出鼓励客户的语言,使客户大胆地告诉推销人员有关信息,收效会很好。

客户对于开放式的问法也是乐于接受的,他们会认真思考推销人员的问题,告诉他一些有价值的信息。甚至客户还会对推销工作提出一些建议,这将有利于推销人员更好地进行推销工作。

开放式询问的问题(5W2H):

① 谁（Who）——谁购买新车？
② 何时（When）——何时需要新车？
③ 什么（What）——购车的主要用途是什么？对什么细节感兴趣？
④ 为什么（Why）——为什么要选购？
⑤ 哪里（Where）——从哪里获得产品信息？从哪里来？
⑥ 怎么样（How）——认为我们的车怎么样？
⑦ 预算多少（How Much）——想买什么价位的车？

（2）封闭式问法。封闭式提问是回答者在回答发问者的问题时，用"是"或者"不是"就使发问者了解其想法。封闭式问题经常体现在包含有"能不能""对不对""是不是""会不会"等词语的问句中。

推销人员运用封闭式提问法可以控制谈话的主动权。如果推销人员提出的问题都使客户以"是"或者"否"来回答，就可以控制谈话的主题，将主题转移到和推销产品有关的范围里面，而不至于把话题扯远。同时推销人员为了节约时间，使客户做出简短而直截了当的回答，提高推销效率，也可以采用封闭式提问法。

一般来说，推销人员在进行推销工作时，不宜采用封闭式问法。采用封闭式问法的推销人员虽然掌握了谈话的主动权，但是并不能了解客户是否对谈话的主题感兴趣。

开放式提问法与封闭式提问法得到的回答截然不同。封闭式提问法的回答很简单，而开放式问法的回答所包含的信息量多，它的回答也常常出乎提问者的意料。

另外，需求分析开始时，可以使用"观人法""投石问路法""投其所好法""直接环境法"等技巧，以引起对方谈话的兴趣并讲出真正的心里话；谈话开始后，避免特定性问题，并要注意在适当的时候，转换话题。

3. 提问的类型

跟客户交流时，需要提问客户一些问题，而这些问题可以分为以下 7 类。

（1）判断客户的资格。

根据自己的推销目标，向客户提出一些特定的问题，通过对方的回答判定其是否是目标客户，例如，买车主要是您开吧？

（2）客户对产品或服务的需求。

根据客户表现的需求意向，用封闭式的提问来进一步明确客户的需求，并尽可能多地获得其他所需的信息。如"安全性、舒适性、操控性、动力性、经济性，哪一方面是您主要关注的呢？"

（3）决策。

用委婉的口气提问，确定客户方的决策人是谁。如"您还需要征求家人的意见吗？"

（4）预算。

为了能成功地推销自己的产品，要了解客户的预算。如果客户的预算较低而推销人员推销的是高档产品，成功的概率相应地就会低，反之亦然。如"能否告诉我您的预算，好让我有针对性地为您介绍产品"。

（5）竞争对手。

提问竞争对手信息的最佳时机是当客户提到竞争对手的时候，不要自己主动地提问有关竞争对手的信息。在客户提起竞争对手的产品时,要注意了解竞争对手的信息,分析其优势和劣势。

(6)时间期限。

了解客户满足自我需求的时间限制有利于进一步制定推销策略。假如对方以不确定来回答,就需要推销人员进一步引导,让客户尽快作出合作决定。

(7)向客户提出自己的信息。

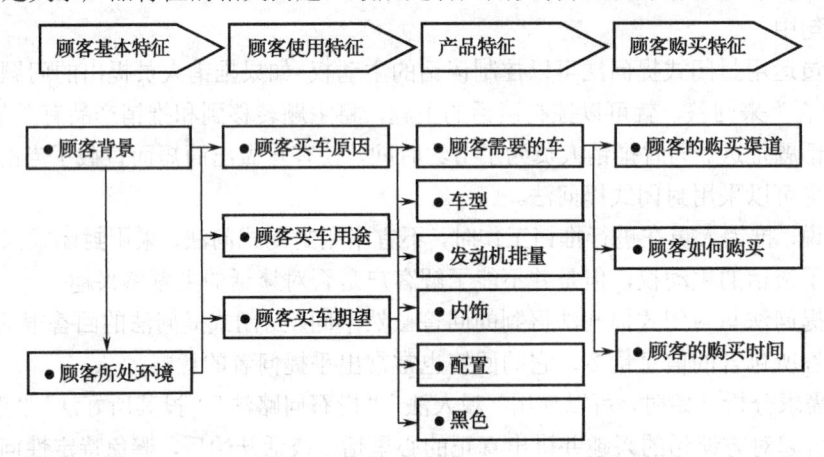

4. 需求分析提问的顺序

需求分析提问的顺序一般是先提问关于客户基本特征的问题,然后是关于客户使用特征的问题,之后是关于产品特征的相关问题,最后是客户购买特征的相关问题,如图4-4所示。

顾客基本特征 → 顾客使用特征 → 产品特征 → 顾客购买特征

- 顾客背景
- 顾客所处环境
- 顾客买车原因
- 顾客买车用途
- 顾客买车期望
- 顾客需要的车
- 车型
- 发动机排量
- 内饰
- 配置
- 黑色
- 顾客的购买渠道
- 顾客如何购买
- 顾客的购买时间

图4-4 需求分析提问的顺序

(1)客户基本特征:首先明确客户是谁,其身处的环境,如客户的家庭情况、职业、兴趣爱好和朋友等。

(2)客户使用特征:明确客户买车的原因、用途、期望等。

(3)产品特征:明确客户需要车辆的车型、排量、内饰、配置、颜色等。

(4)客户购买特征:明确客户购车的渠道、付款方式、购买时间。

三、SPIN 提问技巧

SPIN 是一种提问技巧,提问的目的是发掘客户的隐含需求并使之转化为明确需求。SPIN 技巧和传统的推销技巧有很多不同之处:传统的技巧偏重于如何去说,如何按流程去做;SPIN 技巧则更注重于通过提问来引导客户,使客户完成其购买流程。

(1)SPIN 提问技巧。

SPIN 销售法其实就是情景性(Situation)、探究性(Problem)、暗示性(Implication)、解决性(Need-Payoff)四个英语单词的首位字母合成词。因此,SPIN 销售法就是指在推销过程中职业地运用实情探询、问题诊断、启发引导和需求认同四大类提问技巧来发掘、明确和引导客户需求与期望,从而不断地推进推销过程,为推销成功创造条件的方法。在汽车推销过程中,SPIN 销售法也是常被使用的一种。

Spin 提问模式包括四种类型：背景问题、难点问题、暗示问题和需求—效益问题，每一种提问类型都可用来开发客户需求。

① 询问现状问题（背景问题）。

a. 目的。找出现状问题的目的是为了了解客户可能存在的不满和问题，推销人员可通过提问的方式去了解、发现，以获知客户现在有哪些不满和困难。比如可以询问一个厂长"现在有多少台设备，买了多长时间，使用的情况怎么样"之类的问题，用这样一些问题去引导他发现工厂现在可能存在的问题。

b. 注意事项。找出现状问题的时候，需要注意以下几点。

● 找出现状问题是推动客户购买流程的一个基础，也是了解客户需求的基础。

● 由于找出现状问题相对容易，推销人员很容易犯一个错误，就是现状问题问得太多，使客户产生一种反感和抵触情绪。所以在提问之前一定要有准备，只问那些必要的、最可能出现的现状问题。

【案例4-3】 了解客户的背景

推销人员：您好，您看起来这么眼熟，应该不是第一次到我们店看车吧？

客户：呵呵，我是第一次来你们店！

推销人员：以前使用过我们品牌的车吗？

客户：还没有。

推销人员：那现在有没有自己中意的品牌和车型呢？

客户：对车不太了解，现在没有定下来。

推销人员：如果要买车，主要是考虑哪些因素呢？

客户：价格要适中，品牌有一定的知名度，性能好就可以了。

上述对话中，推销人员的关注重点是与客户未来购买决策相关的一些背景情况。通过咨询，推销人员了解到客户是第一次购车，缺乏汽车专业方面的知识，需要建立一个品牌和车型选择目标。因此，推销人员应根据客户对车型的不了解，制定相关的营销策略：进一步了解和分析客户关注的问题，经过有效的需求引导，让客户购买由推销人员推介的汽车产品。

② 发现困难问题（难点问题）。

a. 目的。困难问题就是询问客户现在的困难和不满的情况。例如，您在用车辆的使用情况怎么样？在用车辆的维护成本怎么样？现在的车辆情况是否会影响您的业务开展？

b. 注意事项。困难的提问必须建立在现状问题的基础上，只有做到这一点，才能保证所问的困难问题是客户现实中存在的问题。如果见到什么都问有没有困难，就很可能导致客户的反感。

问困难问题只是推动客户购买流程中的一个过程。在传统推销中，所提的困难问题越多，客户的不满就会越强烈，就越有可能购买新的产品；而以客户为中心的现代推销并非如此，它所提的困难仅仅是客户的隐藏需求，不会直接导致购买行为，所以询问困难问题只是推动客户购买流程中的一个过程。

【案例4-4】 了解客户当前面临的问题

推销人员：刚才看见您开××牌××款车来我们店的，这一次是想来更新换代，换辆新车，是吧？

客户：是啊，今天主要是想来看看车，现在业务需要，想多增购一辆新车。

推销人员：您现在开的车也是不错的车型，也有几年的车龄了吧，现在车况怎么样？

客户：这辆车其他方面都不错，就是现在经常出现小毛病，耽误了不少事情。

通过提问，推销人员了解到客户现在使用的汽车性能不太好，在下一步的推销中，应妥善处理好这个问题，着重体现本品牌的可靠性强的优势。

③ 引出牵连问题（暗示问题）。

a. 目的。在 SPIN 技巧中，最困难的问题即暗示问题或牵连问题。提出牵连问题的目的有两个。

● 让客户想象一下现有问题将带来的后果。只有意识到现有问题将带来严重后果时，客户才会觉得问题已经非常的急迫，才希望去解决问题。引出牵连问题就是为了使客户意识到现有问题不仅仅是表面的问题，它所导致的后果将是非常严重的。

● 引发更多的问题。比方说很多人早晨不喜欢吃早餐，觉得无所谓。其实不吃早餐可能导致一系列的问题——对身体的影响，对工作的影响，对家庭的影响，对未来的影响，等等。

当客户了解到现有问题不仅仅是一个单一的问题，会引发很多更深层次的问题，并且会带来严重后果时，客户就会觉得问题非常严重、非常迫切，必须采取行动解决它，那么客户的隐藏需求就会转化成明显需求。也只有当客户愿意付诸行动去解决问题时，才会有兴趣询问你的产品，去看你的产品展示。

b. 注意事项。

让客户从现有问题引申出别的更多的问题，是非常困难的一件事，必须做认真的准备。当牵连问题问得足够多的时候，客户可能就会出现准备购买的行为，或者表现出明显的意向，这就表明客户的需求已经从隐藏需求转为明显需求，引出牵连问题已经成功。如果没有看到客户类似的一些表现，那就证明客户仍然处于隐藏需求的阶段，说明所问的牵连问题还不够多、不够深刻。

【案例 4-5】暗示问题的使用

客户：你们这车是国内组装的是吧？

孙：对。

客户：国产化率是多少？

孙：大于 60%。但具体很难讲，因为有些零部件配套厂虽然是在国内，但是其实也是韩国现代认可了以后指定生产的，也纳入了它的采购体系，有些零部件还出口到韩国去，咱们这边成本低呀，质量都一样，韩国现代也不傻，干嘛不用呢。您说是吧。

客户：对。现在倒都是国际化采购了，只要是质量过关，开源节流嘛，哪个企业也得讲成本。唉，现代的车，不知道安全性怎么样？

孙：您真不愧是老教授，看问题就是深刻。其实车啊，最要紧的是安全，甭管是动力性也好，还是经济性也好，一切都得建立在安全的基础上，您说是吧。汽车发展了 100 多年，安全系数也在不断提高，开始只讲究被动安全性，后来又开始注重主动安全性，现在更是注重行车过程中的安全性，您看我是先介绍哪方面？（暗示问题：还有你不知道的吧）

客户：行车过程的安全性？这是什么意思？

孙：哦，我先给您讲个故事吧。有一个白骨精，就是白领、骨干、精英，现在时兴这么叫，晚上一个人开车下班回家。开的是本田雅阁。在一个路口等红灯。结果就看见一个骑自行车的斜刺里就冲出来了，一头碰在她车的前保险杠上。那个女的吓坏了，打开车门就下车了。结果谁知道这是个圈套，那个骑车的是个诱饵，专为骗车主下车，旁边另外有一个小偷，就等她一下车，从副司机门那边偷偷地把门打开，一般女士不都喜欢把包放在副驾驶座上吗，就这么着，把包偷跑了，追都没处追去。（暗示问题）

客户：哎，你这么一说我好像也听说过，不过车上现在不都有中控锁吗？怎么不锁起来？

孙：她那个车，唉，要我说就是设计上有问题，虽然有中控锁，但是下车的话得把锁打开吧，从司机门这里一开就把四个门全开了，不能单独控制，这不在那边就得手了。

客户：嗯，是设计上欠考虑。唉，真是，设计上一点照顾不到都不行啊。按说本田也是大品牌。怎么也会犯这种失误呢？

孙：这倒也不能说本田设计的不周到，只能说咱们这的贼太精。没准国外压根就不可能，当然设计不到了。

客户：那倒是。日本的治安确实是不错。

孙：就是。这就是行车过程中的安全性。其实想要解决也不难，只要开司机门的时候，其他的门从外边开不开不就行了。（需求效益问题）

客户：是啊，那这么说你们的这个车肯定可以咯？（上套了）

孙：嘿嘿，您还真说对了。悦动的内部编号叫 HDC，这个 C 就是指中国的意思。也就是设计部门针对中国的国情进行了解之后改进的。其中就有一项是自动落锁功能，就能达到刚才我说的那样。

客户：啊，是吗？那你介绍一下？怎么用？（表示关注）

孙："……"

这就是需求暗示问题，通过推销人员提出的关于车辆安全性，并列举行车过程中的实例，暗示由于安全性引起的严重问题，强化客户解决问题的迫切程度。

④ 明确价值问题：（需求—效益问题）。

a. 目的。

SPIN 提问式推销技巧的最后一个问题就是价值问题（需求—效益问题）。它的目的是让客户把注意力从问题转移到解决方案上，并且让客户感觉到这种解决方案将给他带来的好处。比如"这些问题解决以后会给你带来什么好处"这么一个简单的问题 就可以让客户联想到很多益处，就会把客户的情绪由对现有问题的悲观转化成积极的、对新产品的渴望和憧憬，这个就是价值问题。

此外，价值问题还有一个传统推销所没有的非常深刻的含义，任何一个推销员都不可能强行说服客户去购买某一种产品，因为客户只能被自己说服。传统推销经常遇到的一个问题就是想方设法去说服客户，但是实际效果并不理想。（需求—效益问题）明确价值问题就给客户提供了一个自己说服自己的机会——当客户从自己的嘴里说出解决方案（即新产品）将给他带来的好处时，他自己就已经说服自己了，那么客户购买产品也就水到渠成了。

b. 益处。

● 帮助解决异议。明确价值问题会使客户从消极的对问题的投诉转化成积极的对产品的憧憬，那么这时一定尽可能地让客户描述使用新产品以后的美好的工作环境或者轻松愉快的工作氛围。

价值问题问得越多，客户说服自己的几率就越大，他对新产品的异议就越小。显然，价值问题的一个重要好处就是它可以让客户自己去解决自己的异议。当运用 SPIN 技巧问完之后，客户的异议一般都会变得很少，因为客户自己已经处理了异议。

● 促进内部营销。价值问题还有一个非常重要的作用，就是促进内部营销。当客户一遍一遍去憧憬、描述新产品给他带来的好处时，就会产生深刻的印象，然后会把这种印象告诉他的同事、亲友，从而起到了一个替推销员做内部营销的作用。

【案例4-6】 展车内的需求效益问题

客户："唉，这个座椅怎么硬邦邦的，不舒服啊？"（自发异议）

推销人员："李先生真不愧是老司机，一下子就问到点儿上了，开车最讲究座椅要舒服，不然时间长了腰酸背疼的哪受得了啊，是吧。（需求效益问题）李太太你看你老公多会关心人呐，这点细节都给您考虑到了，你可真幸福。您现在坐在这觉得不舒服是吧？（难点问题）"

客户："对啊"。

推销人员："这就对了。（承认事实）"

客户："怎么对了？"

推销人员："您是老司机您肯定知道，这个座椅坐时间短了并不能看出差距来，只有时间长了，比如说开个个吧小时，一趟长途下来，腰不酸，背不疼，才能体现出舒服不舒服，您说是吧？（需求效益问题）"

客户："是啊。"

推销人员："那您说这个好车的座椅它怎么就那么舒服呢？怎么能坐多长时间都不累呢？这是为什么呢？"

客户："是啊，为什么呢？"

推销人员："主要是看座椅的人机工程学设计得怎么样。"

客户："什么意思？"

推销人员："您现在这么坐着，就像去家具城挑沙发一样，这么一坐，跟您平时开车的时候姿势一样吗？（背景问题）"

客户："不一样啊。"

推销人员："对啊。您平时开车的时候一定是手放在方向盘上，右脚踩着油门，左脚放在离合器边上，上身微微挺直，抬头看着路况是吧？（背景问题）"

客户："对啊，不都是这样吗。"

推销人员："开车时候那个姿势，和一般就这么坐着的时候重心分布不一样，是吧？（难点问题）所以啊，我们的座椅是根据您在开车的时候，那个重心分布的情况设计的，所以就在展厅里这么坐一下，肯定是感觉不舒服的。"

客户："嗯，这么说还有点道理。"

推销人员："是吧？您像一些美国车啦，日本车啦，座椅倒是挺软和，跟大沙发似的，没开过车的人就这么一坐，觉得挺舒服，可一旦开时间长了，就觉着别扭了。（暗示问题）"

客户："嗯，你还别说，是这么回事。那你怎么证明你这个车就设计的好呢？（明确需求）"

(2) SPIN销售的注意事项。

① 背景式问题。

● 数量不可太多；
● 目的明确；
● 不问与销售无关的问题；
● 永远掌握主动权。

② 难点性问题。
- 对产品的了解程度决定了你对客户问题深入分析的情况；
- 客户面临的问题、困难和不满之处，你是否能依据重要性和紧急性划分优先顺序。

③ 暗示性问题。
- 如何把隐性需求变为明确需求？
- 如何把买方问题不断引申成连环式问题？
- 如何把不急迫的问题变成忧虑的问题？
- 一定要设计与产品特性、价值有关内容，不谈不能解决的问题。

④ 成交性问题。
- 是否有需求呢？
- 对这个问题是否认可呢？
- 这个问题真的是企业需求的吗？

四、积极聆听技巧

了解客户的需求是一种崭新的观念，是以客户为中心的基础，以这种观点和理念进行推销，会取得更长远的、更好的效果。在与客户接触的时候，一方面是问，还有一方面就是听。只有认真听，客户才会觉得赢得了推销人员的尊重。

推销的目的是让客户尽快地购买，所以每一个环节都要处理好，其中之一就是要会聆听。

（1）倾听的两种类型。

① 主动倾听。客户要买车，需要买什么样的车，有什么样的顾虑，有什么样的要求，都想告诉推销人员，让推销人员给他参谋。可是当客户发现推销人员并未仔细听，客户就会心生不满，后果可想而知。

② 被动倾听。人们会主动去听与自己切身利益有关的信息，还有一种是被动地听，被动地听实际上是一种假象，例如，很多单位领导在台上讲话，员工就在下面装听，这种听法就是被动的听。

（2）倾听的注意事项。

推销人员在了解客户的需求、认真倾听的过程中还要注意一些方法。

① 注意与客户的距离。

人与人之间的距离是很微妙的，那么在什么样的距离内客户才会有安全感呢？当一个人的视线能够看到一个完完整整的人，上面能看到头部，下面能看到脚，这个时候这个人感觉到是安全的。如果说你与客户谈话时，双方还没有取得信任，马上走得很近，对方会有一种自然的抗拒、抵触心理。所以，推销人员应注意与客户之间的距离，只有当客户觉得不讨厌你的时候，他会很乐于与你沟通。

② 注意与客户交流的技巧。

a. 要认同对方的观点。推销人员要认同对方的观点，不管对方是否正确，只要与买车没有什么原则上的冲突，就没有必要去否定。可以说："对，您说的有道理。"同时还要点头、微笑，还要说是。这样客户才会感觉到你和蔼可亲，特别是有三个字要经常挂在嘴边，"那是啊。"这三个字说出来，能让对方在心理上感觉非常轻松，感觉到推销人员很认同。

【案例 4-7】 赞美的重要性

一天，某客户来店后一直在查看一辆车，看完以后，这位客户说："哎，这一款车的轮毂好像比其他的车要大一些。"

这个时候你就要抓住这个机会赞美他，因为现在轿车的发展方向都是大轮毂。大家从车展上可以看出，从 2003 年的广州车展、北京车展上都能看到，一些新推出来的车型都是大轮毂，轮胎与地面的接触距离很短，这是一种潮流、一种趋势。

推销人员可以说："哎呀，您真是观察得很仔细啊。"这样一说客户会很高兴。

这个时候客户还会说："我听说大轮毂一般都是高档轿车，甚至是运动型的跑车才会配备。"

而这个时候推销人员又可以美言几句了："哎呀，您真不愧是一个专家啊，我们有很多推销人员真的还不如你啊。"

通过这两次赞美，客户彻底消除了疑虑，这个时候就很容易拉近彼此间的距离，与客户越谈越融洽，就能顺利地进入推销的下一环节。

b. 善于应用心理学。作为推销人员，掌握心理学是非常重要的。从心理学的角度上讲，两个人要想成为朋友，一个人会把自己心里的秘密告诉另一个人，达到这种熟悉程度需要多少时间呢？权威机构在世界范围内调查的结果是：最少需要一个月。

推销人员与客户之间的关系要想在客户到店里来的短短几十分钟里确立巩固，显然是很不容易的。在这种情况下推销人员要赢得客户，不仅要掌握一定的技巧，还应适当掌握心理学的知识。

【案例 4-8】 运用心理学知识解决客户异议达成交易

一个公司的老总来到某专营店，他想给主管销售的副总配一辆车。他看了一款车后觉得很不错，价格方面也没问题。这时推销人员说："既然你都满意了，那我们就可以办手续了。"

这位老板说："等一下，我还得回去，我再征求一下别人的意见。"

这名推销人员就想："这个时候不能放他回去，一旦放他回去，什么事情都会发生，万一半路杀出个程咬金就会把这个客户劫走了。怎么办？"

这名推销人员就开始问他："是不是我哪个地方没有说好，我哪个地方介绍得不够，还是我的服务不好？"这个地方他正是运用了心理学。

客户老总一听这位推销人员讲这样的话，就说："跟你没关系，你介绍得很好，主要是因为这个车不是我开，是给我的一个销售副总配的，我也不知道他喜欢不喜欢这个车。"

后来推销人员又深入了解了情况，发现那位销售副总是新拿的驾照，驾车技术不是太好，但是从事推销工作业务很多，电话也很多。所以他就跟这位老总说："我觉得给你推荐这款车很合适，这款车是自动挡的，在电话多的情况下不用换挡，接电话、遇红灯时，踩刹车就可以了，车也不会熄火。"

这位老总一听："真的吗？"其实，他也不会开车，推销人员到后面开出一辆自动挡车，让他坐上去亲身体验一下。

推销人员说："你看，前面有红灯了，你又在接电话，你踩刹车，看这辆车会不会熄火？"

他一踩刹车，车停下来了，没有熄火；刹车一松，车又继续往前走了。客户说："这辆车不错，我要的就是这款车。"

这就是帮助客户解决疑难问题，客户的问题解决了，交易也就能达成了。

(3) 倾听的要点。

倾听指的是积极倾听，是主动性的行为，它比说还要重要。积极倾听的要点可概括成以下几个方面。

① 目光凝视一点，不时与对方进行眼神交流；
② 面部表情尽量随对方的谈话内容转变；
③ 手头不可兼做其他事，身体其他部位最好相对静止；
④ 专注，保持思考状；
⑤ 稍侧耳，正面与对方夹角 5°～10°；
⑥ 身体前倾，与水平面夹角约 3°～5°；
⑦ 适当探查，以示听懂或欲深入了解下去。

(4) 倾听障碍。

以下是影响聆听效果的九大障碍，我们在工作中一定要尽量克服。

① 身体本身不适。太热、过冷、疲倦或者头痛都会影响一个人聆听的能力和他对说话者的注意程度。
② 扰乱。电话铃声、打字机声、电扇转动的声音等其他一切来自物质环境的声音都可能会是打断沟通过程的声音。
③ 分心。惦记着其他的会议、文件或报告都会阻碍听力。
④ 事先已有问题的答案。对别人提出的问题自己已经形成了答案或者总是试图快点止住他们所要提的问题。这些都会影响你专注地去听。
⑤ 厌倦。对某人有厌倦感，因此在其有机会说话之前已经决定不去听他说了些什么。
⑥ 总想着自己。心中总是先想着自己则必然会破坏沟通。
⑦ 个人对照。总是认为别人在谈论自己，即使在并非如此的时候也这么认为。
⑧ 对他人的情感倾向。对某人的好恶会分散人的听力。
⑨ 有选择性地听。仅仅听取一个人所说的话中与个人意见契合之处或与自己相异之处。这样会影响内容，而且影响理解其话中所隐含的意义。可以用这样的方法，如说"你的意思是……"来重述别人的话，自我检测一下。

厂家推出的每一款车必定自有用意，作为汽车推销人员需要关注和了解的是客户有没有对车的某种特定功能的需求，通过各种方法探求客户的内心，引导、帮助客户满足需求。

任务实施

（一）任务要求

根据汽车推销中需求分析的技巧及关键点要求，对以下案例进行分析，并思考相关问题。

（二）任务载体

【案例】 一次成功的需求分析

推销人员："我是这里的推销人员，请问您怎么称呼呢？（换客户信息）"

客户："我姓王。"

推销人员:"王总,您是自己先看看车呢,还是我为您有针对性地介绍一下?"

客户:"我今天来看看君越,我的朋友都说别克耗油……"

推销人员:"看来王总您很关注油耗,油耗是大家普遍比较关注的因素,表现在车上是经济性,想节约成本对吧?我可以这样理解对吧?"

客户:"对,的确,现在买车,油价又高,买车考虑油耗,那是太自然不过了,对了,您知道现在的君越油耗多少吗?"

推销人员:"不错呀,经久耐用,这年头公司配这种车的人不多呀,您一定深得您老板的赏识。"

客户:"哪里,哪里!"

推销人员:"我有很多买君越的客户,他们以前都是公司配车,而且也都是配什么捷达、桑塔纳。的确,他们认为,比较耐用,车也比较便宜,通常都是跑跑工地,用得很频繁,不过因为这样也经常维修,好在是公司出维修费,不过倒是老耽误时间。而且外观也旧了,安全性也不行了,舒适性更别想了。"

客户:"对,所以我就想换一款嘛!"

……

推销人员:"哎,这段时间不知怎么了,换车的人还真多,这周内就有6个客户要换车,他们换车的理由还真是千奇百怪的,有说为了老婆,有说为了孩子,当然也为了自己,我想王总,您换车可能这几个因素都有吧?"

客户:"嗯。"

推销人员:"那这次换车是私人用途还是公务呢?"

客户:"这次当然是私人喽。"

推销人员:"的确,私人用途是现在客户买车的主要用途,那以后您夫人也要开吗?"

客户:"要开。"

推销人员:"她拿驾照一定也不短吧!2年了?"

客户:"没有,只有半年。"

推销人员:"哟,那您夫人平时开车时,您要多陪陪她,毕竟您的驾驶经验要丰富得多嘛,您说呢。"

客户:"是的,我们经常一起自驾游。"

推销人员:"看得出来,您和您夫人的关系非常好,经常陪老婆自驾游的男人,一定也是懂得如何生活的人,那这样的话,您以后开车还是会经常开高速公路的,当然,城市里上、下班也是少不了的,对吧?"

客户:"对!对!"

……

推销人员:"王总,和您沟通,我学到了很多,我是不是可以这样理解您的需求,您买车是私人用途,家人经常也要开,特别是您的夫人,所以您需要一个对您或者对您家庭都比较舒适的车。当然您可能也需要在您没时间陪您夫人开车的时候,能让您夫人觉得操控起来比较方便轻松,特别是倒车的时候不担心,同时你们也要经常自驾游,所以更需要一款安全、省油的车,外出时最好能装很多东西,您觉得还有什么要补充的吗?(一定故意漏说一条,让客户补充)"

客户:"……"

(三)任务思考

思考一:试分析案例当中,推销人员提了哪些问题?获得了客户的什么信息?

思考二:如果您是推销人员,根据获取的客户信息,应该为客户推荐什么样的车?

思考三:如果您是推销人员,请将您认为的客户购买汽车的所有显性需求和隐性需求写下来。

任务二　汽车产品展厅静态展示

知识目标

- 掌握汽车六方位绕车介绍法及每个方位的介绍要点；
- 掌握汽车性能展示的方法。

技能目标

- 能运用六方位绕车介绍法对汽车整车进行介绍；
- 会根据客户的需求进行汽车各种性能的展示。

任务剖析

汽车产品的展示是能否成功交易的关键，产品展示也是推销任何产品都必须经过的阶段，汽车展示分为静态展示和动态展示。一般来说，静态展示就是展厅内的展示，因为展厅内通常因为废气不易排出而不启动发动机，客户通常通过触摸、观看、乘坐对展车进行体验，而客户一般对产品进行了解时，往往是首先到展厅进行咨询和体验。

知识准备

一、产品说明方法与技巧

经过调查，发现汽车维修人员推销汽车的能力远远不如专业的汽车推销人员，因为在购买汽车的潜在客户面前，维修人员的主要职能是维修汽车，而推销人员的主要职能是根据客户的切实需求，推荐符合他们需求的恰当的汽车，而且并不需要对汽车的具体技术细节了解很多。

1. 客户购车时的3类问题

2001年，圣路可商务顾问公司经过对汽车消费者的调研后发现，我国汽车消费者在完整的汽车采购过程中，平均会问48个问题，这些问题可以归纳为三个方面：商务问题、技术问题以及利益问题。

（1）商务问题：有关客户采购过程中的与金额、货币、付款周期及其交接车时间有关的问题。如与付款方式相关问题、价格问题。

（2）技术问题：有关汽车技术方面的常识、技术原理、设计思想、材料使用的问题。

（3）利益问题：客户关心汽车的设计与功用与自己需求的契合程度。如四通道 ABS 对行车安全的帮助、座椅设计对驾乘人员的好处。

客户在购车的过程中问到的许多问题，从其表面上看，多数是商务问题或者是技术问题。但其实质应该算是利益问题。在某种程度上，客户关心 ABS 的通道似乎是一个技术问题，但其实，客户关心的是这个四通道对其在行车时的安全有什么帮助？

客户实际上更加看重汽车推销人员对客户利益的理解程度。如，客户在采购过程中提问的问题方面，表面是技术问题，但实质利益问题的数量占总提问数量的 73%，绝对的技术问题占 9%，商务问题占 18%。

因此，汽车推销人员应提高自己对汽车技术知识的了解和掌握程度，因为类似技术问题实际上还是利益问题。

在此，可以奥迪 A6 2.4 技术领先型的车为例，来解释作为一个汽车推销人员应该了解的技术知识点，如表 4-2 所示。

表 4-2　奥迪 A6 2.4 技术领先型技术知识点

车型	奥迪 A6 2.4 技术领先型	变速箱型式	手动/自动一体式
整车技术参数			
最大输出功率（KW/rpm）	121/6000	最大输出扭矩（NM/rpm）	230/3200
风阻系数	0.321	最高车速（km/h）	214
0～100km/h 的加速时间	11.1 秒	90km/h 的等速油耗、每百公里	6.8 升
行李箱容积	487 升	整车质量	1560 公斤
邮箱容积	70 升	长×宽×高	4886×1810×1475mm
发动机型式	2.4 升/V6 缸/5 气门电控多点燃油喷射/双顶置凸轮轴/可变相位/可变长度进气歧管		
轮胎	205/55 R，16V	轮毂	7J×16 7 幅
安全系数	ABS 电子防抱死系统；ASR 电子防滑系统；EVB 电子制动分配装置；EDS 电子差速锁；司机及副司机安全气囊；侧安全气囊；带爆炸式张紧装置的三点式安全带；前后座椅头枕；高位第三刹车灯；行驶稳定悬挂系统；防止乘客舱变形的车身积压区；四加强侧防撞梁车门		
防盗系统	遥控中央门锁及行李箱锁；发动机启动防盗锁止系统；防盗报警系统		
功能性装置	驾驶信息系统；前后及高度可调式转向柱；加热式玻璃清洗喷嘴；雨刷间隔控制器；电动加热外后视镜；车门显示灯；前后脚灯；4 阅读灯；化妆镜照明灯；8 扬声器"音乐厅"音响；手机准备系统；前后座椅中间扶手；急救用品箱；前后杯架；舒适型自动空调；隔热玻璃；外部温度显示器；灰尘、花粉过滤器		
豪华舒适型	真皮座椅；前后座椅加热装置；真皮方向盘；木纹装饰条；电动后风窗防晒帘		
技术领先型	带记忆电动外后视镜；带记忆前电动座椅；APS 倒车报警装置；定速巡航装置；动力转向随速助力调节系统		
附加选装	双氙灯；灯光范围自动调节装置；大灯清洗装置；前电动座椅；座椅腰部支撑；六碟 CD 换碟机		

2. 汽车产品内容

一般来说，推销人员应从以下五个方面对汽车产品进行了解，才会完整没有疏漏。

（1）造型与美观；

（2）动力与操控；

（3）舒适实用性；

（4）安全能力；

（5）超值性。

汽车推销人员在推销过程中，不应将该汽车的所有特点都罗列在客户面前，而应该有针对性地将产品的各种特征概括为以上五个方面来论述，要成为一名优秀的汽车推销人员，首先应该从熟悉和掌握汽车产品的这五个方面为出发点来学习产品，并从客户感兴趣的关注点，有针对性进行车型的介绍。

一辆汽车从其使用的材料、外形设计到各种动力技术，再到空调、音响等组成部分，是一个非常复杂的产品。在掌握复杂产品推销的时候，必须牢记，客户并不关心你的技术到底是如何领先，他们关心的是这些技术给他们带来的利益，而推销人员首先必须非常清楚如何从汽车的五大方面来全面介绍或完整地概括一个复杂的产品。

二、汽车产品静态展示

汽车推销的展示是推销汽车的关键的环节。通过调研，在展示过程中做出购买决策的占最终购买的74%，但是，消费者不购买的决定大多也是在汽车展示的过程中发生的。在汽车展示过程中，消费者通常会从如下的三个方面来收集供决策使用的信息：推销人员的专业水平，推销人员的可信任度，产品符合内心真实需求的匹配程度。而其中有两个方面是推销人员自身的因素，因此推销人员是汽车产品是否能够成交的关键。

所以，就要求推销人员在产品展示过程中，应充分显示自我的服务意识和态度，显示丰富、专业的产品和业务知识，能热情、积极地寻找客户需求，在充分体现产品价值的同时，为客户提供满意的服务。

而目前汽车产品展示过程中，最常用的汽车介绍方法为六方位绕车介绍法，同时，也可结合FAB、FABE和FABI等产品描述方法对汽车产品进行适当介绍。

1. 六方位绕车介绍法

六方位绕车介绍是指汽车推销人员在向客户介绍汽车的过程中，围绕汽车的车前方、车左方、车后方、车右方、驾驶室、发动机盖六个方位展示汽车，如图4-5和表4-3所示。

六方位绕车介绍的目的主要是将产品的优势与用户的需求相结合，在产品层上建立起用户的信心。

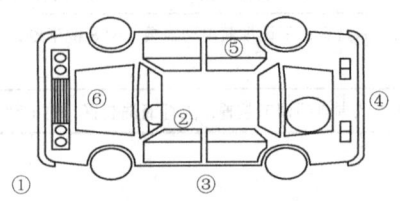

图4-5 六方位绕车介绍方位图

（1）六方位介绍要点。

表 4-3　六方位绕车介绍要点

方　位	介　绍　要　点
车前方	品牌特征、外形设计、车身附件（大灯、保险杠、散热格栅、前挡风玻璃等）
驾驶室	座椅和方向盘（如座椅—多项调节、环保面料、包裹性、硬度）、方向盘（多项调节、触摸感）； 仪表（显示清晰度、布局合理性）； 内、外后视镜及门护板（后视镜调节、中控锁、音响等）； 配置（安全、舒适性及使用功能等）； 储物空间、杯架、遮阳板以及其他所有人性化设计
车侧面	汽车进入特性、侧面安全性、车长、车漆、底盘、轮胎、轮毂
车尾	车尾造型特点、车身附件（后风挡玻璃、后保险杠、尾灯造型、汽车扰流板等）、后备箱（开启的便利性、容积、备胎位置设计）
后排座椅	后排座椅（舒适性、折叠、中央扶手、安全带）、空间、视野
发动机舱	发动机布局、发动机性能（动力性、经济性、降噪）、发动机技术

① 车前方。汽车展示往往从汽车的左前方开始，汽车推销人员首先应引导客户站在车前方 45°，上身微转向客户，距离 30 厘米，左手引导客户参观车辆。汽车的左前方是客户最感兴趣的地方，这里的内容也最为丰富，客户可以仔细地观察汽车的标志、前车灯、前挡风玻璃以及车头的整体设计。汽车推销人员在这个时候要做的就是让客户喜欢上这辆车。

② 驾驶室。在这个方位，汽车推销人员可以打开车门，邀请客户坐进驾驶室，一边展示汽车的各种功能，一边引导客户操作。介绍的内容包括座椅的调节、方向盘的调控、前窗视野、腿部空间、安全气囊、制动系统及空调音响等。

③ 车左侧。汽车推销人员可以引领客户走到汽车的左侧，以发掘客户的深层次需求。一般而言，很少有客户在看到汽车第一眼时就怦然心动的，即便客户对这款车心仪已久，仍然会进一步考察其是否真的有想象中的那么出色、那么适合自己。汽车推销人员可以带领客户听一听钢板的声音，看一看舒适的汽车内饰，感觉一下出入特性和侧面玻璃提供的开阔视野，体验一下宽敞明亮的内乘空间。汽车推销人员应该努力将汽车的各种特性与客户需求进行对接，并适当地赞美客户。

④ 车尾部。汽车推销人员引领客户站立在距离轿车约 60 厘米的地方，从行李箱开始，依次介绍高位制动灯、后风窗加热装置、后组合尾灯、尾气排放、燃油系统。随着自驾游的日趋流行，很多客户对行李箱的要求也越来越高，因此汽车推销人员一定要掀开备胎和工具箱外盖进行简略介绍。由于客户刚刚走过汽车左侧的时候过于关注体验，或许忽略了一些问题。这时汽车推销人员要征求客户的意见，在全面地介绍后仔细地答复。

尽管汽车的正后方是一个过渡的位置，但是，汽车的许多附加功能可以在这里介绍，如后排座椅的易拆性、后盖开启的方便性、存放物体的容积大小、汽车的尾翼、后视窗的雨刷、备用车胎的位置设计、尾灯的独特造型等。

⑤ 后排。汽车推销人员应该适时争取客户参与谈话的机会，邀请他们打开车门、触摸车窗、观察轮胎，并邀请他们坐到乘客的位置。在此过程中，汽车推销人员要做到"眼中有活"，细致观察客户的反应，认真回答客户的问题，争取燃起客户购车的热情。

⑥ 发动机舱。介绍发动机时，势必牵涉到一些专业的数据，汽车推销人员可以根据客户类型分别对待，对于一些中老年客户、或者一些对汽车并不是很了解的客户，只需简单向他们说明发动机的原产地、油耗等基本资料。当遇到一些汽车发烧友，或者年轻客户时，则需要在征询他们同意之后，引领客户站在车头前缘偏右侧，打开发动机舱盖，依次向他们详细介绍发动机舱盖的吸能性、降噪性、发动机布置形式、防护底板、发动机技术特点、发动机信号控制系统以及发动机的基本参数，包括发动机缸数、汽缸的排列形式、气门、排量、最高输出功率、最大扭矩等。

绕车走一圈，看似简单，其实却大有学问，很能考验汽车推销人员的推销技术，但只要在大体上遵循以上 6 点，必能给客户留下深刻的印象。当然，任何技术性的沟通都比不上设身处地满足客户的需求，因此，汽车推销人员始终不能忘记将汽车的特点与客户需求相结合的这一推销基线。

这样规范的汽车产品展示流程由奔驰车首先启用。但是，在启用的初期并不完善，后来被日本丰田公司的凌志汽车采用并发扬光大。经过调研，一个汽车消费者要在车行平均大约花费 90 分钟，其中有 40 分钟被用来做汽车展示。所以，这样的六个标准步骤的展示应该使用 40 分钟。每一个位置大约花费 7 分钟，有的位置时间短一些，有的要长一些，比如，在二、三和六的位置所用的时间要长一些。

当然，不同的品牌在进行六方位绕车介绍时，虽然都是绕车一周，在车辆左前方、车侧方、驾驶席、车后排、车辆尾部和发动机舱的 6 个位置进行车辆的全面、系统的讲解，但是，6 方位绕车介绍法是世界通过的汽车推销方法，经历了市场的检验，这种方法并不是一种僵化的产品展示流程，不同的汽车品牌进行产品介绍的顺序不尽相同，如东风悦达起亚六方位绕车介绍顺序为：车左前方 45°→发动机室→驾驶席→车左侧→车后排→车尾部；福特六方位绕车介绍顺序为：车左前方 45°→车右侧→车尾部→车后座→驾驶席→发动机室；比亚迪六方位绕车介绍顺序为：车左前方 45°→发动机室→车右侧→车尾部→车后座→驾驶席。

此外，有些汽车品牌在六方位绕车介绍的基础上开发了"6+1"绕车介绍法，在原有的车辆左前方、车辆侧方、车辆驾驶席、车辆后排、车辆尾部、发动机舱六个方位的基础上，增加了一个方位——车辆正前方，将本来应在车辆左前方介绍的大灯、保险杠、散热格栅、前挡风玻璃等车身附件在此位置进行介绍。

（2）六方位绕车介绍的基本技巧。

① 严格遵守商务接待礼仪。

② 在进行绕车介绍时，不要将产品资料交到客户手上。

③ 永远把最佳的观赏位置留给客户，推销人员应站立在不影响客户观赏展车的位置上。

④ 任何时候都不得倚靠在展车上向客户作介绍。

⑤ 向客户操作演示展车上的各种设备时，保持动作的小心、优雅和熟练。

⑥ 尽量鼓励客户自己尝试动手操作展车的各种设备。

⑦ 如果客户手持香烟、饮料或食品进入展车，应礼貌地请其将手中物品放在车外或由推销人员在车外代为保管。

⑧ 客户在开关车门或接触展车时，注意客户的服装、饰品上是否有尖锐突出物，避免车漆不慎被划掉。

⑨ 推销人员在说明产品时，语言要简洁易懂，不要与客户争辩。

⑩ 不同客户关注点不同，如表 4-4 所示，在产品说明时要具有针对性。

表 4-4 客户关注内容

客户类型	关注内容
女性客户	安全性、颜色、操作便捷性、大存储空间、时尚的外观造型、内饰、优惠的价格
男性客户	刚毅的造型、功率、速度、越野性、操控
工薪阶层	价格、油耗、维修费用、实用性
白领阶层	造型、色彩、新概念、价格
成功人士	豪华、舒适性、加速性能、越野性能
熟悉汽车的客户	发动机功率、扭矩、气门数量、其他新技术
不熟悉汽车的客户	外观、内饰、仪表盘、大灯造型

2. FAB 利益销售法

在推销人员了解了汽车产品造型与美观、动力与操控、舒适实用性、安全能力以及超值性等五个方面关键介绍点之后，还必须掌握另外一种推销技能，也就是汽车产品在推销过程中对产品的描述方法，将复杂的技术描述转化为对客户自身利益的理解。FAB 利益销售法就是目前所有产品推销过程中，最有效的介绍方法。

（1）FAB 利益销售法介绍。

FAB 介绍法是指在商品推介中，将商品本身的特点、商品所具有的优势、商品能够给客户带来的利益有机地结合起来，按照一定的逻辑顺序加以阐述，形成完整而又完善的销售劝说。

FAB 法将一个产品分别从产品特点、具有的优势以及给客户带来的利益三个层次加以分析、记录，并整理成产品销售的诉求点，向客户进行说明，促进成交。但需要注意的是客户（客户）本身所关心的利益点，然后投其所好，使我们诉求的利益与客户所需要的利益相吻合，这才能发挥效果。

① F（Feature）：是指特征或特性。一个产品的特征就是关于该产品的事实，数据和确定的信息，包括汽车的配置、参数等。如奥迪 A6 2.4 技术领先型的轿车配备有四个安全气囊、防盗报警系统、ABS 电子防抱死安全制动系统，这些都是产品的特征。

每一个产品都有其自身独特的功能，否则就没有了存在的意义，这一点应是毋庸置疑的。对一个产品的常规功能，许多推销人员也都有一定的认识。但需要特别提醒的是：要深刻发掘产品自身的潜质，努力去找到竞争对手和其他推销人员忽略的、没想到的特性。当你给了客户一个"情理之中，意料之外"的感觉时，下一步的工作展开就很容易。

② A（Advantages）：是指优点或优势。指产品所具有的特征的功用或作用，帮助客户解决了用车过程中所遇到的哪些问题。即 F 所列的商品特性究竟发挥了什么功能？是要向客户证明"购买的理由"：同同类产品相比较，列出比较优势；或者列出这个产品独特的地方，可以直接或间接去阐述。

③ B（benefit）：利益或好处。也就是产品特征以及优点是如何满足客户表达出来的需求和带给客户好处的。如优越的产品质量在使用上的安全可靠、经久耐用，可以给客户带来省时、省力、省钱的好处。

利益销售已成为销售的主流理念，一切以客户利益为中心，通过强调客户得到的利益、好处，激发客户的购买欲望。

可见，商品的特点特征是客观存在的，商品的优势是在与其他商品的比较中发掘出来的，而商品的利益则需要把商品的特点和客户的消费需求、购买心理结合起来，需要与特定的客户联系起来。同一商品对不同的客户可能意味着不同的利益；不同的商品对同一客户可能意味着相同的利益。

推销人员应在各个不同位置阐述对应的汽车特征带给客户的利益，即展示出汽车独到的设计和领先的技术，也通过展示来印证这些特性满足客户利益的方法和途径。

【案例 4-9】 ABS 的 FAB 利益销售法

话术："您一定有多年的驾驶经验了，或者你也许有机会注意到一些有经验的司机师傅，在遇到紧急情况时，不是完全将刹车踩死，而是会间断地放开刹车踏板，为什么呢？因为他们不愿意失去对车辆行驶方向的控制，在刹车的同时还可以控制方向盘，这个动作则表明那辆车一定是没有 ABS 系统。而 ABS 是在紧急制动的时候帮助司机获得对汽车方向控制的一个装置，这样，也就大大地增强了你的行车安全性。"

推销人员从 ABS 系统的优点和消费者的需求角度来陈述 ABS 系统的利益，令消费者将这个优点与自己感受的实际情况密切结合起来，这种产品的描述方法可以大大加深客户对产品的印象。

【案例 4-10】 猫和鱼的故事

谈到 FAB，销售领域内还有一个著名的故事——猫和鱼的故事。

一只猫非常饿，想大吃一顿。这时推销员推过来一摞钱，但是这只猫没有任何反应——这一摞钱只是一个属性（Feature），如图 4-6（Ⅰ）所示。

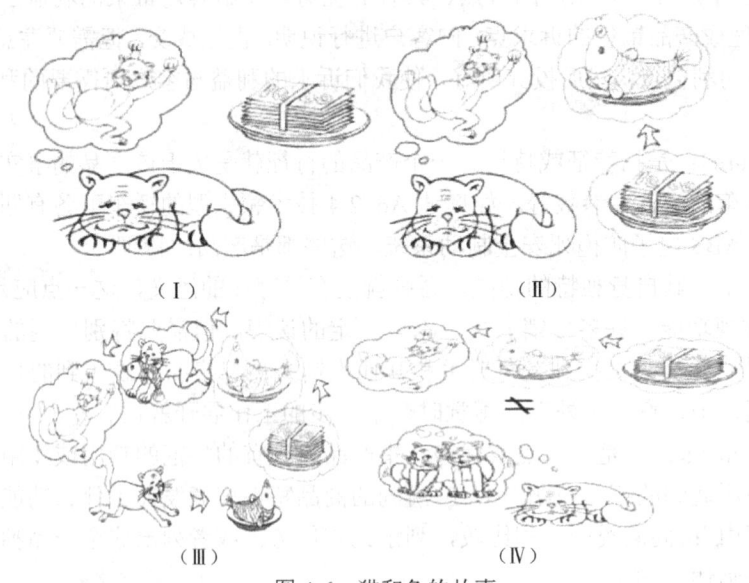

图 4-6 猫和鱼的故事

猫躺在地上非常饿，推销员过来说："猫先生，我这儿有一摞钱，可以买很多鱼。"买鱼就是这些钱的作用（Advantage）。但是猫仍然没有反应，如图 4-6（Ⅱ）所示。

猫非常饿了，想大吃一顿。推销员过来说："猫先生请看，我这儿有一摞钱，能买很多鱼，你就可以大吃一顿了。"话刚说完，这只猫就飞快地扑向了这摞钱——这个时候就是一个完整

的 FAB 的顺序，如图 4-6（Ⅲ）所示。

猫吃饱喝足了，需求也就变了——它不想再吃东西了，而是想见它的朋友了。那么推销员说："猫先生，我这儿有一摞钱。"猫肯定没有反应。推销员又说："这些钱能买很多鱼，你可以大吃一顿。"但是猫仍然没有反应。原因很简单，它的需求变了，如图 4-6（Ⅳ）所示。

上面这四张图很好地阐释了 FAB 法则：推销员在推荐产品的时候，只有按 FAB 的顺序介绍产品，才能有效地打动客户。

那么，在对产品特点进行描述时，请回答这样一个问题："它是什么？"一般在推销展示中，单独只描述产品特点，并不具有多少说服力，因为购买者感兴趣的是产品带来的具体的利益，而不是产品的特点。即便你的产品有这样的外观或质量，那又能怎么样呢？它的性能如何并且它给我带来什么利益呢？所以推销人员必须讨论与购买者需要相关联的产品优势。

（2）使用 FAB 法的原则。

① 实事求是。实事求是是非常重要的。在介绍产品时，切记要以事实为依据。夸大其辞、攻击其他品牌以突出自己的产品的做法都是不可取的。因为当客户一旦察觉到你说谎、故弄玄虚时，出于对自己利益的保护，就会对交易活动产生戒心，反而会让你难以推动这笔生意顺利进行。每一个客户的需求是不同的，任何一种产品都不可能满足所有人的需求。如果企图以谎言、夸张的手法去推荐产品，反而会导致那些真正想购买的客户退却。

② 清晰简洁。在进行车辆介绍时可能会涉及许多专用术语，但是客户的水平是参差不齐的，并不是每一个客户都能理解这些术语。所以我们要注意在车辆介绍时尽量用简单易懂的词语或是形象的话代替。在解说时要逻辑清晰，语句通顺，让人一听就能明白。如果感到自身表达能力不强，那就得事先多做练习。

③ 主次分明。

介绍车辆产品除了实事求是、清晰简洁外，还要注意主次分明。不要把关于产品的所有信息都灌输给客户，这样客户根本无法了解到汽车产品的好处和优点，那么也就不会对汽车产品有兴趣了。我们在介绍汽车产品时，应该有重点、有主次。重要的信息，比如汽车产品的优点、好处，可以详细地阐述；对于一些产品的缺点、不利的信息可以有技巧地进行简单陈述。

（3） FAB 的具体应用。

① 音响系统。

F：这款车配备了新型的××环绕立体声音响系统。

A：它提供了自然的 360° 音响效果，增加了多通道环绕声技术，能够表现出剧院般的效果。

B：在您行车的路上给你带来顶级汽车独有的听觉享受，也可以大大减少您的驾驶疲劳。

② 座椅通风和加热装置。

F：这款车配备有座椅加热和通风装置。

A：通过座椅加热和通风装置，可以发出热风或冷风，在座椅的小孔间循环，在各种温度下，它提供更高的舒适度。冷却功能与皮质座椅结合，避免出汗。加热功能能够让您迅速感到舒适，因为在 12 秒钟内即可加热到选定的温度。

B：大大提高了您行车的舒适性能。

③ 空气悬挂系统。

F：这款车配备有调节减震系统的敏捷操控悬挂系统。

A：可以自动调节悬挂设定，在各种路面都能应付自如，无论是在市内高速公路驾驶，还是在崎岖的山路上，都能让您体会到超凡的加速性、敏捷的操控和卓越的舒适性的完美搭配。

B：可以大大提高您行车的舒适性能。

④ 7档变速器。

F：这款车配备了7档变速器。

A：好比爬同样高度的楼梯，7个台阶的楼梯就比6个台阶的楼梯要平滑很多，应用在变速箱上的结果就是换挡更加平顺，减少了顿挫感，感觉不到换挡间隙。

B：这样驾驶的时候不仅更加经济，而且大大提高了经济性能。

⑤ 轮胎压力监测系统。

F：这款车配备有轮胎压力监控系统；

A：一旦有轮胎漏气或者轮胎被扎，会在仪表盘上显示轮胎压力警告；

B：这样不但保证驾驶的安全，也减少了意外事故的发生，轮胎压力监控系统起到了提前预警，防患于未然的作用，提高了您行车的安全性能。

⑥ HOLD防溜车功能。

F：这款车配备了HOLD防溜车功能。

A：就是当您的车在坡道需要停下时，或堵车时，或等红灯的时候，您可以快速连踩两下制动器。此时仪表板上会有HOLD样式的字母出现，这时您可以放心地松开油门，车辆就会稳稳地停在那里。另外，在打电话或者整理东西时，HOLD防溜车功能都会给您带来方便。

B：您看，HOLD防溜车功能不仅节省了换挡时间，还提高了您驾驶的安全性。

⑦ 夜视辅助系统。

F：这款车配备了夜视辅助系统。

A：该系统通过仪表盘成像，可以看到前方150米远的障碍物。

B：所以该系统不仅使用方便，而且还大大增加了夜晚行车的安全性。

⑧ 日间行车灯。

F：这款车配备了日间行车灯。

A：该日间行车灯采用高亮LED灯组设计，可以对车辆进行识别；

B：将美观与安全第一完美结合的同时，独特的造型设计也展示了该车型的气质，也可以体现您的身份和地位。

⑨ 预防性安全系统。

F：这款车配备了预防性安全系统。

A：在您进行急转弯或急刹车的时候，安全带会自动收紧，驾驶员的座椅会调到最佳的位置，如果侧窗开着会自动升起，会留5毫米的间隙；

B：这样会保障车上人员的安全，将事故的风险降到最低，大大提高了行车的安全。

3. FABE销售法

FABE法简单地说，就是在找出客户最感兴趣的各种特征后，分析这些特征所产生的优点，找出这些优点能够带给客户的利益，最后提出证据，通过这四个关键环节的推销模式，解答消费诉求，证实该产品的确能给客户带来这些利益，极为巧妙地处理好客户关心的问题，从而顺利实现产品的推销诉求。

FABE 销售法是在 FAB 销售法的基础上发展起来的，FAB 法已经在前面进行了详细的解释与说明，这里只着重说明 FABE 销售法的"E"。

E（Evidence）：代表证据。包括技术报告、客户来信、报刊文章、照片、示范等，通过现场演示、相关证明文件、品牌效应来印证刚才的一系列介绍。所有作为"证据"的材料都应该具有足够的客观性、权威性、可靠性和可见证性。

针对不同客户的购买动机，把最符合客户要求的商品利益向客户推介是最关键的，为此，最精确有效的办法，是利用特点（F）、功能（A）、好处（B）和证据（E）进行说明，其标准句式是："因为（特点）……，从而有（功能）……，对您而言（好处）……，你看（证据）……"。

（1）特点（Feature）。

特点，是描述商品的款式、技术参数、配置；

特点，是有形的，这意味着它可以被看到、尝到、摸到和闻到；

特点，是回答了"它是什么"的问题。

（2）功能（Advantage）。

功能，是解释了特点如何能被利用；功能，是无形的，这意味着它不能被看到、尝到、摸到和闻到；功能，回答了"它能做到什么"的问题。

（3）好处（Benefit）。

好处，是将功能翻译成一个或几个的购买动机，即告诉客户将如何满足他们的需求；

好处，是无形的，如自豪感、自尊感、显示欲等；

好处，回答了"它能为客户带来什么好处"的问题。

（4）证据（Evidence）。

证据，是向客户证实你所讲的种种好处；

证据，是有形的，可见、可信；

证据，回答了"怎么证明你讲的种种好处"的问题。

在介绍产品的特色和优点时，最好不要超过三个，过多的特色和优点很难让客户留下清晰的印象，而且向客户介绍产品特色和优点时一定要符合两大原则。

① 基于客户需求满足的原则，即介绍的特色和优点一定是要能够满足客户的需求的，否则再好的特色和优点也不会引起客户的兴趣。

② 基于竞争对手比较优势的原则，即特色和优点是一种比较优势，也就是说你的特色和优点一定是竞争对手所没有的或你比竞争对手做得更好的，否则就不是特色和优点，客户也不会产生兴趣和购买欲望。

【案例 4-11】 沙发的介绍

"先生，请你先看一下。"

（特点）"我们这款沙发是真皮的。"——真皮是沙发的属性，是一个客观现实。

（优势）"先生您坐上去试试，它非常柔软。"——柔软是真皮的某项作用。

（利益）"您坐上去是不是比较舒服？"——舒服是带给客户的利益。

（证据）"今天上午有位先生，就是因为喜欢这一点，买了这款沙发，你看（拿过推销记录），这是推销的档案。"——这里是采用的是客户证据，证据对客户的购买心理有很大的影响。

将这几句话连起来，客户听起来会产生顺理成章的反应。

4. FBSI 产品介绍法（构图讲解法）

（1）FBSI 产品介绍法简介。

当客户前来购车时，其实在心中已有一幅图画，就是有车的生活场景。客户在决定购车的时候，往往潜意识里会勾画出自己拥有汽车之后的场景，然后根据这一场景和图画，客户会在潜意识中，描绘理想中车辆的颜色、外形、内部装饰、空间等内容。因此推销人员要想将车辆推销出去，就必须了解客户心中的这幅图画，并且通过自己的介绍，描绘一幅美丽的图画，以此来达到刺激客户购买欲望的目的。

F（Feature）：是指配置或特点。

B（Benefit）：是指客户利益，前面都已经详细说明，这里不再重复阐述。

S（Sensibility）：感受。推销人员引导客户亲自感受。

I（Impact）：冲击。推销人员构建一个关于客户拥有汽车后的美好的、具有冲击性的情境，来促进客户的购买欲望。

FBSI 销售法的标准句式。标准句式：拥有（配置或特点）……，对您来说（客户利益）……，感觉（感受）……，试想（冲击）……

例如，××车型拥有折叠硬顶技术，能够在 25 秒内开启和闭合折叠硬顶，对您来说，××车不但能让您随时随地地享受敞篷跑车那种自由畅快的感觉，更能在必要时变为优雅的轿跑，让您尽情享受美妙的休闲时光，这种感觉只有××车型才能够带给您，试想一下，您开着××车型在海边兜风，车里坐着您的家人和朋友。大家一起沐浴在温暖的阳光下，呼吸着清新的海风，看着海天一色的景色，这是多么令人羡慕的生活啊！

（2）采用 FBSI 销售法的好处。

① 给客户留下深刻的印象；

② 增加客户的参与感，引起客户的共鸣；

③ 让客户容易明白；

④ 吸引客户注意力，激发客户的购买欲望。

（3）FBSI 销售法应用的时机。

① 叙述功能的时候。推销人员在介绍 SSC 发烧音响系统时说："花冠车配备的这款发烧音响，不论高音还是低音都能够完美呈现，让您有亲临音乐会现场的感觉。当你遇到堵车心烦的时候，打开音响，让轻柔的音乐在心间流淌，让您的身心沐浴在动人的旋律之中，心中的烦恼就再也找不到……"

② 车辆使用过程中。推销人员在介绍车载导航系统时，可以这样介绍："皇冠车配备了 GPS 导航系统，你只需确定目的地，导航系统就能通过语音进行引导，有了它，你再也不用在行车的过程中左顾右盼地寻找目的地了，再也不用因未去陌生的地方而翻看地图了，导航系统就像一个无所不知的贴心助理，你只需轻点屏幕，设定好目的地，导航系统就可以带你到任何你想去的地方……"

③ 突出车辆特性的时候。推销人员在突出车辆的安全性的时候，可以这么表述："人的生命只有一次，汽车固然是一个交通工具，但对于您的家人来说，你开车在外，最重要的是安全，如果车辆的安全性差，家人会非常担心。沃尔沃汽车是世界上最安全的汽车，可以给你最安全的保障，同时给你家人带来安心，即使您出差在外，家人也不会担心……"

（4）FBSI 销售法应用的重点。

推销人员根据所推销的产品，提炼出一个推销主题，然后为这个主题构造一个应用的情景，最后将主题和情景结合起来，连缀成一个故事或生活场景。通过这种方法，为客户构造出一幅幸福、美满的图画，引起客户对这幅美丽图画的向往，从而使客户接受你的产品介绍，并且购买你的产品。

三、竞品分析

竞品，顾名思义就是竞争对手的产品。

在车辆展示过程中，客户常常会抛出竞争车型与展示车型进行比较，而且往往是拿竞争车型的优势与展示车型的劣势进行比较，如果推销人员对竞争车型不了解，不能进行客观、合理的对比，并进一步突出展示车辆的优点，就会流失客源。

（1）竞争产品的确定。

① 生产规模相近。规模经济把成本降至比较满意的水平，企业规模越相近，竞争基础力越相近，成本趋同造成价格战愈演愈烈，因此规模相近的企业，就有可能成为最主要的竞争者。

② 价格相近。由于市场零售价是直接面对消费者的价格，既反映汽车的价值，也直接反映客户的接受程度，只有零售价接近的车型，才能成为竞争车型。

③ 销售界面相近。销售界面是汽车企业在推销过程中汽车流通的分界面，亦即企业将汽车转交出去的分手地点。销售界面相同，就会面临同一市场竞争。

④ 定位档次相同。产品的定位档次，应由车型的品质、使用价值或功能、车型包装、价格四个要素来确定，车型的档次相同，往往也就意味着他们的目标市场基本相同，在竞争方向上具有一致性，定位档次相同的车型，才是名副其实的竞争车型。

⑤ 目标客户相同。车型使用价值的满足对象，就是车型的目标客户。目标客户相同，企业双方竞争的市场就一样。

（2）竞争车型的比较。

随着汽车消费市场和消费者的逐渐成熟，客户购车由以前单纯关注价格到后来关注性价比，再到目前关注汽车的综合价值。汽车产品在同质化的同时也开始注重综合价值的提升，因此了解汽车的综合价值并将汽车的综合价值传达给客户是从事汽车销售必须要具备的知识。

汽车的综合价值主要由 5 个方面组成：

① 性价比。汽车的动力性、安全性、平顺性、操控性、舒适性等性能指标，反映了制造商技术和管理水平、性能差异给车主带来的不同价值。购车前不仅需要比较造型、价格和配置，更应该看看车型的性能和品质等基本素质。所以建议用户在购买时，第一位不是比较价格，而是比价值。

② 故障率。故障率大小意味着汽车可靠性的高低。故障率低意味着省钱、省时、省心，汽车给人创造的价值大。建议客户在购买行动中，不应只关注性价比、配置，而应更多地关注汽车的可靠性。

③ 使用成本。使用成本当中包含三项指标：油耗、维修费用和时间成本。除了常规费用

外，油耗是汽车日常使用中费用最大的一项开支，特别是汽油价格上涨及尾气污染等因素，省油这一大利器将越来越有发言权。

④ 残值（二手车价格）。汽车残值通常是指汽车在规定的合理使用年限内所剩的使用价值。随着二手车交易市场的日益发展，二手车交易价格的高低成为判断汽车价值的一个越来越重要的指标。转手价格高，车主的损失就小。于是，消费者越来越关注自己转手汽车时的价钱，关注什么品牌的汽车（二手车）价格更好。

⑤ 售后服务。购买汽车是消费的开始而不是终结，维修服务在价值总量中占据着很大比重，车主不仅需要热情周到的接待服务、正宗而便宜的配件、合理的工时费和便利快捷的维修服务，而且需要一次性修复率高、维修质量高和用车和护车指导。服务质量关系到车主损失的时间、金钱。因此，服务是当前消费需求和营销水平升级最现实、最迫切的需要。

（3）竞争车型分析。

进行竞争车型分析时应注意以下几点。

① 客观地说明车辆的配置；
② 不夸大事实，不恶意贬低竞品；
③ 适当提及竞品，重点强调本企业产品；
④ 结合反问技术，了解客户为什么喜欢竞品的车型；
⑤ 善于利用转折法，先肯定对方，然后通过介绍突出自己产品的优势。

【案例4-12】 东风本田CRV对比一汽丰田RAV4

● 外部配置对比。

在车身尺寸方面，CRV的整车尺寸为4550×1820×1685毫米，轴距为2620毫米，而RAV4的车身尺寸为4630×1855×1720毫米，轴距为2660毫米。相比较而言，RAV4在长、宽、高以及轴距方面分别有80×35×35毫米以及40毫米的优势，而数据的优势也将会体现在内部乘用空间方面。

在灯光配置方面，两款车型均采用了带有凸透镜的卤素材质的前大灯于其中，但是没有LED、日间行车灯的应用还是略显遗憾。两款车型的大灯均可进行高度调节，为照明范围提供了保证。相比较而言，RAV4在灯光配置方面多出了自动大灯功能，为驾驶员减少了忘记开关大灯所造成的安全隐患。

在外后视镜配置方面，CRV和RAV4均采用了电动方式对后视镜镜面角度进行调节，而后视镜加热功能出现在这两款车型中也为雨雪天气状况下行车提供了充分的安全保证。相比较而言，CRV在后视镜方面多出了电动折叠功能，提升了行车状态的安全性。

在轮胎方面，CRV采用了邓禄普GRANDTREK系列公路型SUV轮胎，其主要优势在于轮胎稳定性与静音性表现。相比较而言，RAV4的轮胎采用了普利司通DUELER系列公路型SUV轮胎，其主要优势在于轮胎耐磨性和舒适型表现。两款车型的轮胎规格均为225/65 R17。

● 安全配置对比。

在主动安全配置方面，CRV与RAV4均采用了基础的ABS+EBD等主动制动安全保护系统，为日常行车过程中的制动安全提供了充分的安全保证。除此之外，CRV在主动安全配置方面还有ESP/ASR等电子稳定控制系统的应用，在操控的稳定性方面，CRV表现更胜一筹。两款车型均应用了测距式倒车雷达于其中，不过CRV还配备有倒车影像功能，为倒车过程提供了更为直观的安全保证。

在被动安全配置方面，CRV 采用了正副驾驶位、前排侧位以及前后排头部位置共计八个安全气囊，对于前后排乘客的保护比较完善。相比较而言，RAV4 采用了正副驾驶位和前排侧位共计四个安全气囊的设计，被动安全保护仅针对前排乘客，对后排乘客的照顾不够。

● 多媒体配置对比。

在多媒体配置方面，CRV 采用了带有 AUX/USB 等外接音源接口的单碟 CD 主机音响系统，而 RAV4 则采用了带有 AUX/USB 等外接音源接口的多碟 CD 主机音响系统。除此之外，CRV 还配备有中控液晶屏，不过液晶屏中没有集成 GPS 导航系统，仅有倒车影像和主机音响信息集成其中。

● 舒适性配置对比。

CRV 和 RAV4 两款车型均采用了内嵌式电动天窗于其中，在为车内提升采光的同时也为车内乘用者提供了良好的乘用享受能力。除此之外，两款车型均采用了自动温度分区控制空调系统，为车内不同位置乘用者提供了舒适的乘用环境。相比较而言，RAV4 车型的空调系统带有花粉过滤功能，可以有效地过滤来自空气中的异味和花粉，提升乘用者乘用舒适性。

在方向盘配置方面，两款车型均采用了真皮对方向盘进行包裹，提升了驾驶员手部舒适性。方向盘均可进行上下、前后四方向手动调节，为不同身材乘用者提升了安全驾驶资本。多功能方向盘按键的应用提升了驾驶员在行车过程中操作主机音响系统和切换行车信息提供了便利性。定速巡航功能在两款车型中也都成为标配出现。

在座椅配置方面，CRV 和 RAV4 均采用了真皮座椅，为车内乘用者提供了良好的乘用舒适性。在座椅调节能力方面，两款车型的前排座椅均可进行手动六方向调节，其中，CRV 的前排座椅带有腰部支撑调节功能，为前排乘客提供了良好的乘用舒适性。RAV4 的后排座椅可进行前后移动和座椅靠背角度调节，为后排乘客提供了乘用舒适性。两款车型均采用了座椅加热功能于前排座椅中，对于前排乘用者的舒适性设计值得认可。

● 动力性对比。

在动力系统方面，CRV 与 RAV4 均采用了 2.4 升四缸自然吸气发动机，其中，CRV 的发动机在 7000 转/分钟的转速区间内可以输出 140 千瓦的最大功率，在 4400 转/分钟的转速区间可以发挥出 222 牛·米的峰值扭矩。相比较而言，RAV4 的发动机拥有的 125 千瓦/6000 转的最大功率以及 224 牛·米的峰值扭矩，在输出功率方面与 CRV 还是有一定差距。

在变速箱方面，CRV 采用了 5 速自动变速箱，而 RAV4 依旧采用老款 4 速自动变速箱，虽然在换挡平顺性方面两款变速箱的差异不大，但搭载 5 速自动变速箱的 CRV 在控制燃油经济性方面显然更为出众。在行走机构方面，两款车型均采用了前麦弗逊后双叉臂式四轮独立悬挂系统，车身两侧车轮震动相互不交涉，提升了乘用者的乘用舒适性。

总结：通过以上的介绍，相信大家对于两款车型的配置分布和数据差异有了一定的了解，下面，我们来结合售价，对比一下这两款车型。CRV 和 RAV4 的售价同为 23.98 万元，在配置方面，CRV 多出了四个安全气囊、一键式启动、ESP/ASR、自动驻车、腰部支撑调节功能以及带有倒车影像的中控液晶屏、后视镜电动折叠、后排空调出风口，但同时比 RAV4 少出了自动大灯、花粉过滤以及后排座椅角度调节功能。相比较而言，CRV 在配置方面的表现要比 RAV4 更具优势，整体性价比表现更为出众。而在动力总成方面，CRV 的动力数据和变速箱挡位优势也要更胜一筹。

任务实施

（一）任务要求

根据汽车产品静态展示的要求，对以下案例进行分析，并思考相关问题。

（二）任务载体

【案例1】汽车产品介绍

某天，一双夫妇来到了某品牌汽车的4S店，在与推销人员寒暄后，双方进入了销售的环节。

推销人员：（将这对夫妇带到车库，用手指着停在车库内的各款轿车向客户介绍）这是59 800元的标准型，这是69 800元的舒适型和实用型。

客户：59 800元和69 800元这二款车有什么不同？

推销人员：59 800元这款车没有方向助力、ABS、电动后视镜等。

客户：装一个方向助力要花多少钱？

推销人员：××××元。

客户：如果我定下来，款怎么付？

推销人员：可以分期付款也可以银行按揭。

客户：按揭一个月要付多少？

推销人员：如果按揭的话，先付40%，余下的分三年付清，每个月只要付××××元。如果你们的经济情况可以允许一次性付款的话，买69 800元的合算。如果采用分期付款的贷款方式，就没有必要买69 800元，而应该买59 800元。

（三）任务思考

思考一：试分析案例当中的推销人员的产品介绍成功吗？

思考二：如果您是推销人员，针对以上案例，你会如何进行产品介绍？

思考三：请选择实训室的一款汽车进行六方位绕车介绍，并完成以下表格的填写。

六方位绕车介绍	
方位	FAB 话术
车前方	
驾驶室	
车侧方	
车后方	
车后座	
发动机室	

任务三　汽车产品试乘试驾动态展示

知识目标

- 了解试乘试驾的重要性；
- 掌握试乘试驾的要点及流程。

技能目标

- 会为客户办理试乘试驾手续；
- 会在试乘试驾环节中展示车辆的性能。

任务剖析

由于在车辆的静态展示中，客户只能通过触摸、观看、乘坐对展车进行体验。动力性、操控性等车辆性能不能够展示给客户，因此必须通过试乘试驾进行动态展示，客户通过对试乘试驾车的试乘和试驾，能更好地体验车辆的动力性、操控性、舒适性等性能，从而加强客户对车辆的认可，有利于下一步的成交引导。

知识准备

一、试乘试驾目的与作用

试乘试驾可以让客户了解车辆有关信息，通过切身的体会和驾乘感受，客户可以加深对推销人员口头说明的认同，是加强客户购买信心的重要手段之一，同时也是提升客户满意度的保证。因此，推销人员应重视试乘试驾流程。

试驾，是指在汽车推销中，客户在经销商指定人员的陪同下，沿着指定的路线驾驶指定的车辆（试乘试驾车），从而了解这款汽车的行驶性能和操控性能。

经销商指定人员通常指的是接待客户的推销人员或者专门的试乘试驾专员。指定的车辆是指试乘试驾专用车，而暂未出售的库存车辆是不能作为客户的试乘试驾车。

试乘是指由经销商指定人员来驾驶指定的汽车供客户乘坐，体验车辆的性能。人们往往将试乘与试驾放在一起，也就是试乘试驾。

1. 试乘试驾目的

（1）确认客户需求：在试乘试驾过程中了解客户的重点需求。

（2）强化客户关系：在相对私密的环境中拉近与客户的距离。

（3）创造客户拥有的感觉：加强并暗示客户拥有汽车后的感觉。

（4）创造推销购买契机：激发客户的购买冲动。

2. 试乘试驾的作用

（1）试乘试驾是消费者了解一款汽车的重要途径。

一辆汽车的外表再好，也是"给别人看的"，车主与汽车的感情实际上产生于方向盘与踏板之间。而且，汽车的行驶性能和操控性能是消费者购车时不容忽视的因素，由于汽车的行驶性能与操控性能难以用数据来衡量，试乘试驾也就成了多数消费者了解汽车行驶性能和操控性能的唯一途径。

（2）试乘试驾是经销商推销产品和服务的最好时机。

一方面，客户在试乘试驾时很可能会需要使用音响、空调、电动门窗、座椅调节等功能，推销人员此时可以非常自然地向客户介绍车上的各种装备，从而使客户深入了解这款汽车。而在展厅内，面对着断油断电的展车，客户通常不会对一些具体的功能感兴趣。而另一方面，经销商可以借此机会展示自己的专业素养。大多数的推销人员在展厅中都比较热情，彼此间没有明显的差别。而在试乘试驾过程中，推销人员的服务水平的差别便立即显现出来。因此，经销商很容易在试乘试驾环节当中与竞争对手拉开距离。

二、试乘试驾流程

汽车推销过程中试乘试驾环节具有标准的工作流程，通过这些规范的标准流程，推销人员能更有效地对汽车性能进行有效的展示，虽然不同的汽车品牌，其试乘试驾环节的流程内容有所差别，但是都能够具体归类总结为试乘试驾的准备、试乘试驾前、试乘试驾中和试乘试驾后这几个关键的环节，如图4-7所示。

1. 试乘试驾前准备

（1）试乘试驾车的准备。

① 经销店必须准备专门的试乘试驾用车。

② 试乘试驾车由专人管理，保证车况处于最佳状态，并应特别注意行车信息的删除，避免引起客户的疑问。

③ 油箱内应有1/2箱燃油。

④ 试乘试驾车应定期美容，保持整洁，停放于规定的专用停车区域，具备户外展示功能。

⑤ 试乘试驾车证、照、保险齐全，严禁用商品车进行试乘试驾。

⑥ 车外有专门标识，表明此车为试乘试驾车，车上必备的物品齐全，如香水、不同风格的CD、DVD、MP3等。

⑦ 座椅、头枕调到最低位置，方向盘、安全带调到最高位置。

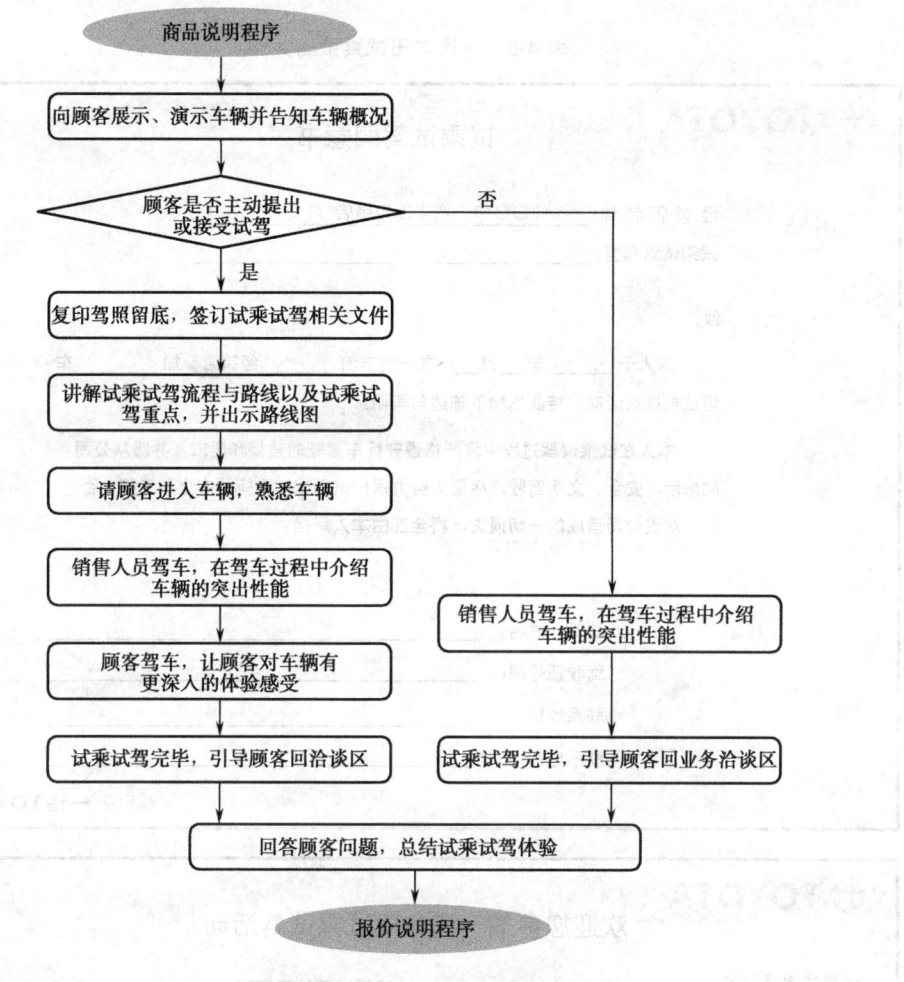

```
        ┌─────────────┐
        │ 商品说明程序 │
        └──────┬──────┘
               ▼
   ┌───────────────────────────────┐
   │ 向顾客展示、演示车辆并告知车辆概况 │
   └───────────────┬───────────────┘
                   ▼
           ◇ 顾客是否主动提出 ◇ ──否──┐
           ◇ 或接受试驾       ◇       │
                   │是                │
                   ▼                  │
   ┌───────────────────────────────┐  │
   │ 复印驾照留底，签订试乘试驾相关文件 │  │
   └───────────────┬───────────────┘  │
                   ▼                  │
   ┌───────────────────────────────┐  │
   │ 讲解试乘试驾流程与路线以及试乘试 │  │
   │ 驾重点，并出示路线图            │  │
   └───────────────┬───────────────┘  │
                   ▼                  │
   ┌───────────────────────────────┐  │
   │ 请顾客进入车辆，熟悉车辆        │  │
   └───────────────┬───────────────┘  │
                   ▼                  ▼
   ┌───────────────────────┐  ┌───────────────────────┐
   │ 销售人员驾车，在驾车过程中介绍 │  │ 销售人员驾车，在驾车过程中介绍 │
   │ 车辆的突出性能           │  │ 车辆的突出性能           │
   └───────────┬───────────┘  └───────────┬───────────┘
               ▼                          │
   ┌───────────────────────┐              │
   │ 顾客驾车，让顾客对车辆有 │              │
   │ 更深入的体验感受         │              │
   └───────────┬───────────┘              │
               ▼                          ▼
   ┌───────────────────────┐  ┌───────────────────────┐
   │ 试乘试驾完毕，引导顾客回洽谈区 │  │ 试乘试驾完毕，引导顾客回业务洽谈区 │
   └───────────┬───────────┘  └───────────┬───────────┘
                   └──────────┬───────────┘
                              ▼
          ┌───────────────────────────────┐
          │ 回答顾客问题，总结试乘试驾体验    │
          └───────────────┬───────────────┘
                          ▼
                  ┌─────────────┐
                  │ 报价说明程序 │
                  └─────────────┘
```

图 4-7 一汽丰田试乘试驾流程

⑧ 夏天、冬天要提前开启空调。

⑨ 试乘试驾车内也可进行生活化的布置，让客户感觉到温馨，产生更多的联想，产生购买的冲动，另一方面也为车辆成交后的精品推销打下基础。

（2）人员的准备。

① 陪同客户试乘试驾的人员（推销人员或试乘试驾专员）必须具有合法的驾驶执照，熟悉试乘试驾路线，经过系统的培训，掌握试乘试驾的注意事项，以及试乘试驾中汽车产品介绍的要点和时机，能够处理突发事件和突发事故。

② 若推销人员驾驶技术不熟练，则请其他合格的推销人员进行试乘试驾，自己则陪同，更能确保试乘试驾的效果。

（3）文件的准备。

推销人员在进行试乘试驾前，应准备好该流程会用到的各种文件，一般包括试乘试驾同意书、试乘试驾路线图、试乘试驾安全注意事项、试乘试驾意见调查表四类文件，如表 4-5 所示。

表 4-5　一汽丰田试乘试驾文件

TOYOTA

试乘试驾同意书

经销店名称：＿＿＿○○○○一汽丰田经销店＿＿＿＿

试乘试驾车型：＿＿＿＿＿＿＿＿＿＿＿＿＿＿＿＿

致：

　　本人于＿＿＿＿年＿＿月＿＿日在一汽丰田＿＿＿＿＿＿经销店参加＿＿＿＿＿＿车型试乘试驾活动，特此作如下陈述与声明：

　　本人在试乘试驾过程中将严格遵守行车驾驶的法规和要求，并服从公司的指示，安全、文明驾驶，尽最大努力保护试乘试驾车辆的安全和完好。否则，对贵公司造成的一切损失，将全部由本人承担。

试驾人姓名：＿＿＿＿＿＿＿＿＿＿

驾驶证号码：＿＿＿＿＿＿＿＿＿＿

联系地址：＿＿＿＿＿＿＿＿＿＿＿

联系电话：＿＿＿＿＿＿＿＿＿＿＿

一汽 TOYOTA

TOYOTA

欢迎您参加一汽丰田试乘试驾活动

试乘试驾路线图

试乘试驾注意事项：
① 请严格遵守驾驶规章制度，保证安全；
② 试乘试驾时请全程系好安全带；
③ 请按照路线图设定的路线试驾；
④ 试乘试驾过程中请遵从销售人员的指示和安排；
⑤ 严禁在试驾时进行危险驾驶动作。

顾客姓名	顾客关注点	时间	销售员	公里数(km)	备注
	□启动 □加速 □制动 □转弯操作 □油门响应 □静谧 □舒适	：～：		起 ～ 讫	对《同意书》无异议
		：～：		～	
		：～：		～	
		：～：		～	
		：～：		～	
		：～：		～	
		：～：		～	

一汽 TOYOTA

TOYOTA

试乘试驾意见表

试乘试驾车型：_____　　　　　　　　_____年___月___日

1、请您就以下项目对试乘试驾车型给出您的意见：

起动、起步	□好	□较好	□一般	□差	□很差
加速性能	□好	□较好	□一般	□差	□很差
转弯性能	□好	□较好	□一般	□差	□很差
制动性能	□好	□较好	□一般	□差	□很差
行驶操控性	□好	□较好	□一般	□差	□很差
驾驶视野	□好	□较好	□一般	□差	□很差
乘座舒适性	□好	□较好	□一般	□差	□很差
静谧性	□好	□较好	□一般	□差	□很差
音响效果	□好	□较好	□一般	□差	□很差
空调效果	□好	□较好	□一般	□差	□很差
操控便利性	□好	□较好	□一般	□差	□很差
内部空间	□好	□较好	□一般	□差	□很差
内部工艺	□好	□较好	□一般	□差	□很差
上下出便利性	□好	□较好	□一般	□差	□很差
外型尺寸	□好	□较好	□一般	□差	□很差
外部造型	□好	□较好	□一般	□差	□很差

2、您对陪同试驾人员的满意程度？
□很满意　　□满意　　□一般　　□不满意　　□很不满意

3、您对经销店试乘试驾服务的满意程度？
□很满意　　□满意　　□一般　　□不满意　　□很不满意

4、您的其他宝贵意见和建议？

姓名：_____　　地址：_____
电话：_____　　E-mail信箱：_____

一汽TOYOTA

（4）试乘试驾路线的准备。

① 按车型特性规划试乘试驾路线，避开交通拥挤路段。以选择车流量少、平直的路面为宜。并结合车型特性来进行规划，若是越野车则应选择路况稍复杂的试车路线，以便客户能充分体验到越野车独特的性能和魅力，如图4-7和表4-6所示。

② 试乘试驾路线全程驾驶时间应在20～25分钟内为宜，并且该段路线应该有明显的交通信号标志。

③ 准备的试乘试驾路线至少有2条，以充分展示车辆的不同性能。

④ 试乘试驾线路途中应有一个地点便于安全地更换驾驶员。

⑤ 应将试乘试驾线制作成路线图，并摆放在展厅或试乘试驾车上，便于推销人员在试乘试驾前向客户进行路线的说明，一汽大众试乘试驾路线及说明要点如图4-8所示。

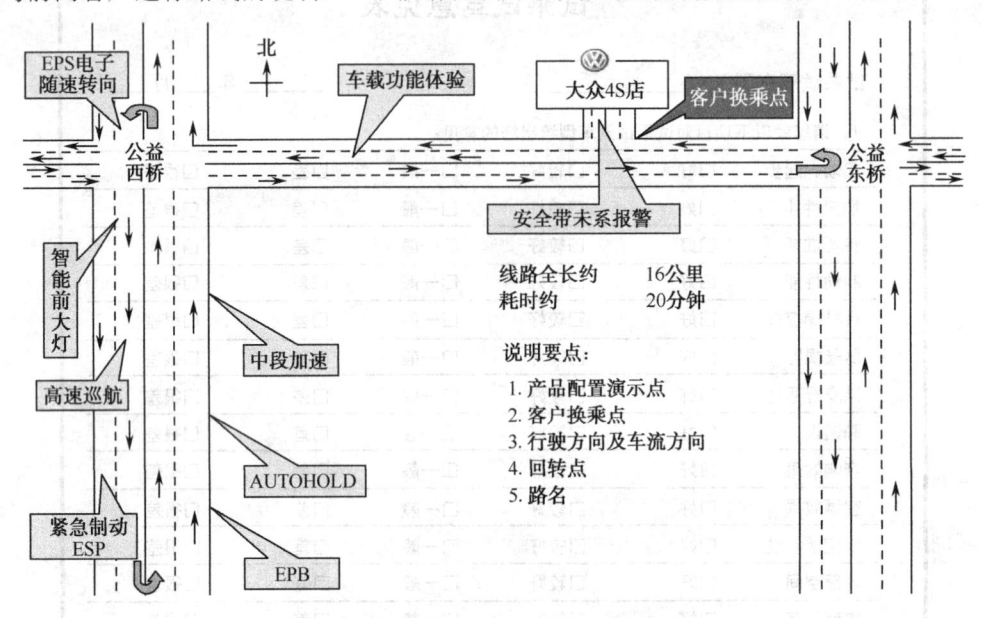

图 4-8　一汽大众试乘试驾路线范例

表 4-6　各种车况与路况下的演示重点

路　段	演示内容	提　示　要　点
起点	调整座椅、安全带、后视镜	电动座椅舒适性，安全装备
直路	启动与怠速	介绍音响、空调等需启动后才可以使用的功能；体验怠速的静肃性
	起步	发动机加速性、噪音，低端动力强劲，变速器的换挡平顺性
	低速匀速	体验室内隔音、音响效果，悬挂系统的平稳性
	减速	体验制动的稳定性及控制性
	再加速	体验传动系统灵敏度，变速器换挡的平顺性及灵活性，发动机提速噪音
	高速匀速	加速性能，风噪低，方向盘控制力
	上坡时	发动机低端动力，安静平稳；轮胎抓地力
弯道	转弯	前挡风玻璃环视角度、前座椅包裹性、方向准确性
直路	空旷路段	行驶中示范使用方向盘上多功能控制（如装备）
终点	问客户试乘试驾感受，回答问题	填写试乘试驾意见反馈表（如客户当天不下订单）

2. 试乘试驾前

（1）试乘试驾邀约。

① 试乘试驾邀约要点。

● 商品说明后主动邀请客户进行试乘试驾。

- 安排小型试乘试驾活动，积极邀请客户参加。
- 在展厅或停车场显眼处设置"欢迎试乘试驾"的指示牌。

② 邀约话术（表 4-7）。

表 4-7　邀约试乘试驾迈腾话术

序号	话术要点	话术案例
1	语言要有说服力	××先生，刚才我已经简单地向您介绍了迈腾这部车的性能和配置特点，不过，买车只靠看和听就做决定是不够的，买车是一件大事情！因此，在您作决定之前，我建议您先做一个试乘试驾，亲身感受一下迈腾这部车开起来到底怎么样。
2	要说明产品的特点	××先生，德国车和其他车不一样，一定要开过以后才能体会到它的好处，如果您想真正了解迈腾这部车的话，我建议您做一个试乘试驾！如果您愿意的话，我马上就可以帮您安排。
3	要适当地夸奖客户	××先生，在决定买一部车之前，一定要先试乘试驾，这是很多有经验的购车者都会做的决定。您如果想试的话，只要办理一个简单的手续就可以了。
4	语言要有吸引力	××先生，您的运气真不错，我们最近正在搞活动，对所有参加试乘试驾的客户有一个"三重大礼"赠送，对您真是一举两得！

（2）试乘试驾概述。

① 试乘试驾概述要点。

- 向客户说明试乘试驾流程，重点说明推销人员先行驾驶的必要性。
- 向客户说明试乘试驾路线，请客户严格遵守。
- 查验客户的驾驶证照并复印存档，签署安全协议与相关文件（《试乘试驾记录表》）。
- 如由其他工作人员陪同试驾，推销人员应向客户介绍，以便在试驾过程中进行沟通和交流。
- 向客户简要说明车辆的主要配备和操作方法。

② 试乘试驾前话术（表 4-8）。

表 4-8　试乘试驾前话术

工作内容	话术建议
复印驾驶证	1.（得到客户同意之后）×先生/女士，您的驾照带了吗？我们需要复印您的驾驶执照来进行登记； 2.（拿到客户的驾驶执照）您稍等，我去复印您的驾照。 3.（复印驾驶执照回来）这是您的驾驶执照，请收好！
签订《试乘试驾协议》	（递上协议）这里是我们的《试乘试驾协议》，您先看看，如果没有什么问题，请在这里签字。
试乘试驾路线	×先生/女士，您要体验的项目是什么呢？是提速？还是……（递给客户路线图）另外，这是我们一会儿试乘试驾的路线图，我们会从这里出发，经过××路，在××路转弯，在××地方换手，全程××公里，路线包括直线路段、转弯路段、上下坡路段、减速带等。
试乘试驾步骤	为了让您更好地体验××车，我们的试乘试驾大致分为以下几个步骤：先请您试乘，体验××车型的某些功能和配置，比如音响，iDrive 以及车载蓝牙手机，因为这些是在车辆静态时体会不到的；然后我们会在路线中换乘，再换作您试驾，按照我的操作方法进行体验。回到展厅后，麻烦您填写一份试乘试驾意见表，写下您的感受和意见，以便以后我们更好地为您服务，大致过程就这样，您看可以吗？
试乘试驾时间	（得到肯定回答之后）我们的试乘试驾总共大约需要××分钟，为了您的安全，在此期间如果您要接打电话，请先将车辆停靠在路边好吗？

续表

工作内容	话术建议
引导客户上车	1. 如果没有什么问题就随我一起到外面的车上吧！ 2. 这辆车就是我们一会将要试乘试驾的××车，来，请您先到副驾驶的位置，先由我来驾驶，一会换作您来试驾（为客户打开副驾驶一侧的车门，用手保护客户的头部以免碰到车顶棚，请客户坐到副驾驶座位上）。 3. （下蹲在客户的右侧）座椅位置您觉得合适么？如果不合适可以通过这里的电动调节按钮进行调节，××车的座椅调节是×方向的，还包括腰部支撑。为了您的安全，请将安全带系好（帮助客户将安全带扎好）。 4. （如果由专门的试乘试驾专员进行试乘试驾）这是我们的试乘试驾专员×××，这是我们的客户×××，等会与您一起试乘试驾。 5. （如果是推销人员带客户进行试乘试驾）那好，我现在要坐到正驾驶位置上给您进行进一步的讲解，好吗？（得到客户的许可后，坐到正驾驶位子上）
车内仪表、功能键介绍	1. （夏天、冬天应提前打开空调）车内的温度还可以吧？如果觉得不合适我们可以通过这里的空调调节按钮进行调节。××车的豪华舒适空调在中央扶手后端和B柱上都设计了出风口，使得后排的乘客同样能得到好的照顾。 2. 这是车速表、转速表、油表、水温表，这里是驾驶员信息系统的屏幕，您可以在行驶过程中随时查看瞬时油耗、平均油耗等…… 3. 这是××车的大灯开关，这是喇叭位置，这是定速巡航的控制杆，这是雨刮器控制杆，这是iDrive，也就是××车的智能驾驶控制按钮，一会儿在我驾驶的时候您可以通过这个按钮来进行功能键操作。
开始试乘	×先生/女士，请坐好，下面我们就要正式开始试乘试驾了！

3. 试乘试驾中

（1）客户试乘。

① 引导客户上车前，要就所驾驶车辆，给客户做简要介绍。

② 主动打开副驾驶车门，邀请客户上车，并要注意规范礼仪。

③ 协助客户调整座椅、方向盘，确认客户乘坐舒适。

④ 若有多人参加试乘试驾，则请其他客户坐在车辆后排座位。

⑤ 确认车上人员系好安全带，提醒安全事项。

⑥ 询问客户喜欢什么风格的音乐，将音响打开。

⑦ 出发前，就车内各项配置的使用，给客户做简要介绍。

⑧ 推销人员将车辆驶出专用停车区域，示范安全驾驶。

⑨ 推销人员驾驶时依车辆行驶状态进行说明，展示车辆动态特性。

（2）驾驶换手。

① 在预定的安全地点换手，将车熄火，取下钥匙，拉手刹，下车与客户换位。

② 换手时协助客户调整座椅、后视镜等配备，使客户感觉舒适。

③ 提醒客户系好安全带，再次提醒安全驾驶事项。

④ 在客户的视线范围内换到副驾驶座。

⑤ 准备不同种类的音乐光盘供客户选择，试听音响系统。

⑥ 在客户驾驶前，简要提醒客户所要体验的重要内容，以强化客户感受。

（3）客户试驾。

① 适时提示客户前方路况和其他事项（如前边右拐弯，请注意减速等）。

② 让客户自己体验车辆性能，推销人员提醒体验重点。
③ 仔细倾听客户的谈话，观察客户的驾驶方式，发现更多的客户需求。
④ 当客户有危险和违章行为时，果断采取措施，并请客户在安全地点停车，及时向客户讲解安全的重要性，取得客户理解，与客户换位。
⑤ 行驶出客户驾驶路段或区域，推销人员应及时提示客户安全停车，结束客户试驾，由推销人员驾驶车辆返回。

4. 试乘试驾后

客户进行试乘试驾后，推销人员应注意以下要点：
① 称赞客户驾驶技巧，提醒客户携带好自己的物品，以免遗忘在车内。
② 确认客户已有足够时间来体验车辆性能，不排除再度试乘试驾的可能性。
③ 引导客户回展厅（洽谈区），提供免费茶水饮料。
④ 了解客户试乘试驾感受，填写《试乘试驾意见表》。
⑤ 对于客户在试驾过程中的个性化问题进行重点解释，以推动进入报价、成交阶段。
⑥ 适时询问客户的订约意向。
⑦ 待客户离去后，填写客户信息，注明客户的驾驶情况和关注点。

三、试乘试驾后问题的处理

试乘试驾结束后，客户一般会有两种反应：一是对试乘试驾车型的各项性能感到满意，增强了购买欲望；二是对试乘试驾车型还存在一些不太满意的地方。

对于第一种情况，推销人员应该趁热打铁，对客户特别感兴趣的地方再次有重点地进行强调说明，并结合试乘试驾中的体验加以确认。根据客户所表现出来的成交意愿，着重强调客户比较在意的特性和优点，进一步打动客户，促成交易。对暂时不能成交的客户，要留下相关的信息并及时与客户保持关系。

对于第二种情况，说明客户还有一些疑问没有得到解决，推销人员应该主动询问对试乘试驾车辆不满意具体表现在哪些问题上，根据客户所提供的信息详细地进行解答。如果是客户对汽车的主要性能不满意，解决的办法就不是强调本车型的技术特点了，可以考虑向客户介绍其他的车型。

建立规范的"试乘试驾流程"是非常必要的，现在这一点已经成为各个汽车销售企业的基本销售业务。认真地执行好该流程，是"试乘试驾"活动有效的保证。它不但是汽车销售企业整体素质的体现，也是客户在选车、购车过程中的需要。

任务实施

（一）任务要求

根据汽车产品动态展示的流程及关键点的要求，对以下案例进行分析，并思考相关问题。

（二）任务载体

【案例】试乘试驾事故

  2011年9月份，黄先生在参加上海某汽车销售服务有限公司的试乘试驾活动中，驾驶试乘试驾车沿试驾路线行驶在某路段十字路口向左转弯时，撞到同方向驾驶电动自行车的原告，造成电动自行车车损人伤。而汽车销售公司的试乘试驾专员在副驾驶员位置上于试驾途中进行相应操控提示。

（三）任务思考

  思考：通过以上试乘试驾事故案例的警示，说说在引导客户进行试乘试驾时，应该注意什么问题？试总结试乘试驾的流程以及关键点。

项目五

报价成交

学习目标

通过本项目的学习，使学生掌握报价的时机和方法，能够根据客户的情况为客户进行购车方案的设计，并能与客户签订购车合同。

项目描述

汽车推销经过了客户接待、需求分析、商品说明、试乘试驾等环节，就进入报价成交阶段。

在汽车推销过程中，报价成交是一个独特的阶段。它是整个推销工作的最终目的，其他推销阶段只是为达到推销目所采用的手段。换言之，其他推销阶段的活动都是在为最终成交准备条件。只有达到了成交阶段，客户才决定是否购买所推荐的汽车。因此，成交是推销过程中最重要、最关键的阶段，没有成交，汽车推销人员所做的一切努力都成为徒劳。由此，一个优秀的汽车推销人员应该具有明确的推销目标——千方百计地促成交易。

任务一　为客户准确报价

知识目标

- 掌握报价的程序和方法；
- 掌握议价的技巧；
- 掌握购车合同信息的填写；
- 掌握新车交付流程；
- 了解新车一条龙服务的流程及注意事项。

技能目标

- 能够针对不同的情况采取不同议价方法；
- 能够进行合理报价；
- 能够为客户设计购车方案；
- 能与客户签订购车合同；
- 能为客户办理新车交付手续；
- 能有效应对客户在成交环节的客户异议。

任务剖析

汽车推销成交的条件和时机是成功推销的法宝，故推销人员应识别客户成交信号，针对不同的销售情况，灵活运用成交的技巧，引导客户成交。同时，针对不同的客户需求，设计符合客户要求的购车方案，与客户签订购车合同，最后完美交车。

知识准备

所谓成交，是指客户接受汽车推销人员的建议及推销演示，并且立即购买商品的行动过程。汽车推销成交是汽车推销活动的高潮和关键阶段。推销活动进入成交阶段表明销售活动已接近胜利，但同时也是最艰难、最关键的时刻，就像足球比赛的临门一脚一样，这一步决定着推销活动的成败。在这个阶段，本来非常有购买意愿的客户可能因为种种突发因素影响其购买行为，又或者并没有购买意愿的客户被某些方面的因素打动，产生购买意愿。汽车推销人员在此环节中应当谨慎捕捉沟通过程中客户表现出的各种行为和情感细节，选取恰当的推销成交策略方法，从而最终完成推销活动。

一、报价的程序

当客户进入成交阶段,推销人员对销售价格进行说明的行为就称为报价。

报价是最后促进客户购买决定的关键环节,如何做好报价说明,是推销人员必须掌握的基本技能。推销人员在向客户说明价格的过程中不能仅仅说明车辆的零售价,在报价的同时,要着重说明车辆带给客户的利益和产品的价值。

报价的程序一般为:

(1) 请客户先确定所选定车型及颜色,了解客户有关车辆保险、按揭、代办上牌服务、精品加装意向;

(2) 根据客户需求拟订销售方案,将车辆价格、优惠、保险价格、精品加装价格、上牌费等价格列出来,以书面形式提供给客户;

(3) 说明销售价格时,再次总结商品的主要配备及给客户带来的利益,重点强调产品的价值,让客户觉得物超所值,然后再进行价格说明;

(4) 对报价内容、付款方式进行说明,并耐心回答客户的问题;

(5) 利用《上牌手续及费用清单》,详细说明车辆购置程序和费用。

在报价的过程中,还可以根据需要使用相应的报价工具,使客户更容易理解和接受。常用的工具包括:购车预算方案、按揭计算表、车辆上牌费用清单等,购车预算方案如表 5-1 所示。

表 5-1 购车预算方案

客户名称: 电话: 所住城市:				
车型:		车价:		颜色:
一次性付款购车方案:				
购置税:			保险/年:	
上牌/路桥费:			其他费用:	
合计:				
总合计:				
分期付款购车方案:				
首付款: 贷款金额:				
月供	一年 12 个月 月供_____元			三年 36 个月 月供_____元
	二年 24 个月 月供_____元			___年___个月 月供_____元
其他费用:				
购置税:			保险/年:	
上牌/路桥费:			___年全保合计:	
其他费用:				
合计:				
总合计: 首付款+其他费用=				
注:按揭所需材料详见银行或金融分期计划书。				
推销人员: 电话:				

二、报价的方法

价格虽然不是协商的全部，但是毫无疑问有关价格的讨论依然是谈判的主要组成部分，占据整个销售协商的 70%的时间，很多单子没有成功成交都是因为双方价格上的分歧而最终导致的。卖方希望以较高的价格成交，而客户则盼望以较低的价格购买所需要的产品，推销人员在价格谈判中要使双方满意，就需要谈判的技巧和策略，特别是第一次报价时。

1. 尾数报价法（心理尾数报价）

尾数报价法利用某种特殊意义的尾数或"心理尾数"定价，尽量避免整数报价。

这种报价方法会给消费者一种经过精确计算的、最低价格的感觉；有时也可以给消费者一种是原价打了折扣，商品便宜了的感觉。

2. "三明治"报价法

"三明治"报价法是指当客户对价格产生异议的时候，推销人员切记不能直接给予否定的答案，而应该先认可客户的说法，站在客户的角度上进行分析。

这种报价方法一般采用"认同+原因+赞美和鼓励"的方式，也就是首先站在客户的立场上认同客户的说法，然后说明原因，最后赞美和鼓励客户的说法或做法。

【案例 5-1】 "三明治"报价法

客户：车不错，就是价格太贵了。

推销人员：您说得对，很多客户一开始都会跟您有一样的想法，我自己一开始也是这么认为的，觉得我们这款车价格在同档次的车系中价格略高，如果您真正使用过之后，您就会发现我们这款车绝对是物有所值，这款车的操纵性能是非常好的，而且比同档次的车更省油，这一点您开一段时间之后就会感觉到了。您完全可以试一下，相信像您这么精明的消费者是不会选择错的。

3. 比较报价法

推销人员要用自己产品的优势与竞品相比较，突出自己产品在设计、性能、声誉、服务等方面的优势。

也就是用转移法化解客户的价格异议，推销人员要把客户的视线转移到产品的"优势"上。推销人员在运用比较法的时候，要站在公正、客观的立场上，一定不能恶意诋毁竞争对手。通过贬低对方来抬高自己的方式只会让客户反感，结果也会令推销人员失去更多的销售机会。

4. 化整为零报价法

如果推销人员把产品的价格按产品的使用时间或计量单位分至最小，可以隐藏价格的昂贵性，这实际上是把价格化整为零。这种方法的突出特点是细分之后并没有改变客户的实际支出，但可以使客户陷入"所买不贵"的感觉中。

三、报价的技巧

推销人员在给客户报价时，也需要掌握一定的技巧。

1. 分清客户类型，进行有针对性的报价

对那些漫无目标、不知道价格行情的客户，可以报高价留出议价的空间；对不知道具体某一种产品的价格情况，但知道该行业销售的各个环节定价规律的客户则应适当报价；而对于那些知道具体价格并能从其他渠道购到同一品种的客户，则应在不亏本的前提下尽量放低价格留住客户。

2. 针对不同档次的品牌车型进行报价

一般来说，低端品牌采用非整数定价。一来，价格越具体，越容易让客户相信定价的精确性；二来，可以在客户讨价还价的过程中，将零头作为让价的筹码"让利"给客户。而高端的品牌一般采用整数定价，这样更能够显示出该品牌的高档次，也满足购车者体现身份、地位的心理。

3. 突出优势，物超所值

推销人员在报价过程中，必须要突出产品以及与产品销售相关的所有优势，首先，一般先突出产品本身优势，比如产品一流的加工制造工艺水平、技术水平等；其次，突出得力的后续支持，如配送及时、价格稳定等；最后，突出周全的配套服务。

对于价位高的产品，则要突出本产品与其他产品相比所具有的优势；对于中等价位的产品，则应突出与高价位产品对比所具有的优势；对于低价位的产品，应说明产品定价的依据，表明报价的合理性，突出产品的性价比和实用性。

4. 不要轻易报价

当客户直接到展厅、打电话或通过网络直接询价时，要先了解客户是否了解汽车产品，是否有购买的需求，之后才能报价。对于那些对汽车产品都不了解的客户，应将客户的询价转移到产品的介绍中，只有让客户充分地了解汽车产品，并且明确产品能满足客户的需求，才进行报价。

【案例5-2】 当面询价的报价方法

如果不是真正的价格商谈，仅仅是想知道底价。汽车推销员应如何报价？

① 分析：应先了解客户的购车需求，然后推荐合适的车型给客户决定。

② 处理技巧应对话术。

a. "关键是您先选好车，价格方面保证让您满意。"

b. "选一部合适的车，对您是最重要的，要不然，得后悔几年。"

c. "我们每款车都有一定的优惠，关键是要根据您的用车要求，我帮您参谋选好车，然后给您一个理想的价格。要不然，谈了半天价格，结果发现这款车并不适合您，那就是耽误您宝贵的时间了。"

d. "这款车我就是给您再便宜，要是不适合您，那也没用啊！所以，我还是给您把几款车都介绍一下，结合您的要求，您看哪款比较合适，再谈价格，您看好吗？"

5. 先价值，后价格

推销人员在向客户介绍产品的时候，要避免过早提出或讨论价格，应该等客户对产品的价值有了起码的认识后，再与其讨论价格。客户对产品的购买欲望越强烈，他对价格问题的考虑就越少。让客户认同产品价值的最有效的方法就是做产品示范。

6. 模糊回答

当遇到客户直接询问价格时，应采用模糊回答的方法来转移客户的注意力。推销人员可以这样应对："这取决于您选择哪种车型、配置，要看您有什么特殊要求。"或者告诉客户："该车型的价位有十几种不同的配置，从十几万到二十几万的都有……"即使推销人员不得不马上答复客户的询价，也应该建设性地补充："在考虑价格时，还要考虑这种汽车的质量和使用寿命。"在做出答复后，推销人员应继续进行促销，让客户从对价格的思考转向对产品价值的了解。

四、议价的技巧

1. 报价不能报底线

无论推销人员报价多低，客户还是会讨价还价的。所以，在报价时不能报得太低。

当客户讨价还价时，作为推销员不能马上进行让步，应该先探清客户的期望值是多少，如果推销人员继续让步，那么客户也会得寸进尺。

2. 不要轻易让步

客户多次要求降价时，一定要注意每次降价的幅度，对于每一次的让步都要保持一个原则，即坚持每一次让价幅度都要低于上次的原则，给对方形成一种价格的确已经到了无法再大幅度压缩的地步，让客户感觉到你的价格已经基本到位，如果再一味进攻的话可能导致失败，最终达成一致。客户有时只是希望推销人员象征性地降价，并不是真的对价格很在乎，特别是企业的领导人员，降价说明推销人员给他面子。

价格永远是让步的焦点，让步的类型有很多种方式，不同的让步方式会产生不同的结果。假如你是一名汽车推销人员，假设你有 6000 元的让价空间。结合大多数汽车推销是在第四次让价后成交的情况，一般把让价分为四步，下面是几种常见的让价方式，如表 5-2 所示。

表 5-2　让价方式

让价方式	第一轮让价	第二轮让价	第三轮让价	第四轮让价	让价幅度
低劣式（反拐式）	6000	0	0	0	6000
诱发式（高峰式）	1000	1300	1700	2000	6000
刺激式（阶梯式）	1500	1500	1500	1500	6000
希望式（低估式）	3800	1200	700	300	6000
冒险式（正拐式）	0	0	0	6000	6000

① 低劣式让步。指的是开始就把能做出的全部让步和盘托出的方式。这种方式会在谈判初期大大提高买方的期望值，由于没有给卖方留出议价的空间，在以后的几轮讨价还价中完全没有让价，缺乏灵活性，容易使谈判陷入僵局。客户会认为你虚报价格，轻易地让出如此之大的幅度，一定还有很大的让利空间，在价格上继续步步紧逼，这时你已无路可退，即使交易达成，对方也会怀疑你的诚意，从而影响到下一次的合作。

② 诱发式让步。是指让步方式逐步增大的让价方式。在实际价格谈判中，应尽量避免使用这种让价方式，因为这会使买方的期望值越来越大，并会认为卖方软弱可欺，从而助长买方谈判气势。

③ 刺激式让步

指的是以相等或近似相等的幅度逐步让价的方式。这种让价方式的特点是使买方每次的要求和努力都能得到满意的结果，但是也会因此刺激买方坚持不懈地努力，以取得卖方的继续让步，而一旦停止让步，就会很难说服对方，并很有可能造成谈判的中止或破裂。

④ 希望式让步

指的是让步幅度逐轮递减的让价方式。这种方式的特点在于，一方面表现出卖方的立场越来越强硬，另一方面使买方感觉卖方仍留有余地，从而始终抱着继续讨价还价的希望。

⑤ 冒险式让步

这是一种坚定的让价方式。在价格谈判的前期和中期，无论买方作何努力，买方始终坚持初始报价，寸步不让，显示出推销人员信念比较坚定，但是由于开始阶段比较强硬，有可能谈判陷入僵局。

3. 演戏动作要做自然

可以适当做戏，故意压低声音："关于这款车的价格，我告诉您一件事，但您千万不能说是我讲给您听的，行吗？前天税务局的找我们经理提了台车，我碰巧看到了合同价格……"

演"苦肉计"也是一个不错的方法。需要提醒的是，演戏是需要演技的，演技是需要训练的，最起码要做到眼神、表情、声调、动作一致。

任务实施

（一）任务要求

根据汽车产品报价的技巧，对以下案例进行分析，并思考相关问题。

（二）任务载体

【案例】客户打电话询价的报价方法

客户在电话中询问底价，汽车推销人员应如何报价（仅针对零售）？

客户方面可采用的话术：

"价钱谈好了，我就过来，否则我不是白跑一趟！"

"你说的也太贵了,别家的报价才……,这个价可以吧?可以的话我马上过来。"

"你不相信我啊?只要你答应这个价格,我肯定过来。"

"你做不了主的话,去问一下你们经理,可以的话,我这两天就过来。"

(三)任务思考

思考:如果你是汽车推销人员,你认为应该如何把握客户电话询价的原则,请分别设计新客户和老客户的电话询价的话术。

任务二 选择恰当时机成交

一、识别成交信号

在推销技巧中，识别成交信号，在最恰当的时机促成交易，是考验推销人员的销售功力所在。提出成交过早，客户没有购买欲望，很容易给客户形成压力，导致客户脱离销售。而提出过晚，可能会错过客户购买欲望最旺盛的一刻，而导致销售的失败。

在推销技巧中，所谓的成交信号就是客户在语言、行为、表情等方面表露出有购买商品意愿的暗示。

1. 表情成交信号

（1）当客户开始认真地观察车辆，表示对车辆非常有兴趣时，可能客户正在思考如何进行成交。

（2）客户的表情从戒备、抵触变为放松，眼睛转动由慢变快，眼睛发光，腮部放松，这都表示客户已经从内心接受了推销人员和车辆。

（3）在推销人员讲话的时候，客户频频点头，说明他赞同你的说法或观点。

（4）脸部表情从无所谓、不关注变得严肃或者沉思、沉默，说明客户在作决定，可能由于下决心不容易，才有那沉思和严肃。

（5）态度由冷漠、怀疑变成自然、大方、亲切，也说明对推销人员和车辆的接受。

（6）认真观看有关的视听资料，并不断点头。

（7）当客户身体靠在椅子上，眼睛左右环顾后突然直视着推销人员的时候，说明客户在下决心。

2. 语言成交信号

（1）话题集中在某一独特的问题上，客户反复询问，这说明此问题是成交的最后一道坎，解决了这个异议之后就可以进入成交。

（2）客户对车辆给予真诚的肯定和称赞。

（3）征询朋友的意见，说明客户想买，正在求证。

（4）询价或和推销人员讨价还价，这是一个最显著的信号，谈好价格后基本上就可以成交。

（5）询问交易方式、购买手续、付款条件等。

（6）对车辆的细节提出很具体的意见和要求。

（7）客户提出"假如我要购买"的试探问题。

（8）对车辆质量或工艺提出疑问，说明客户关心买了以后的使用效果，并为价格谈判做铺垫。

（9）了解售后服务的各项细节。

3. 行为成交信号

（1）坐姿发生改变，原来是坐在椅子上身体后仰看着推销人员，现在直起身来，甚至身体前倾，说明原来对推销人员的抗拒和戒备，变成了接受和迎合。

（2）动作变化，由原来静止地听推销人员介绍变成动态，或者由动态变为静态，说明客户的心境已经改变了。

（3）客户不再提问，而是认真地思索。

（4）反复阅读合同文件和说明书，从单一角度观察车辆到从多角度观察车辆。

（5）查看和询问有关成交条件的合同文本或看订单。

（6）打电话询问家人、或者打电话询问客户心目中的专家。

（7）请关键人物出场，或介绍相关人物。

（8）对推销人员倒水递烟，说明客户很看重推销人员。

二、成交的策略和技巧

1. 成交的策略

（1）建议成交前的准备。

当客户发出成交信号时，推销人员就应该考虑是否可以建议客户成交了，在建议客户成交时，应该做好以下的工作。

① 确定客户所中意的车型。确定车型，才能发起成交建议的攻势。

② 停止介绍其他车型。避免客户注意力分散，使购买兴趣转移，游移不定。

③ 确认客户提出的以及未提出的异议已经得到解决。只有客户对车辆基本满意，才能建议成交。

（2）引导客户作决定

如客户没有主见或者摇摆不定，推销人员就应该建议客户购买，以达成交易。通常情况下，推销人员可以以建议的口吻去帮助客户决定，一般使出一下几个句型："我觉得……""如果我是您的话，我会……"和"我建议……"

但是，推销人员也要注意：不能替客户承担决策的责任。不能说"包您满意""信我的，准没错"这样绝对化的语言。

（3）经常性的建议成交。

在推销过程中，推销人员要经常性地向客户提出成交要求，而不是等客户完全满意了、没有任何异议了才能向客户提出成交请求，否则就会错失良机。一般来说，在下列情况下，推销人员就可以提出成交要求了。

① 在讲完每一个销售重点后（三步成交法）。

第一步：向客户介绍产品的一个优点；

第二步：征求客户对这个优点的认同；

第三步：当获得客户的认同就建议客户成交。

② 在重大异议解决之后。

重大异议一般是客户决定是否购买的主要障碍，如果异议得到了解决，那表明客户购买障碍可能已经被扫除，推销人员可以用恰当的语气建议客户成交。

2. 成交的技巧

（1）请求成交法。

请求成交法又称之为直接成交法，这是推销人员向客户主动地提出成交的要求，直接要求客户购买推销商品的一种方法。

【案例5-3】 直接成交法

推销人员："看得出您对这台车的各项性能指标都比较了解，也比较喜欢。您若购买，是喜欢金色还是银色呢？"

客户："我喜欢银色。"

推销人员："您真是有眼光，这款车就银色好卖，差不多就快脱销了，要不我星期五就给您安排交车，好让您在周末带着家人一起出门游玩。您看，最近的天气多适合郊游啊！"

客户："好啊，那我们就尽快签合同吧。"

① 使用请求成交法的时机。

● 若推销人员碰上老客户，因推销人员了解客户的需要，而老客户也曾接受过该推销人员推销的产品，一般不会反感推销人员的直接请求。

● 若客户对推销的产品有好感，也流露出购买的意向，发出了购买信号，可又一时拿不定主意，或不愿主动提出成交的要求，推销人员就可以用请求成交法来促成客户购买。

● 有时候客户对推销的产品表示感兴趣，但思想上还没有意识到成交的问题，这时推销人员在回答了客户的提问，或详细地介绍产品之后，就可以提出请求，让客户意识到该考虑购买了。

② 使用请求成交法的优点。

● 快速地促成交易。

● 充分地利用了各种成交机会。

● 可以节省销售的时间，提高工作效率。

● 可以体现一个推销人员灵活、机动、主动进取的销售精神。

③ 请求成交法的局限性。

请求成交法如果应用不当，可能会破坏成交的气氛，给客户造成压力，反而使客户产生一种抵触成交的情绪，还有可能使推销人员失去了成交的主动权。

（2）假定成交法。

假定成交法也可以称之为假设成交法，是指推销人员在假定客户已经接受销售建议，同意购买的基础上，通过提出一些具体的成交问题，直接要求客户购买所销售产品的一种方法。

【案例5-4】 假定成交法

当汽车推销人员和客户主要看法趋于一致时，可以进行下面的谈话：

推销人员："宋先生，是否能把您的身份证给我，让我帮您办理购车手续。"

客户："好的，在这里。"

推销人员："手续办完了，这边请，我们去挑选一辆新车吧！"

运用假设成交，让客户进入一种情景，从而强化客户购买的欲望。推销人员注意不要硬逼客户购买，否则会惹怒客户反而使成交失败。此法适合老客户、熟客户或个性随和、依赖性强的客户，不适合自我意识强的客户，此外还要看好时机！

假定成交法的主要优点是假定成交法可以节省时间，提高销售效率，可以适当地减轻客户的成交压力。

（3）选择成交法。

选择成交法，就是直接向客户提出若干购买方案，并要求客户选择一种的营销方法。这种方法是用来帮助那些没有决定权的客户进行交易。这种方法是将选择权交给客户，没有强加于人的感觉，利于成交。

从事销售的人员在销售过程中应该看准客户的购买信号，先假定成交，后选择成交，并把选择的范围局限在成交的范围。选择成交法要注意使客户回避要还是不要的问题。

① 运用选择成交法的注意事项。推销人员所提供的选择事项应让客户从中做出一种肯定的回答，而不要给客户留有拒绝的机会。向客户提出选择时，尽量避免向客户提出太多的方案，最好的方案就是两项，最多不要超过三项，否则你不能达到尽快成交的目的。

② 选择成交法的优点。可以减轻客户的心理压力，制造良好的成交气氛。让客户在一定的范围内进行选择，可以有效地促成交易。

（4）小点成交法。

小点成交法又叫做次要问题成交法，或者叫做避重就轻成交法。是推销人员在利用成交的小点来间接地促成交易的方法。

【案例5-5】 小点成交法

"请您放心，购买我们的车后，我们将负责车辆的一切手续的办理。"

"如果您今天能定下来，我们还能送您一年的交通强制险。"

"在促销期间，我们送您全车装饰。"

"现在您买这款车，我公司赠送倒车雷达，数量有限……"

"这款车的价格已经优惠到最低了，装饰赠品给不了你，不过我可以帮你申请一副脚垫，您看呢？"

小点成交法的优点是：可以减轻客户成交的心理压力，还有利于推销人员主动地尝试成交。保留一定的成交余地，有利于推销人员合理地利用各种成交信号有效地促成交易。

（5）优惠成交法。

优惠成交法又称为让步成交法，指的是推销人员通过提供优惠的条件促使客户立即购买的一种方法。

（6）保证成交法。

保证成交法是指推销人员直接向客户提供售后服务的保证来促成交易。所谓成交保证就是指推销人员对客户所允诺担负交易后的某种行为。

① 使用保证成交法的时机。产品的单价过高，缴纳的金额比较大，风险比较大，客户对此种产品并不是十分了解，对其特性质量也没有把握，易产生心理障碍。因而，在客户犹豫不决时，推销人员应该向客户提出保证，以增强信心，促成交易。

② 保证成交法的优点。可以消除客户成交的心理障碍，增强成交信心，同时可以增强说服力以及感染力，有利于推销人员妥善处理有关成交的异议。

③ 使用保证成交法的注意事项。

应该看准客户的成交心理障碍，针对客户所担心的几个主要问题直接提出有效的成交保证条件，以解除客户的后顾之忧，增强客户成交的信心，促进成交。

（7）从众成交法。

从众成交法也叫做排队成交法，利用客户的从众心理，去影响客户的购买决策。从众成交法可以减轻客户担心的风险，尤其是可以增加新客户的信心，但是也可能引起客户反从众的心理。

（8）机会成交法。

机会成交法也叫做无选择成交法、唯一成交法、现在成交法、最后机会成交法。是指给客户提供最后的成交机会，促使客户立即购买汽车的一种成交技术。给客户施加一定的压力来敦促其及时作出购买决定，一般可以从这几方面去做：

① 限数量，主要是类似于"购买数量有限，欲购从速"。
② 限时间，主要是在指定时间内享有优惠。
③ 限服务，主要是在指定的数量内会享有更好的服务。
④ 限价格，主要是针对要涨价的商品。

总之仔细考虑消费对象、消费心理，再设置最为有效的惜失成交法。当然，这种方法不能随便滥用、无中生有，否则最终会失去客户。

（9）利益汇总成交法。

利益汇总成交法是推销人员将所推销的车型能给客户带来的主要利益汇总，提供给客户，有利于激发客户的购买欲望，促成交易，但此办法必须准确把握客户的内在需求！

【案例5-6】 利益汇总成交法

"您今天订车的话，我们除了单车给您提供5000元的优惠外，还赠送您一张价值1000元的中国石化的加油卡，赠送您一年的价值950元的交通强制险。"

"这款车能让您从视觉和操控方面得到最大的满足，它很适合您的喜好及您平时的习惯，可以弥补您以往开车不是特别称心如意的遗憾。此外，在付款方面，您可以采用分期付款的方式购买，把省下来的钱用在其他需要的地方，比如，您现在刚创立一个公司，资金周转方面您就不用担心了，您只要每个月付适量的月供，就可以把车开回家了，那您的工作也会顺心很多啊！您看，今天就定下来吧。"

（10）富兰克林成交法。

富兰克林成交法是美国著名的政治家富兰克林发明的，是指汽车推销人员把客户购买所需车辆所能得到的好处和不购买车辆的不利之处一一列出，用列举事实的方法增强说服力。

【案例5-7】 富兰克林成交法

"王先生，请让我来为您分析一下，看看您现在购买我们的车值不值得。第一，您觉得这款车的油耗大了，但是这款车是注重安全性能的，所以车身会比较重一点；第二，您认为这款车的工艺不够精细，但是价格确实合理，而且这也不会影响汽车的驾驶性能；第三，您说车身太短，不够气派，但是，现在好多像您这样的时尚达人都很青睐这种两厢车，因为有个性，而且很时尚，同时这款车的后排座椅都可以放下来，空间是很足的，而且价格也是相对比较低的。您还有什么可以犹豫的呢？"

任务实施

（一）任务要求

根据汽车报价方法的相关知识，对以下案例进行分析，并思考相关问题。

（二）任务载体

【案例】机会成交法

"您今天来得正是时候，我们 4S 店最近再搞周年店庆的优惠活动，所有的车型都优惠酬宾，今天刚好是最后一天了，明天就恢复原价了。也就是说过了今天，您还想要这个价格恐怕就要等到明年的这个时候了，莫失良机。"

（三）任务思考

思考：以上是机会成交法的话术，如果你是汽车推销人员，除了案例当中提及的机会成交法话术之外，还有什么好的关于机会成交法的话术？

任务三　与客户签订购车合同

在实际的销售过程中，推销人员不仅要抓住有利的成交实际，看准成交信号，针对不同的销售对象，采用不同的成交策略，灵活运用各种成交技术，及时有效地达成交易，以实现销售目标，创造销售业绩。

当客户决定购买之后，推销员应及时与客户签订购车合同或订单，合同如表 5-3 所示，并详细说明合同的条款，务必让客户能详尽了解合同具体内容，包括各项费用及相关责任条款等。推销人员签订合同时一般会有以下几个关键环节。

一、制作合同

1. 请客户确认报价内容

根据报价的内容确认合同中各项费用的数额，包括车辆价格、保险费、上牌费、精品加装费等内容，确认费用的项目、单价、合计数是否正确，避免出现差错。

2. 确认新车交付日期

在签订合同之前，推销人员应再一次检查库存状况，对于没有现车的车型，要确认车辆的到店时间，并向客户说明，取得客户认可后，才能在合同中注明交车时间，决不能为了促成交易而欺骗客户。

3. 制作合同

推销人员应在本企业的固定格式的合同中准确填写合同中的相关资料，在填写时一定要保证信息准确无误，特别是车型、车辆识别代码、颜色、规格、客户资料等内容，并在填写后要客户确认。

4. 交销售部长审核

在签订合同之前要先交给销售经理进行审核，特别是确认销售的价格、优惠的幅度、交货期等主要内容，在得到销售经理的认可后，才能与客户签订购车合同。

二、签约及交纳订金手续

（1）专心处理：专心处理客户签约事，暂不接电话，表示对客户的尊重。

（2）客户签字：协助客户确认所有细节，请客户签字后把合同书副本交给客户。

（3）客户交款：推销人员带领客户前往财务部门交款，先确认发票内容是否正确并让客户再次确认。对于订车的客户，先交纳订金。交款后，由销售经理安排配车。

（4）信息录入：合同正式成立后，推销人员将合同的内容录入到管理系统。

表5-3　一汽丰田新车订购单

三、履约与余款处理

与客户签约后，应按合同履约，如不能按合同的内容履行合约，除了会降低客户的满意度外，还会引起法律的纠纷。因此，从签约到交车过程中，推销人员应与客户保持密切联系，进一步加深与客户直接的感情维系。

（1）推销人员根据实际情况与客户约定交车时间。
（2）客户等车期间，保持与客户的联络，让客户及时了解车辆的准备情况。
（3）推销人员确认配送车辆后，提前通知客户准备好余款。
（4）推销人员进行余款交纳的跟踪确认，直至客户完成余款交纳。

四、客户等车期间的联系方法

签约后交车前推销人员应保持与客户的联系，也可安排专人在签约后与客户联络。若等车期间恰逢节日，推销人员应通过电话、短信、电子邮件等方式给客户送上祝福，或邮寄一份小礼物表示心意，以加大与客户的感情维系，提高客户的满意度。

五、交车有延误时

（1）第一时间通知客户，表示歉意。
（2）告知解决方案，取得客户认同。
（3）在等待交车期间，应与客户保持联络，让客户及时了解车辆的准备情况。
（4）对客户施加压力，表示理解，正面地协助客户解决问题。
（5）给客户足够时间考虑，不催促客户作决定。
（6）若客户最终选择其他品牌，则应明确原因。

六、当客户决定不成交时

（1）不对客户施加压力，表示理解，正面地协助客户解决问题。
（2）给客户足够时间考虑，不催促客户作决定。
（3）若客户最终选择其他品牌，则应明确原因。

任务实施

（一）任务要求

根据汽车推销当中购车方案的计算方法以及报价成交技巧，分析以下案例，并回答和思考相应的问题。

（二）任务载体

【案例】报价及购车方案设计

李女士是个单身白领，几乎是月光族，每个月收入在8000元左右。为了上下班方便，李小姐看中一款福特嘉年华，价位为10万元，但是觉得现在油价节节攀升，嘉年华的油耗在同级别的车中，特别是与日本车相比，显得过高。如果你是推销人员，你应如何引导李女士成交，并为李女士设计适合她的购车方案，最终使李女士购买该车。

（三）任务思考

思考：如果你是一位推销人员，你如何根据李女士的情况，进行正确报价和购车方案的设计，并判断成交信号，引导李女士成交？请完成以下表格的填写。

新车成交、购车方案设计	
成交	一、成交信号 列举说明成交信号。 1. 语言信号： 2. 行为表情信号： 二、报价成交 1. 报价方法："三明治"报价法、化整为零报价法等方法。 2. 成交方法：直接成交法、假定成交法、选择成交法、优惠成交法、压力成交法。 （注：两位同学一组，进行以上2种报价方法和5种成交方法的演练，写出相应的话术。） 你的报价话术： 你的成交话术：
购车方案的设计	根据李女士的首付款和还款能力，设计相应的购车方案如下： 购车预算方案 客户名称：_____ 电话：_____ 所住城市：_____ 车型：_____ 车价：_____ 颜色：_____ 分期付款购车方案： 首付款：_____ 贷款金额：_____ | 月供 | 一年12个月 月供_____元 | 三年36个月 月供_____元 | | | 二年24个月 月供_____元 | ___年 ___个月 月供_____元 | 其他费用： | 购置税： | 保险/年： | | 上牌/路桥费： | _____年全保合计： | | 其他费用： | | | 合计： | | 总合计：首付款+其他费用=_____ 注：按揭所需材料详见银行或金融分期计划书。 推销人员：_____ 电话：_____ 推荐该购车方案的理由：

任务四　完成交车环节

交车过程是客户最为关注的环节，也是推销人员最容易出现问题的环节，在销售过程中客户投诉最多的也是交车环节。究其原因，是客户的兴奋点和推销人员的兴奋点不一样，推销人员的兴奋点在成交环节，而不是在客户的兴奋点——新车交付的环节。所以，一定要和客户保持一致，真诚地为客户服务，真诚地为他们创造喜悦，与他们共享喜悦。

一、交付前的准备工作

（1）交车前 3 天内电话联系客户，确认交车时间、参与人员，并简要告知客户交车流程及交车时间；

（2）交车前 1 天再次电话联系客户，确认客户的付款条件和付款情况，以及对客户的承诺事项，完成新车 PDI（新车售前检验）整备，并签名确认；

（3）交车前一天确认待交车辆的型式、颜色、附属品及基本装备是否齐全，确保外观无损伤，确认待交车辆上的车身号码和发动机号码与车辆合格证上登记的一样，确认灯具、空调、方向灯及收音机操作正常，先行将待交车上的时间与收音机频道设定正确；

（4）若交车日期推迟，应及时与客户联系，说明原因及处理方法，以取得客户谅解并再次约定交车日期。

二、交车客户接待

（1）在客户到达时，推销人员提前 10 分钟到门口迎接客户；
（2）告知客户要办的手续。

三、实车操作

（1）推销人员带客户到车辆存放地点选车，并利用新车确认表，如表 5-4 所示，与客户对选定的新车进行全面检查，包括车况检查、随车工作检查、钥匙检查（选车时核对好：密码卡、点烟器、车架号及工具包，有缺少时，一并在内勤处领取），检查后须客户签字确认。

（2）填写销售业务流程单，把客户的个人资料、车辆信息填写完整。

（3）推销人员持车主本人有效证件、车辆合格证、业务流程单、装饰单（如在本店进行汽车装潢）到财务部交款，财务部收到各款项后，开具汽车零售增值发票。

（4）如客户在本店办理保险，推销人员应将复印好的发票、车辆合格证、车主身份证、指定驾驶员驾照等客户资料交由保险公司在本店驻点的工作人员计算无误后填写、签字确认并出保单。

表 5-4　新车交接确认表

TOYOTA

新车交接确认表　　　　　　　　从顾客满意到顾客感动

交车时间：　月　日

新车说明一览
- □ 外观设计
- □ 门窗开关及上锁的方法（车门儿童安全锁等）
- □ 驾驶位置的调整方法（座椅、方向盘）
- □ 安全带的使用方法
- □ 外后视镜和内后视镜的调整方法
- □ 钥匙和发动程序
- □ 组合开关的操作方法（大灯、雾灯、转向灯、紧急指示灯、雨刮器、定速巡航控制等）
- □ 大灯清洗装置说明
- □ 仪表盘及各项指示灯说明
- □ 变速器的操作方法
- □ 各类开关的操作方法和位置指示（发动机舱盖、行李厢盖、燃油箱盖）
- □ DVD语音电子导航系统说明及演示（设回家路线）（若配备）
- □ 空调系统操作说明
- □ 音响系统操作说明
- □ 天窗的操作说明
- □ 后排座椅调整方式说明
- □ 丰田汽车的防盗系统
- □ 童椅固定装置说明
- □ 五油三水及胎压检查说明
- □ 随车工具和千斤顶位置指示和使用方法
- □ 备用轮胎

车辆确认（外部）
- □ 车辆外观清洁
- □ 检查车身无划痕、污渍
- □ 检查玻璃划痕、污渍
- □ 检查轮胎、车轮无划痕、污渍

车辆确认（内部）
- □ 清洁车辆（特别是烟灰缸、随车工具等）
- □ 安置车厢内脚踏垫（未订购时可用脚垫纸代替）
- □ 检查内饰颜色，无划痕、污渍
- □ 确认电动装置能正常工作
- □ 确认随车附件和工具：备胎、卸胎工具、千斤顶、点烟器、烟灰缸等
- □ 确认订购装备
- □ 设定收音机频道和时钟
- □ 确认DVD电子语音导航系统的运行状况
- □ 确认汽油量（有1/4箱燃油）
- □ 车辆钥匙＿＿＿，把遥控器＿＿＿把
- □ 相关材料完备（驾驶员手册、保修手册、保险证、行驶证等）

其他项目
- □ VSC/TRC/HAC操作说明（若配备）
- □ 智能钥匙和一键启动操作说明（若配备）
- □ AFS（前大灯智能随转系统）说明（若配备）

以上内容准确无误，验收完毕

销售人员：
顾客署名：

一汽TOYOTA

（5）推销人员持车主身份证、发票、车辆合格证到客服保险部投保，在出保单后，将以上手续转交客户服务部（验车部）办理验车上牌，待验车上牌后由客户服务部与客户办理相关车辆手续交接，并签字确认（发票、车辆登记证、年检标、尾气排放标、行驶本）；

（6）由验车员带客户缴纳购置税，并为客户按区域验车上牌；

（7）推销人员持装饰流程单到维修前台为客户办理汽车装饰业务；

（8）推销人员应在客户办理完验车上牌等相关车辆手续后，为客户办理新车交付，检查车辆外观、灯光、液面、随车工具及物品等，介绍新车功能、使用常识及售后相关知识（保养维修常识及价格，售后索赔政策，救援政策），填写"出库验收单""销售定单""技术报告单"，请客户在上面签字确认；填写保修手册，并将感谢信、保修手册、说明书交给客户。填写客户满意度调查表，由客户签字确认。

（9）将所有的证件、文件、手册、名片放入资料袋内，利用交车过程及文件确认表，如表5-5所示，进行相关文件的交接，并经客户确认后，将其交给客户。

表5-5 交车过程及文件确认表

TOYOTA

交车过程及文件确认表 从顾客满意到顾客感动

交车日期 □月 □日

新车类型		订单号码	

● 交车前准备
- □ 交车前三天的电话预约
- □ 交车前一天电话预约，告知交车时间（>45分钟）
- □ 付款状况的确认
- □ 车辆PDS和车辆清洁确认
- □ 交车区和参与人员的确认

● 顾客接待
- □ 迎接顾客
- □ 交车内容概述

● 费用与文件说明
- □ 购车费用说明(合同)
- □ 开具发票和《出门证》
- □ 上牌手续和票据说明（上牌手续与费用清单）
- □ 关于保险的说明（保险单）
- □ 车辆维护保养说明（驾驶员手册，保养手册）
- □ 免费保养说明（保养手册）
- □ 保修事项说明（保修手册）
- □ 售后服务说明

● 车辆验收与操作说明
- □ 车辆验收（新车点交表）
- □ 精品附件确认（新车订购单）
- □ 操作说明（新车点交表）
- □ 安全事项说明（安全注意事项）
- □ 告知3日内电话确认车辆使用状况

以上内容准确无误，验收完毕

● 车辆文件交付
- □ 发票
- □ 合格证
- □ 保险单
- □ 购置税
- □ 养路费
- □ 车船税
- □ 车检证明
- □ 驾驶员手册
- □ 保养手册
- □ 保修手册
- □ 维护保养注意事项
- □ 安全驾驶注意事项
- □ 车辆技术参数表
- □ 进口货物证明书
- □ 商检单
- □ 其他

销售人员	
销售部长	
车辆颜色	
VIN	
顾客署名	

交车时间 始： 迄：

一汽 TOYOTA

四、交车仪式及送别客户

（1）推销人员请销售经理以及售后服务经理列席参加交车典礼；

（2）推销人员再次确认与客户的联系方式及售后服务内容；

（3）最后目送客户离开，直至客户开车远离视线为止，并在客户到家的第一时间致电进行客户关怀。

【补充资料】

一、购车一条龙服务相关知识

目前，汽车4S店为了提高客户的购车满意度，都会提供汽车上牌的一条龙服务，不需要客户亲自去办理车辆的上牌手续，只要客户选取车牌号码就可以了，作为服务人员要清楚上牌的流程，特别是客户需要准备的资料。一般办理汽车上牌手续需要通过以下步骤。

1. 工商验证

（1）持购车发票在各区工商局机动车市场管理所或汽车交易市场的代办点加盖工商验证章，国产机动车工商验证须提交下列文件：

① 机动车销售统一发票第一、四联；

② 车辆的产品合格证；

③ 购车方的身份证明或组织机构代码证书；

④ 如是进口车辆还须提供海关证明，商检证明。

2. 办理新购机动车缴纳车辆购置税

① 机动车销售统一发票第一、第三联及复印件各2份；

② 车辆出厂合格证及复印件2份；

③ 机动车所有人的身份证明或《组织机构代码证书》及复印件1份；

注：纳税人办理车辆注册登记手续后，自行在完税证明上填写车辆牌证号码。

车辆购置税的计算方法：

车辆购置税应纳税额=计税价格×10%。计税价格根据不同情况，按照下列情况确定：

➦ 纳税人购买自用应税车辆的计税价格，为纳税人购买应税车辆而支付给销售者的全部价款和价外费用，不包括增值税税款。也就是说按《机动车销售统一发票》上开具的价费合计金额除以（1+17%）作为计税依据，乘以10%即为应缴纳的车购税。

例：假设购买一款车价为117 000元的车型，消费者需要缴纳的车辆购置税的税额为：

车辆购置税应纳税额=11.7万元÷（1+17%）×10%=1万元

➦ 纳税人购买进口自用车辆的应税车辆的计税价格计算公式为：

计税价格=关税完税价格+关税+消费税

车辆购置税应纳税额=计税价格×10%

3. 新车办理保险手续

（1）投保人应携带以下资料投保。

①《机动车行驶证》（复印件），未领取牌证的新车提交机动车销售统一发票（复印件）及《车辆出厂合格证》（复印件）；

② 被保险人身份证明复印件；
③ 投保人身份证明原件；
④ 约定驾驶员的应提供约定驾驶员的《机动车驾驶证》复印件。
（2）如实填写投保单并签字确定。
（3）缴纳保险费后，领取保险单及保险费发票。

4. 办理环保标志手续

购车后凭下列资料办理环保标志。
（1）机动车销售统一发票；
（2）《车辆出厂合格证》复印件（环保部门盖章）；
（3）尾气检测合格单（免检车除外）；
（4）环保外观单（填写完整）。

5. 办理车辆检验

（1）环保盖章，需提交《车辆出场合格证》及购车发票第一联；
（2）交纳检验费用，复印车辆出场合格证；
（3）拓号、检验外观、拍照；
（4）拓号整理，持购车发票、《车辆出厂合格证》、身份证并填写外观单。

免检新车在车检所上牌的车辆检验环节中，只需对汽车的外观、发动机型号、灯光系统等进行核对就可以了。

6. 车辆上牌手续

（1）填写《机动车注册转入登记申请表》。
（2）购车人需提交下列资料。
① 机动车所有人身份证明及其复印件或组织机构代码证及复印件；
② 机动车销售统一发票第四联；
③《车辆出厂合格证》原件；
④ 车辆购置税完税证明或者免税证明；
⑤ 经销商提供机动车技术资料档案袋；
⑥ 机动车交通事故责任强制保险单第三联。
（4）办理号牌。
（5）拍摄车辆的标准照片。
（6）办理机动车行驶证和机动车登记证书。（领取检字）
（7）领取牌号。
取牌号为"十选一"和"自编自选"两种方式。
（8）交纳牌照费（自编自取选择快递需交纳邮寄费）。

7. 办理车船使用税

（1）本大厅的车船使用税征收点只负责征收个人机动车车船使用税。即车辆行驶证上车主是个人的可在此完税；车辆行驶证上车主为企、事业单位的，须到本单位主管地税机关完税。
（2）缴纳个人机动车车船使用税需提供车辆行驶证原件或复印件，过户车辆还须提供车辆过户证明（机动车登记证书）。

（3）购买车船使用税所需材料：行驶证、身份证、机动车登记证。

（4）购车人车辆缴税后的车船使用税完税证请妥为保管，以备将来查验。

（5）因条件所限，本车船使用税征收点只收取现金。

二、车船税法相关资料

2012年1月1日，《中华人民共和国车船税法》和《中华人民共和国车船税法实施条例》实施。新车船税将车船税分为7个梯度按照排量进行征税，大排量乘用车税负大幅增加。新购车辆纳税人应在领取机动车行驶证一个月内，携带机动车行驶证到税务机关设置的征收点办理纳税手续，次年可以选择由保险机构代缴。

条例规定，车辆使用税额由省区市政府按照规定，在车船税税目税额表规定的税额幅度内确定。并且明确指出使用节约能源、新能源的车船可以减征或者免征车船税。

1.0升（含）以下——60元至360元；

1.0升以上至1.6升（含）——300元至540元；

1.6升以上至2.0升（含）——360元至660元；

2.0升以上至2.5升（含）——660元至1200元；

2.5升以上至3.0升（含）——1200元至2400元；

3.0升以上至4.0升（含）——2400元至3600元；

4.0升以上——3600元至5400元。

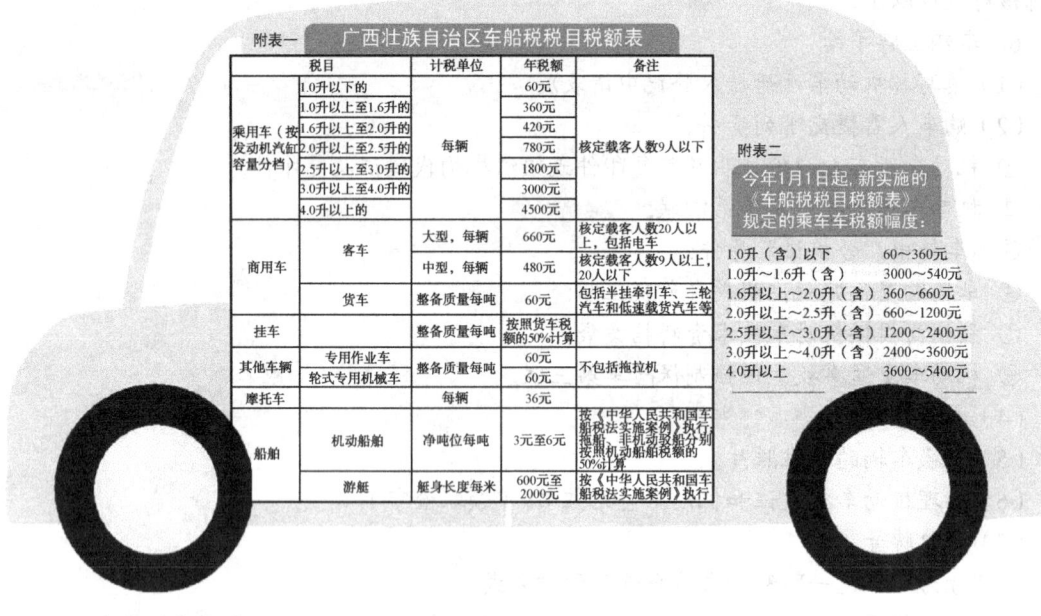

附表一 广西壮族自治区车船税税目税额表

税目		计税单位	年税额	备注
乘用车（按发动机汽缸容量分档）	1.0升以下的	每辆	60元	核定载客人数9人以下
	1.0升以上至1.6升的		360元	
	1.6升以上至2.0升的		420元	
	2.0升以上至2.5升的		780元	
	2.5升以上至3.0升的		1800元	
	3.0升以上至4.0升的		3000元	
	4.0升以上的		4500元	
商用车	客车	大型，每辆	660元	核定载客人数20人以上，包括电车
		中型，每辆	480元	核定载客人数9人以上，20人以下
	货车	整备质量每吨	60元	包括半挂牵引车、三轮汽车和低速载货汽车等
挂车		整备质量每吨		按照货车税额的50%计算
其他车辆	专用作业车	整备质量每吨	60元	不包括拖拉机
	轮式专用机械车		60元	
摩托车		每辆	36元	
船舶	机动船舶	净吨位每吨	3元至6元	按《中华人民共和国车船税法实施案例》执行拖船、非机动驳船分别按照机动船舶税额的50%计算
	游艇	艇身长度每米	600元至2000元	按《中华人民共和国车船税法实施案例》执行

附表二
今年1月1日起，新实施的《车船税税目税额表》规定的乘车车税额幅度：

1.0升（含）以下　　60～360元
1.0升～1.6升（含）　3000～540元
1.6升以上～2.0升（含）　360～660元
2.0升以上～2.5升（含）　660～1200元
2.5升以上～3.0升（含）　1200～2400元
3.0升以上～4.0升（含）　2400～3600元
4.0升以上　　3600～5400元

三、购车付款方式

1. 购车付款方式

（1）现款购车：相对比较简单，需要购车人的身份证和购车款即可。

（2）贷款购车：指贷款人（银行或汽车企业金融公司）向满足金融机构申请贷款购车条件的申请购买汽车的借款人发放的贷款，实际上就是借金融机构的钱来买车。

贷款买车有信用卡分期、汽车企业金融公司贷款、银行贷款、厂商和银行合作车贷四种方式。

① 信用卡分期购车。信用卡分期购车在金额和还款利率手续费上受到了很大的限制，刷卡额度不能超出信用卡的信用额度，适合缺少少量购车资金的消费者。若有稳定收入，一些银行最快几个小时即可审批完成，一般没有户籍和财产方面的限制，具有审批和手续相对简单的优势外，免除了中介公证等烦琐手续以及额外费用给消费者增加的负担。当然，所谓零利息并不是说信用卡就不产生支出，它是要收取手续费用的，一般12期（一年）是5%，24期（二年）是9.5%左右。因为每个城市当地的银行金融政策有所不同，以上手续费用利率只能作为参考值。

以雅阁为例来看信用卡分期购车：

以本田雅阁2011款2.4EX车型为例，指导价格为22.98万元，假如优惠2万元的话，那么我们需要付出的车款总数为20.98万元。一般情况下，银行限定是30%~70%首付，以50%为例，那消费者就需要支付10.98万元首付，信用卡提供余下10万元分期，如果是选择12期，那么以××银行为例，手续费是5000元，月还款8333.33元，而24期手续费是9500元，月还款4166.67元（手续费需首月一次性支付）。

信用卡分期购车注意事项：

当然，为了保证银行资金安全，信用卡分期客户还得按规定做车辆抵押和购买指定车险，比如××银行，就需要按车价全额购买盗抢险，20万元三者险以及车损险。保险第一受益人为××银行信用卡中心，当保险赔付金额不高于5000元时（某些银行可以达到10 000元），出险时无须银行授权。

② 银行个人购车贷款。利率比较低，在央行基准利率基础上稍微有点浮动，审核手续比较复杂，对贷款人的职业收入和信用度的要求都较高，而且有些银行还根据客户诚信资质，采取将首付比例降低、贷款年限放长、贷款利率下浮等优惠措施。而缺点就是申请手续复杂，需贷款买车者提供一系列证明资料以及能够得到银行认可的有效权利质押物或具有代偿能力的第三方保证。

一般贷款购车最低首付20%、贷款期限为1~5年。以一个月为一期，目前贷款购车期限最长不超过60期（即5年），但仍需要根据用户情况及车型和用途确定。如所购车辆用于出租营运、汽车租赁等经营用途的，最长期限一般不超过36期（即3年）。

汽车推销商一般采用每月等额还本付息办法，计算公式为：

每月还款额=贷款本金×月利率+贷款本金×月利率÷贷款购车的贷款期限

以进口现代雅尊为例来看银行车贷：

以进口现代雅尊2011款2.4L豪华型为例，指导价格为25.80万元，贷款3年期10万元，采用等额还款方式，月供3287.15元，三年共计需要还款118 337.4元，产生利息18 337.4元。银行车贷需要担保公司作为中间人，担保手续费增加3%~4%后，车主实际支出已经达到了2.1万元以上。

银行车贷注意事项：

和信用卡以及金融公司车贷一样，银行也得对汽车财产安全做出保障，诸如车损、第三者责任险、盗抢险、不计免赔险等险种是必须购买的，并且车险购买时间和贷款必须捆绑同期，指定受益人同样是银行。

③ 汽车金融公司贷款。还款灵活、手续简便、放贷速度较快。在贷款条件方面，汽车金

融公司贷款比较注重购车者的个人信用，学历、收入、工作等都是其参考标准，而不需像银行那样要质押，外地户籍也不会成为获得贷款的阻碍。一般来说，贷款者须提供的材料为：本人户口本、身份证、房本复印件及居住证明、收入证明原件。

利率方面，举例说明，××汽车金融公司三年期的贷款利率为 10.99%，五年期的贷款利率为 11.38%；相对当前 1～3 年（含 3 年）6.65%银行贷款利率要高出不少。

目前汽车金融服务公司推出的汽车消费贷款，最大优势在于降低门槛以及便利程度高，一些产品项目也非常诱人。汽车金融服务公司一般都是由汽车企业投资创建的，比如东风日产汽车金融公司、福特汽车金融（中国）有限公司、丰田汽车金融（中国）有限公司、上海通用汽车金融公司，等等。

以福特蒙迪欧一致胜为例来看汽车金融公司贷款：

以福特蒙迪欧 2011 款 2.0 GTDi200 豪华型为例，指导售价 21.78 万元，贷款 10 万元 3 年期的话，月还款 3285.72 元，本息合计 118 286.04 元，多出了 18 286.04 元。这其中不包括担保费用和一些 4S 手续费用。同时还得购买以下几种车险：车辆损失险（保额应不低于车辆重置价值）、盗抢险、第三者责任险（第三者责任险的保额不得少于 20 万，保险第一受益人必须指定是贷款人，即福特汽车金融）、不计免赔险。

④ 厂商和银行合作车贷。汽车厂商的财务公司和银行开展的合作业务，由厂商提供贴息和手续费，银行操作审批和放款程序，这种贷款周期不会太长，一般是 12 期（1 年）或 18 期（1 年半），首付金额为 50%，剩下的为贷款金额，但必须是以万元为单位的整数。目前最为突出的就是马自达和建行合作的零利率零手续费贷款。唯一需要车主多增加支出的是需要购买一年的指定险种，包括车损险、第三者责任险、盗抢险，不计免赔险。

以一汽马自达轿跑为例来看厂商和银行合作车贷：

以马自达 2010 款轿跑 2.5 至尊版为例，指导价格 23.98 万元，实际优惠下来，大概 21.18 万元，首付款 11.18 万元，贷款 10 万元，1 年半分 18 期还款，每月还款 5555.55 元。另外也可以做到 24 期也就是 2 年还款，不过银行要收取一定手续费。通常情况下，绝大多数客户选择 18 期还款，这样可以真正做到零利息、零手续费。

2. 购车中需要注意的问题

① "定金"与"订金"。如果购买某些紧俏车型，经销商处没有现车的时候，往往您还需要预订。通常需要同经销商签订一份《购车意向书》，并缴纳一定数量的定金（或订金）。依车型和经销商的情况不同，少则几百元、几千元，多则上万元。然后，经销商将向汽车生产厂预订车型，并按照消费者的购车号安排交车时间，因车型的不同少则几天，多则数月，车到店后交清余下全部车款后就可提车。如果经销商以种种原因不能按合同约定时间交车，则按照合同条款要求进行处理。

而需要注意的是："定金"与"订金"是截然不同的两个概念。

定金：定金具有一种担保性质，一方违约时，双方有约定的按照约定执行；如果无约定，经营者违约时，"定金"双倍返还消费者；消费者违约时，"定金"将不予返还。如果您在车型的选择上还是犹豫不决，劝您还是先交一部分"定金"为好。为了防止客户在预订车型的过程中出现其他问题导致不能购买此车，应当以书面形式补充相应的约定并列入合同之中，而且越详尽越好。以减少不必要的麻烦！

订金：目前法律上没有明确规定，一般可理解为"预付款"，一方违约时，双方有约定的按照约定执行；如果无约定，经营者违约时，应无条件退款；消费者违约时，可以协商解决并要求经营者退款。

如果客户在和经销商签订《购车意向书》时交了"定金"，就意味着客户所定车型将不能更换或退还。因为生产厂家采取实名购车制进行订单管理，规定只能"一单一车"，而且不能更改购车人姓名。

任务实施

（一）任务要求

根据汽车推销当中交车流程的相关知识，分析以下案例，并回答相应的问题。

（二）任务载体

【案例】购车合同的制作

黄先生在福特4S店经过议价，最终以12.68万的价格成交，购买了福特2012款新福克斯三厢1.6L AT舒适版。店内活动：送价值3000元的礼包，包括全车太阳膜、脚垫、四轮挡泥板。因黄先生业务发展需要，为了不占用太多资金，采用建行按揭购车，选择首付3成，贷款3年，假设银行的利率为12%。交车时间为合同签订当日的一个月之后。

（三）任务思考

思考：如果你是一位推销人员，针对以上案例，你将如何与黄先生签订购车合同，并完成新车交付？请完成以下表格的填写。

签订购车合同				
工具准备： （1）新车订购合同、汽车上牌费用清单、购车预算表、车辆报价单、保险报价单； （2）洽谈桌、茶水、计算器； （3）其他需要用到的工具。				
按照签订合同的过程填写下表：				
接待关键点	沟通话术	动作	所需工具	
展厅接待				
制作合同				
确认信息				
合同说明				
签约及订金交付				
送别				

新车交付	
工具准备： (1) 新车交车过程确认表、交车过程及文件确认表； (2) 洽谈桌、茶水，交车区布置、赠品、文件； (3) 整车； (4) 其他需要用到的工具。	

邀约黄先生到店提车：
采用的电话预约话术：

按照新车交付的过程填写下表：

接待关键点	沟通话术	动作	所需工具
展厅接待			
交车概述			
新车检查			
文件及相关资料交接及说明			
功能介绍			
交车仪式			

项目六

汽车电话营销和网络营销

学习目标

通过本项目的学习,使学生了解电话营销的含义、作用,掌握汽车电话营销流程和技巧,能够利用商务礼仪进行电话推销和网络推销。

技能目标

通过本项目的学习,使学生能够按照电话礼仪接打营销电话,能够通过电话进行有效的电话推销;能够处理通话过程中遇到的客户异议,激发客户对产品或服务的兴趣,促使客户亲自到店体验;锻炼学生的心理素质,克服其在电话营销中的紧张情绪;激发学生敢于挑战自我的勇气和信念,锻炼其沟通表达能力,培养其营销口才。

项目描述

近年来,网络的普及,大大拓宽了人们获取信息的渠道。网络营销能充分发挥企业与客户的互相交流优势,为客户提供个性化的服务,是一种新型的、互动的、更加人性化的营销模式。而汽车电话营销作为一种低成本、高效率的营销模式,利用电话、网络平台对目标购车客户或目标购车市场进行一对一互动式的快速精准营销,成为传统展厅销售方式的必要补充。

作为推销人员,应充分利用网络营销的优势,结合本品牌的推广活动,开展产品宣传,吸引客户,培养目标客户;通过电话营销这个起到桥梁性作用的重要渠道,吸引更多客户到店看车。

任务一　汽车电话营销

知识目标

- 了解电话营销的含义；
- 了解电话营销的作用；
- 掌握电话营销流程及技巧；
- 掌握汽车电话营销的流程及技巧；
- 掌握汽车营销电话接待礼仪。

技能目标

- 能做好接打营销电话的准备工作；
- 能参照汽车电话营销的流程和技巧，利用电话进行有效的汽车产品推销；
- 能灵活、有效地处理通话过程中遇到的客户异议，激发客户对产品或服务的兴趣，促使客户亲自到店体验；
- 能锻炼学生的心理素质，克服在营销电话中的紧张情绪；
- 激发学生敢于挑战自我的勇气和信念，锻炼其沟通表达能力，培养其营销口才。

任务剖析

电话营销是近年来发展非常迅速的一种新兴的营销方式，据统计，在汽车展厅接待的客户中，超过 1/3 的客户是通过电话邀约到店看车的，电话营销已经成为今后汽车营销发展的一个趋势。因此，作为汽车推销人员更应该了解电话营销的发展趋势，并掌握电话营销的流程和技巧，才能提高电话邀约成功的比率。

知识准备

一、电话营销

（一）电话营销的定义

电话营销，就是通过使用电话、传真等通信技术，实现有计划、有组织并且高效率地扩大客户群、提高客户满意度、维护客户市场等行为的一种营销方式。

电话营销通过电话网络实现与客户进行双向沟通的营销,既是一种语言战,又是一种心理战。

电话营销的优势:能与客户直接沟通,可及时收集反馈意见并回答提问;可随时掌握客户态度,使更多的潜在客户转化为现实客户。

电话营销的劣势:因干扰客户的工作和休息所导致的负效应较大;由于客户既看不到实物,也读不到说明文字,易使客户产生不信任感。

(二)电话营销的作用

(1)可以直接地把握客户的需求,有针对性地满足客户对产品的需求。

电视、收音机、报纸等媒体,都只是将新闻及数据单方面地传给对方,也就是单向沟通,而现在能够与对方实行双向沟通的一般性通信工具就是电话。电话这种重要的商务工具能够使营销人员在短时间内直接听到客户的声音。通过双向沟通,企业可在通话时了解客户的需求、意见和建议,从而为客户提供有针对性、分层次的高品质服务,满足不同客户对产品的不同需求,同时为企业的产品优化及今后的发展方向提供参考。

(2)帮助企业更有效地利用资源,降低销售成本,增加企业收益。

电话营销是一种交互式的沟通,在与客户进行电话营销沟通时,不仅仅局限于满足客户对产品的认知,同时可以考虑进行交叉营销(营销客户需求以外的相关产品),也可以考虑进行增值营销(营销更高价位更具优势的产品),还可以通过电话让客户享受优质高效的客户服务,不但可以降低企业的销售成本,而且还可以扩大销售收入,进而增加企业收益。

(3)保持良好的客户关系,扩大企业品牌影响力。

通过进行电话营销,可以使企业在最短的时间内有效接触到最大范围的目标客户,进而建立起良好的客户关系。同时,采集信息建立客户数据资料库,跟踪客户对产品及服务的意见和建议。这些数据作为一种资源将会成为企业的一种无形资产,为企业的产品营销提供各种各样的帮助。良好的客户关系同样会扩大企业品牌的影响力,增强客户对企业的忠诚度,让客户更加钟情企业的产品。

(三)电话营销的三个阶段

第一个阶段:就是引发兴趣。引发电话线另一端潜在客户的兴趣,在没有引发客户兴趣的情况下,营销人员是没有任何机会的。这个阶段需要的技能是对话题导入技能的掌握和运用。

第二个阶段:就是获得信任。在最短时间内获得一个陌生人的信任需要高超的技能和比较成熟的个性,只有在信任的基础上开始销售,才有可能达到销售的最后目的——签约。这个阶段需要营销人员掌握获得信任的具体方法和起到顾问作用。

第三个阶段:就是有利润的合约。只有在有效地获得潜在客户对自己问题的清醒的认识前提下的销售才是有利润的销售,也才是企业真正要追求的目标。这个阶段营销人员需要的技能是对客户异议的防范和预测、有效的谈判技巧、预见潜在问题的能力等。

（四）电话营销技巧

1. 在打电话前准备一个名单

销售工作的第一步就是确定自己的目标客户。在目标客户最集中的地方寻找客户，才能取得更好的效果，所以一定要准确地定位你的目标客户。电话推销人员拨出陌生电话的首要环节就是要确认与你通话的人就是你要找的关键人。

事先选定目标客户的行业，通过黄页、网络筛选客户，营销人员准备一份可以供一个月使用的客户名单，这样可以大大提高工作效率。

2. 给自己规定工作量

首先规定打电话的时间，如在 4 个小时内要打 100 个电话，无论如何都要完成这个任务，而且还要尽可能多地打出电话。

3. 寻找最有效的电话营销时间

通常来说，拨打销售电话的时间是在早上 9 点到下午 5 点之间。所以，每天可以在这个时段腾出时间来做电话推销。但是，各行各业的从业人员适宜接电话的时间都不一样，因此推销人员应了解各个行业的工作性质，在客户方便接电话的时间与之联系，会收到更好的效果。

4. 开始之前先要预见结果

打电话前要事先准备与客户沟通的内容，并猜想客户的种种回应，以提高你的应变力，做到有问必答，达成良好的电话沟通效果。

5. 电话要简短

打电话的目标是获得一个与客户会面的机会。电话销售时间应控制在 3 分钟左右，而且要专注于介绍你自己和所销售的产品，并大概了解对方的需求，以便给出一个合理的理由让对方愿意花费宝贵的时间与你交谈，最后应与对方约定到展厅看车的时间。

6. 定期跟进客户

整理有效的客户资源，定期跟进，跟客户保持联系，等待业务机会。

7. 坚持不懈

毅力是销售成功的重要因素之一。大多数的销售都是在第 5 次电话谈话之后才进行成交的。然而，大多数推销人员则在第一次电话后就停下来了，所以一定要坚持不懈，不要气馁。

（五）影响电话营销成功率的因素

影响电话销售成功率的因素有以下几个方面。

第一，产品。

这里的产品指的是大产品概念，包括产品定位、质量、价格、市场空间、知名度、美誉度、

认知度等。对于使用价值小、知名度低的产品，消费者在购买决策时很犹豫，所以不适合电话销售；价格过高的产品因消费者要承担的风险过高，也不太适合电话销售。

第二，数据质量。

进行电话销售时需要大量的数据，数据的质量直接影响到电话营销的成功率。但是数据的筛选和核实工作都要企业付出成本，虽然目前很多企业意识到了数据的重要性，但是并不愿意付出成本来完善数据库，所以目前市场上电话营销的成功率只徘徊在0.5%～2.5%。

第三，运营经验、推销技巧。

专业的电话营销人员一般是经过培训的，每一个环节和关键点都是经过准备的。不断总结经验教训，改进推销技巧，会给电话那头的客户专业、贴心的感觉。

第四，电话的参与程度。

电话营销可以直接完成订单，比如说单纯的电话销售、会议邀请、电话调查等；但很多时候，电话营销只是起到信息采集或者过滤作用，比如说销售机会挖掘、订单处理等，要成交还需要配合其他营销手段。今后电话营销参与的广度会越来越大，程度会越来越深，但在营销活动中的份额会越来越少，对各种营销方式进行整合，这样才会提高营销效率。

第五，追呼电话。

数据显示，很少有电话销售是通过一通电话就搞定的，大多数的电话销售成单是在第三、第四次追呼之后，有些甚至有必要追呼到第七、第八次。有经验的电销人员会在消费者的个别词句之间捕捉销售线索，并判断通话对方是不是潜在客户以便做出追呼计划。

（六）电话营销人员应具备的能力

在电话营销中，营销人员代表着企业的形象，因此营销成功与否与营销人员素质有很大关系。所以，在正式启动电话营销前，企业必须对电话推销人员进行专业化、系统化的培训。专业化的电话营销人员应具有以下几个方面的素质。

（1）营销意识。电话推销人员一定要有一种敏锐的营销意识，能准确地判断出什么样的客户才能成为目标客户。选拔的电话营销人员一定要有创业意识，只有这样，员工的激情才能充分地发挥出来，要进行创业，就一定要有敏锐的营销意识，而这种意识是靠经验的积累逐步培养的。

（2）沟通能力。销售和沟通能力决定了电话销售的结果。如果电话营销人员的销售和沟通能力强，就能有效地跟客户建立好的关系，否则的话，势必很难顺利地与客户达成一致。销售和沟通的能力通过公司内部短期的密集的训练就可以得到提升。

（3）用激励制度保持员工的热情和激情。如果电话推销人员不能控制自己的情绪，保持长期、稳定的热情，业绩也就会随着情绪的波动而波动。公司应通过一些物质奖励以保持推销人员的热情和激情，但更为重要的是自身内在的激励能力，使员工意识到电话销售不仅是一种销售工作，同时也是很好地建立人际关系的途径，对未来的发展是很有帮助的。让员工从自身而不是以完成公司的销售任务的角度来看待销售工作，才能长期保持自身的热情和激情。

（4）计划能力。电话营销人员对于自己的客户一定要有明确的分类，对每天所要联系的客户的数量要有一个明确的计划，做好客户的管理和电话营销计划，有助于成功地销售产品。

（5）产品应用的专家。电话营销人员应成为产品应用的专家，要清楚地了解客户购买你的产品的目的，只有这样才能有效地提高销售业绩。

（6）协调能力。因为电话销售工作分为若干阶段，由若干人完成，因此对电话销售代表的协调能力有了较高的要求。为了及时地回答客户提出的问题和响应客户的要求，推销人员需要有很强的协调沟通能力以和公司内部的各个部门的人员协作，以保证工作的高效、准确。在销售过程中，如果客户对你表述的时间、价格、服务等方面存在异议，就更需要双方协调解决才能最终达成销售目标。

（7）服务技巧。营销人员在服务过程中，应在研究客户心理基础上，掌握和运用多种服务技巧。如初次接触客户的技巧、处理抱怨的技巧、营销（售前、售中、售后）各阶段的服务技巧。

二、汽车电话营销策略

（一）汽车电话销售的目标

1. 目标分类

一般情况下，和客户进行电话沟通的目标往往不是单一的，所以就需要对这些目标进行以下划分。

① 主要目标：通常是电话营销人员最希望在这通电话中达成的事情。

② 次要目标：当电话营销人员没有办法在这通电话中达成主要目标时，他最希望达成的事情，或者说在主要目标完成后要进一步完成的目标。

2. 主次目标范围界定

① 常见的主要目标有下列几种。
- 了解客户需求，确认目标客户。
- 确定下次电话或者拜访时间（就某些问题进行沟通）。
- 确定客户购买时间和项目。
- 确认客户何时作最后决定。
- 让客户同意接受服务或产品购买的提案。

对于汽车电话推销员来说，其主要目的是吸引客户到店体验。根据各个渠道得到的客户信息，通过电话与客户取得联系，通过电话告知客户产品信息、优惠促销等活动，引发客户的兴趣，最终邀约客户到店实际体验。

② 常见的次要目标有下列几种。
- 取得客户的相关资料。
- 确定未来再和客户联络的时间。
- 引起客户的兴趣，并让客户同意先看产品和服务。
- 得到负责人信息或者相关客户的信息。

对于汽车推销来说，次要目的是获得客户相关资料（姓名、电话、地址、现使用车辆信息、家庭信息等），通过电话沟通，进一步获取客户的相关信息，如购车意向、消费需求等，有利于推销人员进一步跟进客户，培养自己的目标客户。

（二）汽车营销电话接待礼仪

微笑是营销人员最好的语言工具，接待客户的第一秘诀就是展现你的亲切笑容。

1. 接待礼仪常用语

一般生活中我们常常忽视简单的礼仪用语，如"请""谢谢""对不起"。

2. 打电话

打电话前应事先准备笔和纸，切勿在通话中要求对方等待，才开始寻找笔及纸，这是非常不礼貌的。

3. 接电话

接听电话首先要报清自己的姓名及公司名，让对方马上识别，不要浪费时间。

电话用语应文明、礼貌，态度应热情、谦和、诚恳，语调应平和，音量要适中；接听电话最不礼貌的行为就是未通报公司名称及姓名，就问客人一些问题。对方如果打错电话，婉转地说："对不起，您打错电话了""对不起，没这人，请再确认"，待对方确信打错电话再挂断电话。

4. 转接电话

（1）如果对方请你代传电话，应弄明白对方是谁，要找什么人，以便与接电话人联系。
用语："请问您找谁""请问您找哪一位"。
（2）确认转接后，请告知对方"稍等片刻"，并迅速找人。如果不用放下听筒去找距离较远的人，可用手轻捂话筒或保留按钮，然后再轻呼接话人。
用语："马上为您转接，请稍等。"
（3）转接电话，必须确认电话转接无误，如果转接一段时间后，指定接话人仍无法应答电话，应立即重复接听，并询问对方是否继续等待。
用语：××先生，对不起，×××不在，可否由我为您服务。

5. 电话留言

客户来电要找的同事不在，务必请客户留下信息；有的客户，可能职位较高者，如果这时，营销人员未要求客户留言，客户可能会认为贵公司是非常没有礼仪的公司；这时，营销人员可以使用下列话术取得留言："请问您的姓名，您的公司名称，您的电话，何时去电合适？"

6. 电话注意事项

保持微笑，微笑会感应到营销人员说话的语调里，有助于营造温馨的谈话气氛。
让客户感到舒适、轻松，没有压迫感；如果无意中打喷嚏或咳嗽，赶快跟客户说"对不起"；切勿在通话时吃零食、抽烟或嚼口香糖，这是非常不礼貌的。

（三）汽车电话营销的流程

一般来说，汽车电话营销的流程涵盖以下七个步骤，如图6-1所示：

第一步：准备工作

1. 客户资料的准备。电话营销呼出客户的信息来源主要包括以下几个方面。

（1）4S店网点收集资源：网点销售热线来电的意向客户、网点外展活动（车展）收集的意向客户、网点企业网站上的意向客户。

（2）网点原有资源：网点保有客户再购和换购的销售线索、目标潜在客户开发的销售线索。

（3）总部资源：厂家总部派发的意向客户。

为了便于对公司宣传效果的统计，需要对吸引客户来电的信息来源进行分析统计（表6-1），以便进一步调整营销宣传策略。

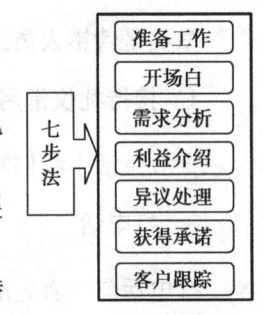

图6-1 汽车电话销售流程七步法

七步法：准备工作、开场白、需求分析、利益介绍、异议处理、获得承诺、客户跟踪

表6-1 来电客户来源分析表

来电来源	报纸		网络			电台	户外广告			推荐购车		老客户增购或置换	114	其他		
分类名称	报纸名称		汽车之家	易车网	…	频道	牌照	广告牌	…	保有客户推荐	朋友推荐			杂志	电视	…
1																
2																
3																
4																
5																
6																
…																
合计																

2. 自身的准备

（1）心态的准备：进行电话沟通的良好心态应该是热诚、自信、真诚的。

要想战胜电话销售时的恐惧心理，就要坚持不懈地打电话，只有这样，才会成功地克服与销售有关的一切恐惧心理。

作为汽车推销人员，应该对电话营销持正确的观点：打电话是为了帮助别人，帮助别人也是在帮助自己。做到动机单纯、心无杂念，抱着帮助他人成长的态度，就不会有挫折感，才能增强自信、减轻恐惧感。

（2）声音的准备：作为一名电话营销人员，其声音应该具备以下特征：音调抑扬顿挫，音质愉悦开朗、清晰明了，音量大小适中，速度快慢有致（想要强调的部分，速度放慢）。这样的声音能够透露出营销人员是友善的、专业的、自信的和有能力的。

（3）措辞的准备：恰当的用词是电话营销的关键，应该多用积极、正面、礼貌的措辞，如是、当然、我可以、我能、感谢您，表达想为客户提供帮助的意愿，以取得客户的信任；避免使用反映营销人员信心不足或者不愿帮助信号的中性或负面的措辞，如我看看吧、再说吧、你必须这样。

3. 资料的准备

需要用到的资料可能有：打电话的目标、致电客户的信息产品价格表、宣传单页、使用手册、车辆保险、上牌流程、促销活动信息等。

表6-2 《来电客户登记表》——电话营销中心

年　　月　　日

客户姓名	电话	地址/邮箱	性别	意向车型	颜色	来电时间	客户信息来源	要点记录	意向试驾（乘）车型

客户信息来源：1、电视；2、报纸；3、网络；4、杂志；5、朋友推荐；6、展会；7、广播；8、促销活动；9、其他

4. 硬件的准备

（1）准备好纸、笔做记录。一名电话营销人员，每天也许要打50个或70个电话，如果完全没有记录（表6-2），就相当于一直在做无用功。通过客户档案随时做记录，就会避免做"无用功"。

（2）良好的工作环境。工作环境对于电话销售的成败具有很重要的作用，电话营销人员不仅需要一个没有噪音干扰的工作地点，还要有一种与客户谈话时避免受干扰的方法。为避免分心，当客户提问时，营销人员手边要有必要的产品说明或服务信息，以便能快速及时地找到答案。

5. 客户的识别和应对

电话拨通后，可能会遇到不同意愿、不同来源和不同性格的客户，对于不同类型的客户，应采取不同的应对方法。

（1）不同意愿的客户。

① 愿意倾听的客户——有购买意愿或者有潜在购买意愿的客户。对于此类客户，应该抓住他们的兴趣点，挖掘他们的需求点，并提供有效的需求解决方案。

② 无所谓的客户——有时间倾听或者无知的客户。此类客户，没有明确表示有需求，也没有拒绝，可以试着挖掘一下客户的需求，或者介绍一些优惠活动看是否能引起对方的兴趣，但不要勉强，以免引发反感。

③ 拒绝倾听的客户——抵触电话销售或者不准备换车的客户，此类客户明确表示没有需要，也没有时间接听电话，那么此时营销人员应表示打扰，留下自己的联系方式让客户有需求时再联络即可。

（2）不同来源的客户。

① 呼入客户。客户主动打电话过来，有一定购买意向。

应对此类客户的一般流程如下：使客户认同产品与服务→了解客户拟购车时间→确认客户为真正的潜在客户→确认客户到店体验时间。

② 呼出客户。客户被动接听电话，不一定有购买意向。

应对此类客户的一般流程如下：征求客户给予介绍的机会→引起客户的兴趣→获得客户相

关资料（建档）→通过介绍，客户同意到店体验。

（3）不同性格的客户。

① 不同性格客户分类。
- 老鹰型：做事爽快、做事果断、以事实和任务为中心。
- 孔雀型：沟通能力强、健谈、平易近人、容易交往、凭感觉做决策。
- 树袋熊型：友好、镇定、不急不躁、做决策一般会比较慢。
- 猫头鹰型：不太友好、不太爱讲话、有些孤僻、决策很慢。

② 不同性格客户的应对，见表6-3。

表6-3 不同性格客户电话营销应对方法

客户类型	如何把握	应对方法	注意事项
老鹰型	直入主题	精力集中于他们的目标上，简洁、具体、有准备、有组织、有结果导向	毫无目标、浪费时间、过度关注细节、太感情化
孔雀型	快速激情	了解他们，快速让他们觉得有趣，询问他们的看法，并支持他们	太关注产品、冷漠
树袋熊型	稍慢一些	温和、真诚，逐步了解客户	很严肃地谈工作，用命令的口气说话
猫头鹰型	稍慢一些	详细考虑，精心准备，提供给证据	杂乱无章、太随意、用主观来判断

第二步：开场白

1. 开场白的原则

（1）始终非常真诚；

（2）永远相信拒绝是客户的本能反应；

（3）切忌不要设计自我设限的问题；

（4）用最清晰的声音表达最简单的意思。

2. 开场白五要素

一般来说，开场白包括问候与自我介绍、建立关系、吸引客户注意力、陈述相关证据和确认对方兴趣度五个要素。以下以第一个因素为例进行说明。

（1）问候。

推销人员给客户打电话的时候，首先要有一个问候，这是人之常情，尤其对陌生电话或不是很熟悉的客户，这个环节更是不能缺少的。一句礼貌的问候可以稍微拉近推销人员跟客户的距离。

（2）自我介绍的技巧。

首先是确认对方，尤其是当推销人员打给自己的老客户时，一定要确认对方的身份，要有全名，如"您好，请问是×××先生吗""您好，请问是×××老师吗"。适当的敬称对建立关系也是有帮助的。

（3）自我介绍。

"我是某某公司的推销人员。"紧接下来就是个停顿，停顿的目的是想让接电话方有回应，并参与进来。客户首先听到的就是电话推销人员的声音，所以声音的感染力对一个电话推销人员是非常重要的。声音热情一点，音量稍高一点，对客户的影响会更大一点。

3. 开场白的内容

要在15秒里进行自我介绍，引起客户兴趣，让客户能够继续倾听。

在15秒的时间里，我们要让客户清楚地知道：我是谁，我代表的公司，我们公司提供的服务能给客户带来的好处。

下面我们分别从呼入电话和呼出电话两种情况来说明应该如何说开场白。

（1）呼入电话（图6-2）。

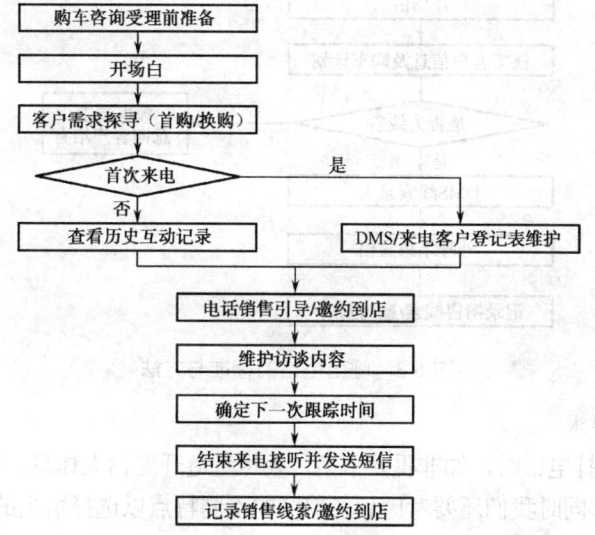

图6-2 呼入来电受理标准与方法

① 接听呼入电话的要求。

a. 电话推销人员应在电话铃声响起第3声接听，按照参考电话脚本接听客户来电。

b. 电话推销人员对于客户提出的任何问题都应遵守公司的相关政策来给予回答，对于不确定或无法立即回答的问题不允许敷衍或应付客户，更不允许随便给予答复，可核实后再回复客户。

c. 对于客户不满意的信息应及时记录，并第一时间反馈给相关部门处理。

d. 电话推销人员等待来电客户挂机后才能挂机。

② 接听呼入电话的技巧。

客户致电4S店是为了得到重视，获得良好感受，获取信息以做出对相关产品的选择，所以接听电话时一定要遵循如下原则：电话响三声后就接起，不要让人等太久，如晚接要先表示歉意。接电话前，先调整一下自己的情绪和姿态，并停下手头的工作。拿起电话要先开口说话并致以亲切问候，接下来自报家门。认真倾听客户的要求，少说多听。

电话接听禁忌：接电话声音不能太大，不要直问人家是谁？不要直截了当质问人家有什么事情？干什么？不要轻易打断对方，不要长时间不吭声。

③ 接听呼入电话的话术。

a. 您好！这里是×××4S店，我是推销人员×××，很高兴为您服务。

b. 您好！这里是×××4S店，我是推销人员×××，请问有什么可以帮助您吗？

c. 您好！这里是×××4S店，我是推销人员×××，有什么可以为您效劳的吗？

总之，在接听电话的过程中，一定要表现营销人员的关心，证明营销人员的诚意；营销人员应理清的思路；让客户感觉营销人员的专业；想办法了解客户的真正需求和想法，尽快找到客户想要的答案。

（2）呼出电话。

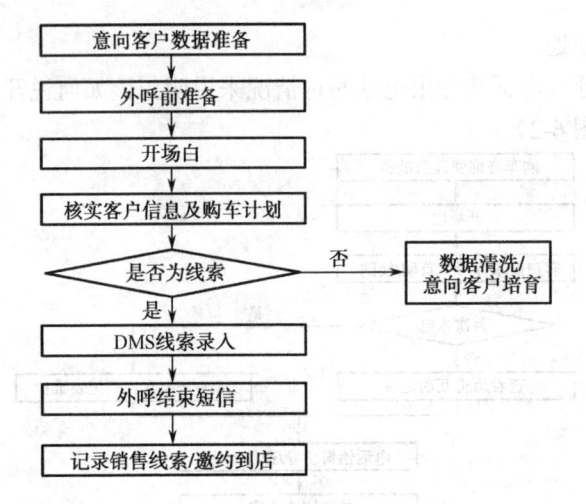

```
意向客户数据准备
    ↓
外呼前准备
    ↓
开场白
    ↓
核实客户信息及购车计划
    ↓
是否为线索 ──否──→ 数据清洗/意向客户培育
    ↓是
DMS线索录入
    ↓
外呼结束短信
    ↓
记录销售线索/邀约到店
```

图 6-3 呼出电话的标准与方法

① 呼出电话的要求。

a. 要选好时间。打电话时，如非重要事情，要尽量避开受话人休息、用餐的时间，而且最好别在节假日打扰对方，同时我们还要考虑到各地区的不同特点以选择恰当的时间给客户打电话。

b. 要掌握通话时间。打电话前，最好先想好要讲的内容，以便节约通话时间，不要现想现说或"煲电话粥"，通常一次通话不应长于3分钟，即所谓的"3分钟原则"。

c. 要态度友好，通话时不要大喊大叫，震耳欲聋。

d. 要用语规范，通话之初，应先做自我介绍，不要让对方"猜一猜"。请受话人找人或代转时，应说"劳驾"或"麻烦您"，不要认为这是理所应当的。

② 呼出电话的话术与实战。

a. 您好！我是××4S店的推销人员××，请问您是××先生吗？

b. （网站意向客户）您好，我收到了您在×××网站上提交的××车试驾（购车）申请，现在需要简单确认一下您的信息，可能要耽误您一分钟时间，您现在方便接电话吗？

c. （车展意向客户）××先生/女士，您好！我是××品牌××4S店的推销人员×××，非常感谢你能抽空在×月×日的车展上光临我们展台（完成我们的意向调查），我们了解到您对我们的新车比较有兴趣。近期我们有一个××××试乘试驾活动（活动主题突出这款车的一个好处），我帮您安排一下怎么样？

d. （保有客户资源）您好，感谢您××年（客户购车年限）以来对×××品牌的支持。近期我们正在开展一个专门针对老用户的回馈活动，机会难得，我给您简单介绍一下……（告知再购或置换标准）

e. （品牌客服中心客户资源）我们从××品牌客服中心了解到，您想参加×××新车的试乘试驾活动（您想购买××新车/您想参加××新车的置换活动），我很高兴可以为您服务。

第三步：需求分析

一般在电话营销当中需求分析环节常采用以下话术进行信息收集。

1. 针对置换客户采用的话术

（1）您想了解哪款车？

（2）您是打算置换吗？

(3)我们针对二次购车的客户有一项"感恩回购双重礼置换活动",您是否需要了解一下呢?
(4)您现在的车子是什么品牌的?哪款车?
(5)您是在哪年买的车呢?您的车目前行驶了多少公里呢?
(6)您打算什么时候换车呢?大概预算多少?
(7)我们会将最新的优惠信息发送给您,您看通过什么方式发送/邮寄给您方便呢?

2．针对欲购新车客户的话术

(1)您想了解那款车?
(2)您是打算置换吗?
(3)您打算什么时候用车呢/换车?大概多少价位?
(4)是您还是您的家人(主要)使用这辆车呢?
(5)是在本地使用,还是外地使用呢?
(6)您喜欢哪种颜色的车呢?
(7)我们会将最新的优惠信息发送给您,您看通过什么方式发送/邮寄给您方便呢?

3．客户需求分析记录

一般采用客户需求分析记录表对客户的信息进行记录,客户需求分析记录表如表6-4所示。

表6-4　电话营销客户需求分析记录表

序号	项目	项目内容
1	客户姓名	
2	联系电话	
3	性别	
4	职业	
5	原车品牌及车型	
6	关注本品牌车型	
7	关注他品牌车型	
8	预计购车时间	
9	购车预算及付款方式	
10	是否置换	
11	客户性格特征	
12	兴趣爱好	
13	家庭状况	
14	……	

第四步:利益介绍

1．不同需求导向客户的利益介绍

通常,汽车电话营销人员在介绍时主要采用如下的一些利益点来吸引客户:价格实惠,相比其他店有优惠;手续方便,一站式,全程服务;交易安全快捷;感恩回馈新老客户等。

【案例6-1】　邀约到店话术

先生/小姐,您一定要来!"东风雪铁龙成立20年10亿增值巨惠,置换C5感恩回购双重礼"除了享受免费评估,选择置换还有更多的优惠,您看哪天我来为您安排C5新车的试乘试驾,周六或周日怎么样?

2. 利益介绍的推进过程：

引发注意→提起兴趣→提升欲望→建议行动。

3. 话术及实战示例

（1）本次活动仅限周六上午9点～12点，礼品丰厚，名额有限，我先帮您预报名好吗？

（2）您之前也来我们店看过，正好我们有一个闭店优惠销售活动（厂家领导/销售部长/总经理签售），名额有限，我先试着给您申请一个名额好吗？

（3）我们即将进行"激情欧冠，室外烧烤"的活动（根据店内活动），您可以带上您的家人朋友一起来参加，在拿礼品的同时还能顺便让专业评估师帮您免费评估，您看您到时候几个人过来，我先帮您登记一下？

（4）客户提问的应对。

【案例6-2】客户提问：现在有旧车换新车优惠活动吗？

推销人员：先生/小姐，请问如何称呼您呢？

推销人员：××先生/小姐，您现在有看中的车型吗？能告知我您现在的车的情况吗？我们有国家认证的高级评估师提供免费评估服务，您这个星期哪天有空来店？我们帮您评估一下，顺道安排您试驾一下你想购置的车？

第五步：异议处理

针对客户异议，采用客户异议处理方法进行应对，具体的处理方法在项目二当中已经详细阐述，这里就不再重复。

第六步：获得承诺

1. 收场白话术

（1）如果成功邀约：简单归纳总结，制定你和客户的下一步具体行动，获得客户的承诺，告知推销人员姓名、特征，感谢客户对公司服务的支持。

（2）如果未能成功邀约：感谢客户接听电话并记录客户信息，告知推销人员姓名、特征，转介绍，提供下一次打电话的借口。

2. 电话回顾

从以下几个方面来检查电话营销的效果：

（1）电话目标是否达到；

（2）下一步跟进计划；

（3）做得成功的地方；

（4）可以改进的地方，如何改进。

第七步：客户跟踪（图6-4）

电话营销不是一次能够完成的，需要不断地努力。

第一次电话沟通后，会出现四种类型的客户情况：同意到店的客户、没有给出明确意向的客户、中断的客户、失败的客户。根据不同意向级别客户类型，制定客户跟踪，这是二次接触的开始。

客户跟进方法：电话跟进法、信函定点邮寄法、短信息关怀法、网络跟进法。

以下是短信跟踪法范例。

● 成功邀约：您好，我是刚刚给您致电的推销人员××。感谢您对××××汽车品牌的关注，本店地址位于××××，恭候您来店赏车试驾，祝您愉快！

● 未能成功邀约：您好，我是刚刚给您致电的推销人员××。感谢您对××车型的关注，以后再有您关注的信息,我会再跟您联系,祝您生活愉快!

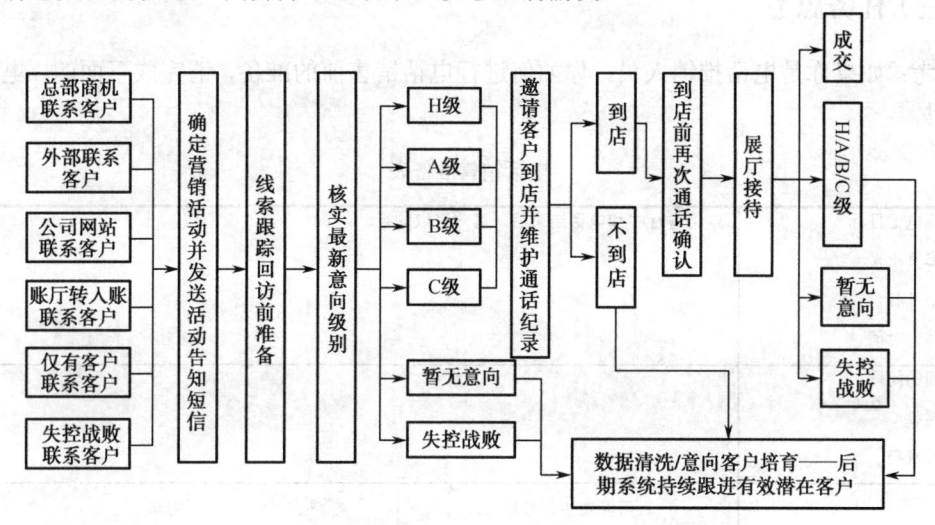

图 6-4 电话营销的流程——客户跟踪

(四)电话营销的事后工作

最后,推销人员应该对电话量进行自我管理,填写每日、每周的电话销售统计表,并进行电话销售的评估。一般采用每日、每周的电话销售统计表进行统计,如表 6-5 所示.

表 6-5 每日、每周的电话销售统计表

日期	打电话数	实际完成数	约见次数	推荐次数	销售笔数	销售金额
周一						
周二						
周三						
周四						
周五						
总计						

任务实施

(一)任务要求

请利用汽车电话营销相关知识以及下面的电话销售准备表进行电话销售前的准备。

(二)任务载体

【案例】电话营销

一位姓李的先生在一汽丰田汽车的官网上关注了卡罗拉车型,并留下了联系方式。请与李先生联系,按要求进行电话营销的各项工作。

（三）任务思考

思考：如果你是电话推销人员，你如何进行电话销售前的准备，请完成下面的《电话销售准备表》。

电话销售准备表

□ 明确电话目标 ☞ 从客户出发 ☞ 多个目标 ☞ 具体、时间	电话进行中和电话结束后，客户采取的行动：		
□ 要问的问题 ☞ 逻辑性 ☞ 提问技巧			
□ 电话情景预测	可能发生的事情		对策
:::	与竞品性能对比		
:::	价格的异议		
:::	交车时间异议		
□ 开场白 ☞ 问候/自我介绍 ☞ 相关人或物 ☞ 介绍打电话目的 ☞ 确认时间可行性 ☞ 请求提问，并转向需求探询			

任务二　汽车网络营销

知识目标

- 了解电子商务和网络营销的含义；
- 了解电子商务的作用；
- 掌握网络营销流程及技巧；
- 掌握网络营销的策略。

技能目标

- 能根据汽车产品的特点，选择最合适的网络营销类型；
- 能灵活、有效地处理网络营销过程中遇到的客户异议，激发客户对产品或服务的兴趣，促使客户亲自到店体验；
- 能够正确叙述"厂家互联网直销+线下品牌体验店"的汽车模式；
- 正确叙述网上 4S 店与传统实体店销售的优势；
- 激发学生敢于挑战自我的勇气和信念，锻炼其文字沟通表达能力。

任务剖析

汽车 4S 店已经成为汽车市场的主流渠道。近年来，随着信息科技的发展，尤其是网络的普及，大大拓宽了人们获取信息的渠道，而网络几乎成为汽车消费者了解汽车产品和品牌的主要渠道，消费者通过网络来了解车市行情、选择车型和商家等。据权威数据统计，有 92%的用户在买车的时候，希望通过互联网来了解汽车的相关信息，而在我国，86%的人愿意通过互联网购买汽车。来自于网络销售的汽车销量也正在逐年增加，2012 年汽车网络销售占据的销售份额为 14%。用户对于整车电商的接受和使用程度大大高出预期。因此，推销人员应当了解汽车网络营销的相关知识。

知识准备

一、汽车电子商务与网络营销

互联网的迅速发展开创了网上交易的经营模式，许多网络公司应运而生。我国电子商务已进入实施阶段，电子商务网站和项目不断增加，大部汽车企业都建立了自己的商务网站，率先利用好电子商务与网络营销模式会得到更大的商机。

（一）电子商务

1. 电子商务的定义

电子商务通常是指在全球各地广泛的商业贸易活动中，在互联网开放的网络环境下，基于浏览器/服务器应用方式，买卖双方不谋面地进行各种商贸活动，实现消费者的网上购物、商户之间的网上交易和在线电子支付以及各种商务活动、交易活动、金融活动和相关的综合服务活动的一种新型的商业运营模式。

简言之，所谓电子商务（E-Commerce）就是以信息技术、网络技术、通信技术为基础，高效率、低成本地从事以商品交换为中心的各种商务活动。

2. 电子商务的内涵

电子商务的内涵，即信息技术特别是互联网技术的产生和发展是电子商务开展的前提条件，掌握现代信息技术和商务理论与实务的人是电子商务活动的核心，系列化、系统化电子工具是电子商务活动的基础；以商品贸易为中心的各种经济事务活动是电子商务的对象。

3. 电子商务的特点

（1）商务性。电子商务最基本的特性是商务性，即为网上购物者提供一种方便快捷的买、卖交易的服务手段和机会。电子商务对任何规模的企业而言，都是一种机遇。

（2）服务性。在电子商务环境中，客户不再受地域的限制，不再像以往那样，忠实地只做某家邻近商店的老主顾，也不再仅仅将目光集中在最低价格上，服务质量在某种意义上成为商务活动的关键。

（3）集成性。万维网的真实商业价值在于协调新老技术，使用户能更加行之有效地利用已有的资源和技术，更加有效地完成任务。

（4）可扩展性。要使电子商务正常运作，必须确保其可扩展性。万维网上有数以百万计的用户，而传输过程中，时不时地会出现高峰状况。

（5）安全性。对于客户而言，无论网上的物品如何具有吸引力，如果他们对交易安全性缺乏把握，根本就不敢在网上进行买卖，企业和企业间的交易更是如此。

（6）协调性。商务活动是一种协调过程，它需要雇员和客户，生产方、供货方以及商务伙伴间的协调。为了提高效率，许多组织都提供了交互式的协议，电子商务活动可以在这些协议的基础上进行。

4. 电子商务的分类

（1）按参与电子商务交易涉及的对象分类。

电子商务按参与其交易涉及的对象分类，可以分为以下五种类型。

① 企业与消费者之间的电子商务（Business to Customer，B2C）。

② 企业与企业之间的电子商务（Business to Business，B2B）。

③ 企业与政府方面的电子商务（Business to Government，B2G）。

④ 消费者与消费者之间的电子商务（Consumer to Consumer，C2C）。
⑤ 消费者与政府之间的电子商务（Consumer to Government，C2G）。
（2）按交易涉及的商品内容分类。
按交易涉及的商品内容分类，电子商务主要包括两类商业活动。
① 间接电子商务。间接电子商务（Indirect Electronic Commerce），又叫不完全的电子商务，是指在网上进行订货、支付和部分的售后服务等活动，而商品的配送还需交由现代物流配送公司或专业的服务机构去完成。因此，间接电子商务要依靠送货的运输系统等外部要素。
② 直接电子商务。主要指向客户提供的软体商品（又称无形商品）和各种服务。如计算机软件、研究性咨询性的报告、航班、参团出游及娱乐内容的订购、支付、兑汇，银行有关业务、证券及期货的有关交易，全球规模的信息服务等，都可以通过网络直接传送，保证安全抵达客户。直接电子商务突出的好处是快速简便、价格便宜，深受客户欢迎，并使企业的运作成本显著降低。受限之处是只能经营适合在网上传输的商品和服务。

5. 电子商务的功能

（1）电子商务的功能。
电子商务以在网上快速安全传输的数据信息电子流代替了传统商务的纸面单证和实物流的传送。对企业来讲，提高了工作效率，降低了成本，扩大了市场，必将产生可观的社会效益和经济效益。
（2）汽车电子商务的功能。
汽车行业的电子商务，除了具备企业形象及产品信息的宣传功能外，还必须具有灵活的商品目录管理功能、网上洽谈功能、订单管理功能以及基于角色的权限和个性化页面功能。

6. 电子商务在汽车行业中的主要应用

汽车行业电子商务的应用一般可分为六个层次：
一是企业建立专门的网站，向客户提供企业的信息，以树立良好的企业形象；
二是进行网上市场调研，并实行有效的客户关系管理；
三是实现零部件的网上采购；
四是企业建立起与分销渠道网络联系模式，实现网络化分销；
五是实现供应链网上集成，实现一体化运作；
六是实现网上直接销售，向客户提供定制化的产品和服务。
根据国际、国内领先的汽车企业的实践，目前汽车行业的电子商务应用主要表现在以下一些方面。
（1）网上车展。
向客户提供汽车展示是实现销售的第一步。而在传统方式下，利用实物进行展示，需要投入较多的人力、物力和场地，而且展示的信息和辐射面都极为有限，需要客户到特定的展示地点才能看到展示效果。而"网上车展"突破了时空的限制，很大程度上克服了传统展示的不足，又因其信息量大、展示形式多样、展示费用低廉以及可实现交互等许多优点，已为越来越多的企业和客户所认同。

此外，网上车展既可以把一个企业众多的产品展示给客户，也可以把众多企业的产品集中在一起，形成一个网上车市，将大大提高汽车展示的效果，并为汽车交易带来极大的便利。例如，易车企业网已经向全国的汽车行业企业提供了专门的网上车展服务，它帮助参展企业提供包括厂商主页、企业简介、产品服务、质量保证体系、销售区域、联系方式等六个方面的内容。

（2）网上零部件采购。

汽车生产牵涉到的零部件数量十分可观，零部件采购一直是许多企业投入大量人力、物力的环节。在传统采购方式下，由于采购的对象数量有限，又受到地域限制，采购的效率和采购的成本都很难达到较为理想的水平。实施零部件的电子商务采购，能够大大缩短采购的周期，提高采购的准确性和效率，降低采购成本，扩大采购范围，减少无效库存，保证库存的合理性。因此，网上零部件采购已成为汽车行业电子商务的重要应用。

（3）提供高水平的客户服务。

对中国的汽车制造商来说，真正要实现在网上售车还有不少障碍，但通过网络实现高水平的客户服务是十分容易做到的。高水平的客户服务可体现在以下方面。

① 向客户提供全方位的产品和服务信息。在网上介绍产品、提供技术支持、查询订单处理信息，不仅可以大大减轻客户服务人员的工作量，让他们有更多的时间与客户进一步接触，开发更多的新用户，有效改善企业与客户的关系，而且因为网络独有的实时交互性使客户在任何时间、任何地点均可调阅企业最新的资料，使客户的满意度得到提高。目前已有越来越多的企业开始重视网络在向客户提供全方位产品和服务信息中的作用。

② 向客户提供知识服务。经常访问汽车网站的客户可分成三类：第一类是已经有买车打算，希望通过网站了解最新的产品信息，以帮助自己做出正确的购车决策；第二类是已经买车，想了解有关汽车各方面的知识；第三类则是那些还没有购车，而且短时间内也不准备购车的访问者，但他们对汽车知识有浓厚的兴趣。因此，利用网站向客户提供专业化的知识服务对这三类客户都有重要意义。

③ 向客户提供网上订购服务。汽车企业可以利用网站建立起网络销售平台，鼓励客户直接在网上订购汽车配件、养护用品、工具、设备，依托整个连锁体系来开展对客户的直接销售和配送，并通过互联网延伸客户服务。通过网络销售，消费者可对车型、颜色、内饰等进行特别订货，最大限度地满足个性化消费的需要。同时企业可及时调整货源配置，也使客户收货时间得以大大缩短。

④ 提高内部管理水平。汽车企业的内部管理极为复杂，电子商务的实施可以起到强化内部管理、规范经营管理模式等作用。在财务管理方面，电子商务可以动态地掌握企业各个环节的销售、库存等情况，分析优化资金流，减少呆账、坏账，缩短账期，增加整个经营体系的资金周转率。

⑤ 加快新产品的开发和生产。汽车行业的激烈竞争使得传统的、依靠降价策略维持生存的手段已经变得越来越困难，新产品的开发的能力和速度越来越直接影响企业的竞争地位。利用互联网丰富的信息渠道寻求技术支持，合作开发项目、解决技术难题，远程协同合作开发出适宜市场需求、灵活多变的产品，既可节约高额的通信费用和交通费用，又可显著缩短开发时间，从而大大提高对市场的反应能力。

⑥ 提高物流配送的效率。物流配送在汽车行业中占有极其重要的地位，实施物流配送的电子商务解决方案，在分销中心与供货商之间、分销中心与连锁店、分销中心与客户之间、连

锁店与客户之间、各分销中心之间、各连锁店之间构筑起畅通的物流配送网络化通道，可以全方位统筹配送任务，显著提高配送效率，大幅度降低配送成本，而且还可大大降低库存。

（二）汽车网络营销

1. 网络营销的定义

网络营销是企业营销实践与现代信息通信技术、计算机网络技术相结合的产物，是指企业以电子信息技术为基础、以计算机网络为媒介和手段而进行的各种营销活动（包括网络调研、网络新产品开发、网络促销、网络分销、网络服务等）的总称。简单地说，网络营销就是以客户需求为中心的营销模式，是市场营销的网络化。

随着汽车产业跨入网络化时代，愈来愈多的汽车销售企业也意识到依靠网络推动汽车营销的重要作用，开始了汽车网络营销；但我国汽车网络营销还处在发展初期，汽车网络营销手段还比较落后，丰富的网络资源没有得到充分利用。

目前，国内大部分汽车4S店的网络营销意识都在随着互联网技术的发展而逐步提升，建立企业网站、选择专业的网络媒体进行推广宣传等都被很好地运用于汽车网络营销。互联网已经超越传统媒体，成为中国消费者获取汽车资讯的重要渠道之一，并且越来越多的消费者选择在网上而不是在展厅（图6-5），通过参与论坛讨论、玩游戏、看视频等形式来进行品牌体验，看到中意的车型后再到展厅实际体验。

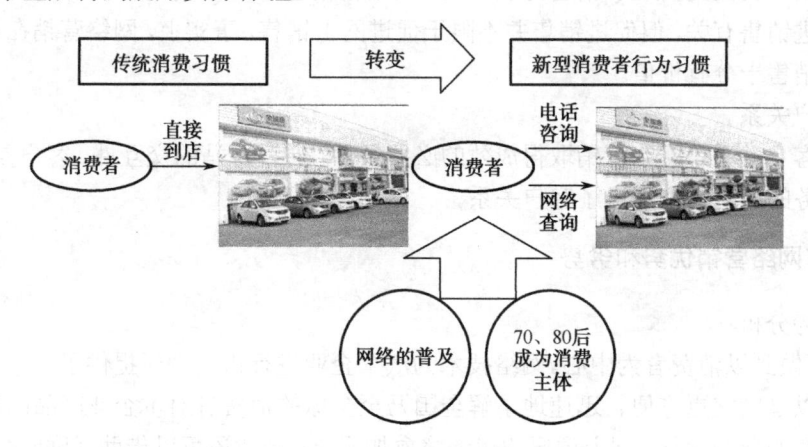

图6-5　网络介入促使人们购车习惯的转变

2. 网络营销的职能

网络营销是从实践应用中经过归纳总结形成的一门学科，其基本职能表现在八个方面：信息发布、网址推广、客户服务、网上调研、网络品牌、网上销售、销售促进、客户关系。

（1）信息发布。

网站是一种信息载体，通过网站发布信息是网络营销的主要方法之一，同时，信息发布也是网络营销的基本职能。

（2）网址推广。

相对于其他功能来说，网址推广显得更为迫切和重要，网站所有功能的发挥都要以一定的访问量为基础,所以网址推广是网络营销的核心工作。

(3) 客户服务。

客户服务对于开发客户的长期价值有着至关重要的作用。网络营销的交互性一方面有助于企业快速获得用户资料、用户数据;另一方面,为企业提供了更加方便的在线客户服务手段,从形式最简单的 FAQ(常见问题解答)到邮件列表,再到 BBS、聊天室等各种即时信息服务。

(4) 网上调研。

通过在线调查表或者电子邮件等方式,可以完成网上市场调研,相对传统市场调研,网上调研具有高效率、低成本的特点,因此网上调研成为网络营销的主要职能之一。

(5) 网络品牌。

网络营销的重要职能之一就是让企业的品牌、知名度在互联网上得以延伸。网络品牌建设是以企业网站建设为基础,通过一系列的推广措施,达到客户和公众对企业的认知和认可。在一定程度上可以说,网络品牌的价值甚至高于通过网络获得的直接收益。

(6) 网上销售。

一个具备网上交易功能的企业网站本身就是一个网上交易场所,网上销售是企业销售渠道在网上的延伸,网上销售渠道建设也不限于网站本身,还包括建立在专业电子商务平台上的网上商店,以及与其他电子商务网站不同形式的合作等。

(7) 销售促进。

营销的基本目的是为增加销售提供帮助,网络营销也不例外,大部分网络营销方法都与直接或间接促进销售有关,但促进销售并不限于促进网上销售,事实上,网络营销在很多情况下,对促进网下销售十分有价值。

(8) 客户关系。

良好的客户关系是网络营销取得成效的必要条件,通过网站的交互性、客户参与等方式在开展客户服务的同时,也增进了客户关系。

3. 汽车网络营销优势和劣势

(1) 优势分析。

① 真正做到以消费者为中心。网络技术为汽车企业进行市场调研提供了一个全新的通道,汽车企业可以借助它更方便、迅速地了解全国乃至全球的消费者对本企业产品的看法与要求,随着上网人数的急剧增长,网上调研的优势将愈加明显。企业还可以借助互联网络图文声像并茂的优势,与客户充分讨论客户的个性化需求,从而完成网上定制,以全面满足汽车消费者的个性需要。与此同时,网络技术为汽车企业建立其客户档案,为做好客户关系管理也带来了很大的方便,大大提高了营销过程中消费者的地位,给予消费者前所未有的参与和选择自由,极大地强化了消费者的核心地位。

② 实现了与客户的沟通。汽车消费属于大件消费,虽然在短期内尚无法完全做到网上看货、订货、成交、支付等,但是网络营销至少能够充分发挥企业与客户相互交流的优势。网络营销以企业和客户之间的深度沟通、使企业获得客户的深度认同为目标,能够满足客户显性和隐性的需求,是一种新型的、互动的、更加人性化的营销模式,能迅速拉近企业和消费者的情感距离,树立良好企业形象,使产品品牌对客户的吸引力逐渐增强,从而实现由沟通到客户购买的转变,汽车网络营销的核心价值所在(图 6-6)。

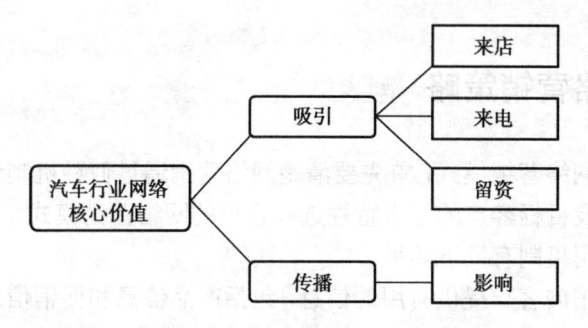

```
                    ┌─── 来店
             ┌─ 吸引 ┼─── 来电
汽车行业网络 ─┤      └─── 留资
  核心价值   │
             └─ 传播 ──── 影响
```

图 6-6　汽车网络营销的核心价值图

③ 降低成本，提高效率，效果易于测量。网络媒体通过运用三维展示、电子地图、语音解说等多媒体技术向购车者展示项目的所有信息，信息量大而翔实，不受时空限制，让购车者的选购有更大的自主性。汽车网络营销采用网上采购、网上设计、网上销售方式，有效地降低了包括采购费、场地租赁费、媒体广告费、推销人工费等在内的营销成本，由于网络信息传播与制作的快捷性特点，从材料的提交到发布，只需要很短的时间，提高了营销效率。传统营销效果很难测量，而在网络营销当中，只要在相关程序中插入流量统计和探测流量来源的代码，点击观看广告、详细查看的人数等数据都易于测出。

④ 便利用户的购买。由于生产集中度和厂家知名度相对较高，产品的同质度也较高，企业比较注重市场声誉，服务体系较为完备，同时对企业营销的相关监督措施较为得力，像汽车这类高档耐用消费品，在市场发育较为成熟后就特别适合于网络营销。

（2）劣势分析。

① 虚拟和现实存在矛盾，消费者对网络营销缺乏足够信任。汽车作为一种高价值、差异性极大的特殊商品，现场感受对消费者来说是非常重要的，况且我国的消费者与汽车经销商的互信度一直较差，所以目前消费者是无法充分信任网上信息，网上交易更是困难。

② 硬件设施的制约，网络内容简单。我国网络营销尚处于初步发展阶段，基础设施、技术软件、网络安全保护措施和网络营销人员素质等方面均存在问题，网络立法、结算系统及互联网普及率等也制约了网络营销现阶段在我国的发展。由于目前大多数汽车企业实力较弱，汽车网站服务内容单调，在数量和质量上都没有超过传统媒体，仅是将网站当成传统平面媒体运用，缺乏与来访者的互动交流，忽略了网络媒体的特性和优势，使项目失去了与潜在客户沟通的机会，这样的信息量是远远不足以推动网站访问者做出购买决策的。

③ 网络营销赖以生存的品牌基础较差。网络营销只有建立在知名度高、商业信誉好、服务体系完备的汽车品牌的基础上，才能产生巨大的号召力与吸引力，广大用户才能接受网上购车等新的交易方式，抛弃传统的实物现场购车等习惯。而我国的部分汽车品牌因缺乏科学化、现代化、规范化的操作系统，品牌实力还有待提升。

④ 汽车企业对网络营销的认识和投入不足。汽车项目在开展网上营销活动时，应明确企业建立网站的目标，做出完整计划，包括目的、市场调研、所需的资源、资金分配、预期效果等。由于网络营销是建立在日新月异的网络技术基础之上的，网络技术的发展又要求企业经常更新和维护网站，这会使企业在网络上的投资逐步增加。目前不少企业满足于建立一个网站，不愿意追加投资，当然不能取得良好的营销效果。

二、汽车网络营销策略

汽车企业要引入网络营销模式,首先要清楚网络营销通过何种机制达到何种目的,然后企业再根据自己的特点及目标客户的需求特性选择合理的网络营销模式。目前,我国汽车企业有效实施网络营销的作用机制有以下两种。

一是通过网络营销向客户提供有用的信息,包括产品信息和促销信息等,同时利用互联网的交互性为客户服务,解决客户的疑问,增强与客户的联系,建立客户忠诚,永远留住客户。满意而忠诚的客户总是乐意购买较熟悉公司的产品的,这样自然而然地就提高了公司的销量。

二是将品牌形象的建设和管理作为网络营销的重点,增加品牌的知名度,建立良好的形象,以此来获得客户的认同和忠诚,从而达到促进客户购买的目的。

根据新型消费者的购车行为习惯(图 6-7),结合我国迅猛发展的互联网、多媒体技术,当下汽车企业开展网络营销主要采用以下几种策略。

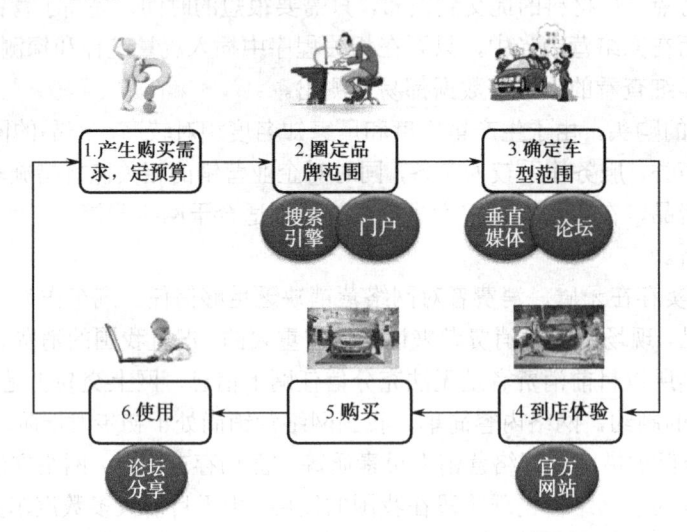

图 6-7 新型消费者购车行为习惯

(一)汽车企业自身网站建设

这种网络营销形式是指汽车制造商通过建设自己的官方网站,以视频、声音、图片和文字的形式向网站的访问者介绍企业和企业的产品。如设立 360 度全景观车页面,访问者不仅可以观看汽车的各个部位,还可以通过站点了解到车型的配置价格、产品亮点、品牌故事、新闻活动、特约经销商等,并可以在线预约试车,下载图片和视频,提出问题等。

网站按公司和产品两大部分来组织内容,配以经销商的评价,或是公司管理层对企业方针的阐述。网站访问者不但可以查询到遍布世界的汽车经销商、零售商和各种型号汽车制造分厂的目录, 还可以向访问者提供多渠道多选择的产品查询与购买方案规则。网上汽车导购已成为站点不变的主题。

【案例 6-3】 大众 POLO:线上跟踪,线下"抢"车

2010 年下半年,为了配合新 POLO 上市,让更多的人来体验新车的性能,大众德国公司

精心策划了一场"抢车"活动，希望借助这个活动，增强与消费者之间的互动，实现新车上市的热度传播及体验。

整个活动的时间是八天，在这八天的时间里，大众公司提供一辆新 POLO 车，作为公共财产，任何人都可以去试驾。当然，其他人看到这辆车也可以进行拦截，拦截成功即可驾驶，换下前面的人，最终谁开距离最远，那么谁就能拥有这辆新车。

线下的活动开始后，毕竟不可能覆盖到所有城市，网络上的做法也显得很重要，他们在车上装了视频监控设备，并安排一个人跟车陪驾。这样，整个活动的视频都通过网络进行直播，网络上可以实时看到车上体验者的真实反映。借助汽车上的导航设备，每一个网络浏览者都可以看到当前汽车行驶在哪个地方。

很多网友通过线上的直播观察到车的行驶位置，再到线下地点去拦截，拦截成功就拥有了汽车的驾驶权。在网络直播的视频中，可以看到很多人都抱怨被拦截太快了，驾车的时间太短。

除此之外，大众公司还利用了现在很火的社区平台 Haves，在社区上制作了一款有点游戏味道的互动广告，和现实生活中的道理一样，谁把汽车抢到自己的个人主页，汽车在谁的主页上待的时间最长，那么谁就能获得一定的奖品。

在媒体的宣传上，从开始的电视宣传、到社交网站上的互动广告、号召知名博客参加等，着实让更多的人了解了大众新 POLO。最后的数据显示：9 天达到约 357 000 的网站浏览、34 500 小时的视频观看，以及众多社交媒体上的留言。

点评：新车上市，通常我们会想到的方法总是那么老套，搞个试驾会，最多在试驾会的本身上做足文章，比如搞个贴地飞行秀、时尚品鉴会等。但毕竟去试驾的人是少数，而如何让试驾本身也具备病毒式的传播效应，大众的这次线上、线下"抢车"活动给了我们很好的样本。

很多时候，我们设计的互动机制都是一环套一环，非常复杂，但是如果有独特的创意和创新的体验，互动其实也可以很简单，比如这个活动：网友线上通过视频观察到车的行驶位置，线下看到此车可进行拦截，拦截成功即可驾驶，最终谁开的距离最远，谁就可以拥有这辆POLO。

把平时只能在警匪片中看到的"拦路抢车"情节，搬到网络营销上来，的确很有趣，这也为 POLO 新车的上市推广聚集了巨大的推动力。

此案例选自《实战商业智慧》杂志 2011 年第 3 期总 172 期。

（二）搜索引擎推广

搜索引擎推广是通过搜索引擎优化、购买关键词使相关内容在搜索引擎的结果页面取得较高的排名的营销手段。

搜索引擎自诞生以来就开始了迅猛的发展，现已大大改变了网民们的学习、生活和工作的方式。作为在未来最被看好的互联网媒体，搜索引擎同样在企业的网络营销中发挥着重要的作用。目前，中国汽车企业多在新产品推出前后和某一产品进行大型促销活动时，在百度、谷歌等搜索引擎上购买"汽车""轿车""购车"等热门关键词，以增加官方网站或促销信息网页的点击量，从而达到广告效果。

1. 搜索引擎主要形式

搜索引擎主要可分为三种模式，分别是全文搜索引擎、目录索引类搜索引擎和元搜索引擎。

（1）全文搜索引擎。

全文搜索引擎才是真正意义上的搜索引擎，具有代表性的为 Google、Inktomi、Teoma、WiseNut 等，国内著名的有百度（Baidu）等。它们通过从互联网上提取各个网站的信息（以网页文字为主）而建立数据库中检索与用户查询条件匹配的相关记录，然后按一定的排列顺序将结果返回给用户。

（2）目录索引。

目录索引虽然有搜索功能，但在严格意义上算不上是真正的搜索引擎，仅仅是按目录分类的网站链接列表而已。用户完全可以不用进行关键词查询，仅靠分类目录也可找到需要的信息。目录索引中最具代表性的有 Yahoo 雅虎、搜狐、新浪、网易搜索等。

（3）元搜索引擎。

元搜索引擎在接受用户查询请求时，同时在其他多个引擎上进行搜索，并将结果返回给用户。中文元搜索引擎中具代表性的有搜星搜索引擎。

2. 搜索引擎推广

进行搜索引擎推广是需要按照企业的实践情况进行选择的，而不是简单地选择一种或几种推广形式。

如百度是按点击收取费用的，每个关键词按后台给定的价格进行收费，价高者位置在前，这种方式适合那些资金比较雄厚的企业。又如谷歌，谷歌的推广是按月或年收费的，同时还跟点击率有关，如果网站在短期内的点击率猛增，其排名也会不断靠前，这比较适合那些技术型网站。

3. 搜索引擎推广优缺点

（1）优点：

① 见效快：充值并设置关键词价格后即可进入百度排名前十，位置可以自己控制。

② 关键词数量无限制：可以在后台设置无数的关键词进行推广，数量自己控制，没有任何限制。

③ 关键词不分难易程度。

（2）缺点：

① 价格高昂：竞争激烈的关键词，单价可以达到数元甚至数上百元，一个月就要消费数千元甚至数万元。

② 管理麻烦：如果要保证位置和控制成本，需要每天都进行价格查看，设置最合适的价格来进行竞价。

③ 人员管理：需要专人进行关键词的筛选，挑取适合的关键词，衡量价格，检查效果。

④ 搜索引擎的各自独立性：每个引擎都是各自单独的，你在百度做了竞价后，谷歌那不会出现排名，雅虎那也不会出现排名，如果你想要所有引擎都出现排名，那就要重复花费数倍的推广费用。

⑤ 稳定性差：一旦别人出的价格比你的高，那你的排名就会落后；一旦你的账户中每天的预算消费完了，那你的排名立刻就会消失。

⑥ 恶意点击：竞价排名的恶意点击非常多，一半广告费都是被竞争对手、广告公司、闲着无聊的人给恶意或无意点击消费掉了，这些人不会给你带来任何效益，而且你也无法预防。

企业在进行搜索引擎推广时不要局限于购买关键词，在网站开通时进行免费搜索引擎注册，对官方网站的网页内容进行搜索引擎优化也是有效的方式。总而言之，利用搜索引擎进行推广，是一种很好的宣传方式，但如果不考虑自身的实际情况和企业定位，这种方式的推广也很可能给你带来资金和品牌上的消极影响。

（三）综合门户推广

1. 门户网站简介

门户网站（Portal Web，Directindustry Web）是指通向某类综合性互联网信息资源并提供有关信息服务的应用系统。门户网站最初提供搜索服务、目录服务，后来由于市场竞争日益激烈，门户网站不得不快速地拓展各种新的业务类型，希望通过门类众多的业务来吸引和留住互联网用户。典型的门户网站有新浪网、网易、搜狐、腾讯等。门户网站的业务包罗万象，是网络世界的"百货商场"或"网络超市"。

2. 门户分类

（1）搜索引擎式门户网站。

该类网站的主要功能是提供强大的搜索引擎和其他各种网络服务，这类网站在中国比较少。Yahoo 是全球认知度最高及最有价值的互联网品牌之一，也是最大的门户网站。有英、中、日、韩、法、德等 10 余种语言版本。在全球消费者品牌排名中居第 38 位，是全球最大的搜索引擎和门户网站。拥有 2.94 亿有效注册用户，每天 12 亿访问人次，覆盖全球网民的 61%；全球有 1840 万业务采购决策者访问 Yahoo！

（2）综合性门户网站。

该类网站以新闻信息、娱乐资讯为主要内容，如新浪、搜狐等资讯综合门户网站。网站以新闻、供求、产品、展会、行业导航、招聘为主的集成式网站，如众业、代理商门户、前瞻网等行业综合门户网站。

（3）地方生活门户网站。

该类网站以时下最流行的、以本地资讯为主要内容，一般包括本地资讯、同城网购、分类信息、征婚交友、求职招聘、团购集采、旅游信息、酒店信息等非常实用的功能，如万城网、城市中国地方门户联盟、通话网、百汇网等。

（4）校园综合性门户网站。

该类网站以贴近学生生活为主要特征，包括校园最新资讯、校园团购、跳蚤市场等。如嗨易网、大学生生活网、腾讯校园等。

（5）专业性门户网站：主要是涉及某一特定领域的网站，包括游戏、服装、美食、建筑、机电等。类似的网站有土木工程网、机械研究与运用网等。

（6）行业门户网站。

相对于综合性门户网站来说，信息和资源更加集中，所以是企业开展网络营销的首选。门户网站的媒体特质不但赋予了企业话语控制权，同时也集中了更加精准客户资源，更可以利用门户丰富的业务功能帮助企业开展线上营销，如门道网、中关村在线、纺织网、中国金属网等。

综合门户网站是目前中国互联网上最大的广告媒体，综合门户网站的首页可以发布汽车产品的视频或图片广告，其汽车频道则为消费者提供最详尽的购车资讯和最便捷的购车通道。汽车频道一般包括新闻、车型、导购、用车、答疑和社区等栏目，消费者可以在其中查询所有经销商的信息、最新的车市活动等，并可在网上提交购车意向，计算购车所花金额等。门户网站汽车频道网络社区的建设至关重要，网络社区不仅可以增加网站人气，积聚目标受众，使营销活动更加精准，还可以催生原创力量，丰富网络营销内容。

（四）专业汽车站点推广

垂直类专业汽车网站是提供购车资讯和购车服务的一种汽车网络营销平台，专注于网上汽车业务。它与汽车频道不同的是它的专业性，它专注于网上汽车业务。和综合性门户网站不同，垂直网站的注意力集中在某些特定的领域或某种特定的需求上。垂直网站依靠提供某个特定领域或需求的全部深度信息和服务来吸引和留住互联网用户。汽车之家、太平洋汽车网、易车网、中国汽车网、车168等网站都是国内出名的汽车垂直网站。

（五）博客营销和微博营销

1. 博客营销

博客，又译为网络日志、部落格或部落阁等，是一种通常由个人管理、不定期张贴新的文章的网站。博客上的文章通常根据张贴时间，以倒序方式由新到旧排列。许多博客专注在特定的课题上提供评论或新闻，其他则被作为比较个人的日记。一个典型的博客结合了文字、图像、其他博客或网站的链接、其他与主题相关的媒体，让读者以互动的方式留下意见，是许多博客的重要要素。大部分的博客内容以文字为主，但仍有一些博客专注于艺术、摄影、视频、音乐、播客等主题。

博客营销是一种基于个人知识资源（包括思想、体验等表现形式）的网络信息传递形式。开展博客营销的基础问题是对某个领域知识的掌握、学习和有效利用，并通过对知识的传播达到营销信息传递的目的。

目前博客网络营销价值主要体现在八个方面。

（1）可以直接带来潜在用户；

（2）降低网站推广费用；

（3）为用户通过搜索引擎获取信息提供了机会；

（4）可以方便地增加企业网站的链接数量；

（5）以更低的成本对读者行为进行研究；

（6）博客是建立权威网站品牌效应的理想途径之一；

（7）减小了被竞争者超越的潜在损失；

（8）让营销人员从被动的媒体依赖转向自主发布信息。

2. 博客营销的技巧

（1）应做到专业而不枯燥，写博文的时候应该表现出自己的专业素质，但是专业性的文章难免枯燥乏味，要知道博文是面向大众，所以也要注重文章的生动性。

（2）懂得给予和分享，提供自己真实正确的观点，学会与人分享宝贵的经验，这是写一篇好的博文所需要具备的素质。

（3）内容简明扼要、便于浏览，在现在这个信息拥挤的时代，大家不会愿意花时间在那些文字臃肿的文章上，所以最好保证博文内容简洁，主旨清晰，关键词明确，同时要便于大家浏览！

（4）注重标题，一个具有吸引力的标题会给你带来更多的读者。

（5）做好链接，既可以链接自己的文章提高博客的访问量，也可以链接其他的精美博文或视频等来让博客出彩。

（6）关注好的博客，阅读好的博文，拓展自己的知识面，为写出精美的博文做好基础。

3. 微博营销

微博，即微型博客，是一种允许用户及时更新简短文本（通常为140字）并可以公开发布的博客形式，是一个基于用户关系信息分享、传播以及获取的平台。它允许任何人阅读或者只能由用户选择的群组阅读。

（1）特点。

微博最大的特点就是集成化和开放化，消费者可以通过手机、IM软件（Gtalk、MSN、QQ、skype）和外部API接口等途径向消费者微型博客发布消息。汽车推销企业可在微博上进行营销和与用户交互。

（2）优点。

① 操作简单，信息发布便捷。一条微博，最多140个字，只需要简单地构思，就可以完成一条信息的发布。这点就比博客要方便得多。

② 互动性强，能与粉丝即时沟通，及时获得用户反馈；

③ 低成本。微博营销的成本比博客营销或是论坛营销的成本低；

④ 针对性强。关注企业或者产品的粉丝都是本产品的消费者或者潜在消费者，企业可以对其进行精准营销。

（3）缺点。

① 需要有足够的粉丝才能达到传播的效果，人气是微博营销的基础。应该说在没有任何知名度和人气的情况下去通过微博营销难度是很大的。

② 由于微博里新内容产生的速度太快，所以如果发布的信息粉丝没有及时关注到，就很可能被埋没在海量的信息中。

③ 传播力有限。由于一条微博文章只有几十个字，并且缺乏足够的趣味性和娱乐性，所以其信息仅限于在信息所在平台传播，很难像博客文章那样得到大量转载。

微博营销与博客营销的本质区别，博客营销以信息源的价值为核心，主要体现信息本身的价值；微博营销以信息源的发布者为核心，体现了人的核心地位，但某个具体的人在社会网络中的地位，又取决于他的朋友圈的影响力（即群体网络资源）和对他的言论的关注程度。因此可以简单地认为，微博营销与博客营销的区别在于：博客营销可以依靠个人的力量，而微博营销则要依赖你的社会网络资源。

（六）手机移动营销

手机上的无线互联网，将是下一个甚至比互联网还要大的网络，其中蕴含的商业价值无可限量。截至 2013 年 9 月底，中国网民数量达到 6.04 亿，互联网普及率达到 45%，超过世界平均水平；移动互联网用户达 8.28 亿，3G 用户达 2.5 亿，互联网已经覆盖到中国所有县级以上城市和超过 99% 的乡镇，手机超越台式电脑成为第一大上网终端，中国互联网已进入移动互联网时代。

由于手机的贴身性、直接性和关注度都远较其他媒体要高，因此基于 WAP（移动手机网）的营销平台，拥有更为鲜明的用户族群、更高的活跃度的用户和提供更为精准的效果评测。目前业内已有大量通过 WAP 进行营销的成功案例，如在 2009 年奔驰 S 级、宝马 7 系、辉腾、奥迪等高端汽车的平面广告中全面使用中国移动二维码，客户通过手机轻松上网，随时随地可以查询新上市的 C4 车型相关情况，查询最近的奔驰 S 级、宝马 7 系、辉腾、奥迪 a8l 等高端汽车经销商。

（七）网上 4S 店

1. 定义

通过整合多方面资源将传统 4S 店和网络营销优势相结合后打造的一个全新模式的汽车展示销售平台，提供给汽车经销商发布车型报价、试驾、维修、保养预约服务等功能，提供针对企业微博运营的精准数据分析服务以及更高效的沟通管理后台。

网上 4S 店作为一种具有革命性意义的汽车网络营销整合平台，它通过模拟线下售车的全过程，让汽车购销双方在足不出户的条件下即可实现网上看车、选车、咨询、订单生成的全过程，突破了时间和空间的限制，轻松便捷地完成选车购车的全过程，同时还可享受各种线下 4S 店没有的特别优惠。

2008 年 11 月 13 日，新浪汽车在中国第一个推出了其整合多项优势资源、颠覆传统营销理念的全新购车工具——"网上 4S 店"。这是一种全新的购车方式，通过整合文字、图片、视频、音频、互动、网络导航等多种演示手段，彻底颠覆了业界传统的购车方式，为汽车终端销售市场带来了一场全新的变革。

网上 4S 店这种全新的以网络为依托的营销平台，是汽车网络营销广度与深度的完美结合。它在充分利用网络的交互性、广泛性等基础上，整合各方面的优势资源于一体，为汽车生产厂商、经销商和消费者之间搭起了一座最好的沟通桥梁。

2. 优势

（1）受众与品牌的互动：品牌的全面展示，受众的全面了解。网上 4S 店通过全方位的资源整合，颠覆了传统的购车方式，满足了生产商对品牌的展示需求和销售商销售产品的需求，同时最大程度地满足了消费者的多元化需求。汽车产品属于相对复杂的产品，必定需要收集相关的信息，网络成为消费者在购买之前获取汽车信息的主流渠道，而作为汽车

网络营销整合平台——网上4S店的推出,正好满足了消费者对这方面的需求。消费者可以不受时间和空间的限制,随时上网看车、评车以及进行在线交流,使受众对产品和品牌进行全面的了解。网上4S店通过发挥网络平台的优势,与消费者建立一种互动、双赢的营销模式。

(2)与传统的汽车营销模式相比,网上4S店的最大优势在于整合了文字、图片、音频、视频和网络等技术,特别是网络独具的3D功能为生产商品牌的推广和宣传提供了创新营销平台,通过发挥3D技术的优势,让汽车多维度地展现在受众面前,更为直观感受车的整体外观、车体结构和乘坐空间,使品牌得到全面展示。

(3)受众与受众的互动:用户口碑的分享,试驾体验的分享。互联网飞速的发展,使更多消费者选择通过网络来了解新闻动态。网络营销最大的优势和核心资源是互动性强,它不仅可以让销售商和消费者进行互动,消费者与消费者也可以进行互动,多项互动共同促进消费者对产品和品牌的认知、了解。受众与受众的交流与互动,能产生巨大的口碑效应,通过用户口碑传播来提高产品和品牌的知名度和影响力,树立品牌形象。

【案例6-4】 "厂家互联网直销+线下品牌体验店"营销模式

目前,一些汽车品牌也在尝试以全新的"厂家互联网直销+线下品牌体验店"模式取代传统的代理商销售模式,真正掀起了汽车行业网络销售的"渠道革命"。

2012年4月24日,在第12届北京国际车展上,江淮汽车旗下A0级轿车江淮悦悦品牌宣布正式进驻天猫旗舰店。江淮悦悦官方旗舰店的优惠活动中,其网购直销优惠至3.98万元,并提供3000元节能惠民补贴。而在淘宝集市店试销期间,悦悦就凭借良好的性价比,仅在安徽等地小范围试销推广不到20天的时间内就创下了近两百台的销售佳绩,并且远远超出淘宝销售汽车的成交率水平。

针对悦悦的网络销售,江淮轿车已在遍布全国的几百家4S店中,首批选定175家4S店来完成悦悦的试驾、提车和售后服务,而悦悦品牌的销售渠道则全部转移至线上进行。由于网络直销减少了库存、物流、营销等成本,厂家直销价比以往便宜了将近三成,原先线下卖4万多的悦悦,现在天猫则以3.68万起售。不得不说这在大幅提高悦悦在同级别车型中产品竞争力的同时,也让消费者、销售商、厂商都从中获益,创造性地实现了三方共赢。

其实近几年来,网络购车已不新鲜,从奔驰SMART团购,到汽车半价秒杀;从奔驰C轿车置换活动,到雪佛兰迈瑞宝新车网络首发。而江淮悦悦不同的是,今后悦悦车型的销售将会完全采用线上直销,线下的4S店则不再销售悦悦品牌的汽车,堪称是最彻底的网络售车。

以"厂家互联网直销+线下品牌体验店"这样的"1+1渠道模式"展开,从而实现不同城市网购门槛的无差异化。

任务实施

(一)任务要求

依据网络营销的相关知识,对以下案例进行分析,并思考问题。

（二）任务载体

【案例】视频营销新模式——雪佛兰科鲁兹挥洒"十一度青春"

雪佛兰科鲁兹携手中影集团与优酷网，组织了10位中国当代年轻的新锐导演，共同创作了主题为"我奋斗、我表现－11度青春"的网络电影系列，整合优酷网视频平台和中影集团院线的优势资源进行全方位传播。借助科鲁兹奋斗精神在整个十一度青春活动中的不断体现，提升其产品在网络受众中的美誉度，建立起科鲁兹与年轻一代消费群体在情感上的共鸣。

效果：

十一度青春事件影响广泛，成为国内外媒体关注的焦点，国内上百家主流媒体，海外媒体譬如 Hollywood Reporter、Ad Age、IDG、PC World 等纷纷进行影片及活动的相关追踪报道。

活动和影片所引起的关于城市生存话题，都市婚恋观等现象大讨论，已经形成媒体专题焦点见诸报端。

"十一度青春"两部种子视频播放数量目前突破600万。

（三）任务思考

思考：根据以上案例，你认为汽车网络视频营销要获得较好的效果，最关键的因素是什么？如果某汽车品牌 SUV 新车上市，假如你是该品牌汽车企业的营销策划人员，请问你会如何充分利用网络营销，使得短时间之内该车型获得广大客户的关注和认可，并促进该车型的进一步销售。请完成以下表格的填写。

网络营销策划内容	某汽车品牌 SUV 新车上市
策划目标	
采用的网络营销手段（可用多种）	
预测网络营销效果	

项目七

汽车保险推销

🎯 **学习目标**

通过本项目的学习，使学生了解汽车保险各个险种的特点，能针对不同车辆的使用环境、车辆状况进行保险方案的设计，并利用话术推荐给客户。

💬 **项目描述**

客户购车后，一般会根据车辆的状况、车主的驾驶情况进行保险方案的设计及推荐，一方面满足客户规避驾驶风险，另一方面提高企业的利润空间。因此推销人员首先要认识车险特点，并能为客户设计合理的车险方案。

任务一　认识典型机动车保险险种

知识目标

→ 了解汽车保险的特点；
→ 熟悉的汽车保险的专业术语。

技能目标

→ 能够详细描述不同车险的赔偿金额和赔偿条件。

任务剖析

汽车用户不可能保证完全避免事故的发生和转移，但可以通过各种方式预防和减少交通事故、意外事件发生的概率，并且使其所造成的损失进行分散和转移。而且汽车保险也是企业获取利润的途径之一，推销人员要想成功推销车险，必须要先了解各个险种的特点、赔偿金额和赔偿的条件。

知识准备

一、汽车保险概述

汽车保险是指对汽车由于自然灾害或意外事件所造成的人员伤亡或财产损失负赔偿责任的一种财产保险。它在财产领域里属于一种相对年轻的险种，伴随着汽车的普及而不断发展成熟。

通过汽车保险，将拥有汽车的企业、家庭和个人所面临的种种风险及其损失后果得以在全社会范围内分散与转嫁，体现了"集合危险，分散损失"的社会原理。

【小知识 7-1】 汽车保险的相关术语

保险标的：指保险合同双方当事人权利和义务所共同指向的对象。保障对象可以是财产、与财产有关利益或责任，也可以是人的生命和身体。

保险人：与投保人订立保险合同，并承担赔偿或者给付保险责任的保险公司。

投保人：与保险人订立保险合同，并按照保险合同负有支付保险费义务的人。

被保险人：其财产或者人身受保险合同保障，享有保险金请求权的人，投保人可以为被保险人。

保险事故：保险合同约定的保险责任范围内的事故。

索赔：保险事故发生后，被保险人或受益人依照保险合同约定向保险人请求赔偿保险金的行为。

定损：确定保险标的的实际损失的过程。
承保：保险人接受投保人的投保申请，并与投保人签订保险合同的过程。
出险：保险期限内保险事故的发生。
结案：保险人对赔案中应承担的义务和应享有的权利执行完毕的状态。
续保：在保单期满前，投保人向保险人提出申请，保险人同意以原承保条件或者以一定附加条件继续承保的行为。
第三者：在保险合同中，保险人是第一者；被保险人或致害人是第二者；除保险人和被保险人之外的，因意外事故而遭受人身伤害或财产损失的受害人叫第三者。

汽车保险为不定值保险，由交通事故责任强制保险（简称"交强险"）和商业险构成。交强险顾名思义为国家强制保险，车辆不购买交强险不得上路；商业险则可根据自身需要选择购买，分为基本险和附加险。

基本险包括商业第三者责任险（三责险）、车辆损失险（车损险）、全车盗抢险、车上人员责任险共四个独立的险种，如图 7-1 所示，投保人可以选择投保其中部分险种，也可以选择投保全部险种。附加险包括玻璃单独破碎险、自燃损失险、车身划痕损失险、车载货物掉落责任险、车辆停驶损失险、新增设备损失险、不计免赔特约险等。附加险不可单独承保，需依托主险项下承保。

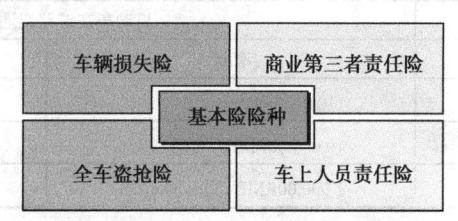

图 7-1　汽车基本险种

二、机动车交通事故责任强制保险

机动车交通事故责任强制保险，简称"交强险"，因应《道路交通安全法》的实行推出的针对机动车的车辆险种，于 2006 年 7 月 1 日正式施行，根据配套措施的最终确立，于 2007 年 7 月 1 日正式普遍推行。按照《机动车交通事故责任强制保险条例》（简称《交强险条例》）的规定，"交强险"是由保险公司对被保险机动车发生道路交通事故造成受害人（不包括本车人员和被保险人）的人身伤亡、财产损失，在责任限额内予以赔偿的强制性责任保险，属于责任保险的一种。

根据《交强险条例》的规定，在中华人民共和国境内道路上行驶的机动车的所有人或者管理人都应当投保交强险，机动车所有人、管理人未按照规定投保交强险的，公安机关交通管理部门有权扣留机动车，通知机动车所有人、管理人依照规定投保，并处应缴纳的保险费的 2 倍罚款。

汽车基础费率因不同车型而各不相同，但对同一车型全国执行统一价格。如家庭自用汽车费率 6 座以下交强险保费为 1050 元，调整后的费率为 950 元；6 座及以上维持 1100 元。交强险保险费率与交通违章挂钩，安全驾驶车辆可以享有优惠费率，多次肇事承担较高费率，即实行费率与违章挂钩的费率浮动机制。

【小知识 7-2】 汽车交强险保险费计算方法

交强险保费=基础保费×（1+与道路交通事故相联系的浮动比率 A）

注：汽车交强险保险费浮动比率见表 7-1。

表 7-1 汽车交强险保险费浮动比率

浮动因素	浮动比率
A1：上一个年度未发生有责任道路交通事故	-10%
A2：上两个年度未发生有责任道路交通事故	-20%
A3：上三个及以上年度未发生有责任道路交通事故	-30%
A4：上一个年度发生一次有责任不涉及死亡的道路交通事故	0%
A5：上一个年度发生两次及两次以上有责任道路交通事故	10%
A6：上一个年度发生有责任道路交通死亡事故	30%

中国保监会于 2008 年 1 月 11 日公布调整后的机动车交通事故责任强制保险（简称交强险）的责任限额标准，见表 7-2。

表 7-2 机动车在道路交通事故中有责任的赔偿限额

交强险赔偿限额	机动车在道路交通事故中	
	有责	无责
死亡伤残赔偿限额	110 000.00RMB	110 000.00RMB
医疗费用赔偿限额	10 000.00RMB	1 000.00RMB
财产损失赔偿限额	2 000.00RMB	100.00RMB

三、汽车商业险基本险

基本险包括商业第三者责任险、车辆损失险、全车盗抢险和车上人员责任险共四个独立险种。投保人可根据自身需要选择部分险种或投全险。

① 车辆损失保险。车辆损失险是指保险车辆遭受保险责任范围内的自然灾害（不包括地震）或意外事故，造成保险车辆本身损失，保险人依据保险合同的规定给予赔偿。

② 第三者责任保险。第三者责任保险是指被保险人或其允许的驾驶人员在使用保险车辆过程中发生意外事故，致使第三者遭受人身伤亡或财产直接损毁，依法应当由被保险人承担的经济责任，保险公司负责赔偿。同时，若经保险公司书面同意，被保险人因此发生仲裁或诉讼费用的，保险公司在责任限额以外赔偿，但最高不超过责任限额的 30%。

③ 全车盗抢险。盗抢险，全称机动车辆全车盗抢险。机动车辆全车盗抢险的保险责任为全车被盗窃、被抢劫、被抢夺造成的车辆损失以及在被盗窃、被抢劫、被抢夺期间受到损坏或车上零部件、附属设备丢失需要修复的合理费用。

④ 车上人员责任险。车上座位责任险又叫车上人员责任险或车上责任险，是一种车辆商业险主险。负责赔偿保险车辆意外交通事故造成的本车人员伤亡。

【小思考 7-1】

"三责险"与"交强险"都保的是第三者，那么两者有何区别？

四、汽车商业附加险

附加险包括玻璃单独破碎险、自燃损失险、车身划痕损失险、车载货物掉落责任险、车辆停驶损失险、新增设备损失险、不计免赔特约险等。附加险则不可单独承保，需依托主险项下承保，未购买基本险的不能购买附加险。

① 玻璃单独破碎险。该险种为车损险的附加险，需投保车辆损失险方可投保本险种。

玻璃单独破碎险，即保险公司负责赔偿保险车辆在使用过程中，发生本车玻璃单独破碎的损失的一种商业保险。玻璃单独破碎，是指被保车辆只有挡风玻璃和车窗玻璃（不包括车灯、车镜玻璃）出现破损的情况。

② 车身划痕损失险。车身划痕险是车损险的附加险，指在保险期间内，保险车辆发生无明显碰撞痕迹的车身表面油漆单独划伤，保险公司按实际损失负责赔偿。

目前，有些财险公司不再办理该项业务，因为划痕险的原因鉴定比较复杂，事故现场取证难，存在道德风险，有些车辆的划痕明明是两车刮擦引起的，有些人也当划痕险报案；有些车主觉得车辆旧了，想喷一下漆，就在自己车上划几道痕。这使得划痕险的赔付率较高，保险公司负担较大。

③ 自燃损失险。车辆在行驶过程中，因本车电器、线路、供油系统发生故障及载运货物自燃原因起火燃烧，造成车辆损失以及施救所支付的合理费用。自燃险也是车损险的附加险。

在保险期间内，保险车辆在使用过程中，因本车电路、线路、油路、供油系统、货物自身发生问题、机动车运转摩擦起火引起火灾，造成保险车辆的损失，以及被保险人在发生本保险事故时，为减少保险车辆损失所支出的必要合理的施救费用，保险人负责赔偿。

④ 不计免赔特约险。不计免赔率特约险承保的是事故发生后，对应险种规定的应当由被保险人自行承担的免赔金额，由保险人负责赔偿。

《机动车保险条款》第十七条的规定："根据保险车辆驾驶人员在事故中所负责任，车辆损失险和第三者责任险实行绝对免赔率。负全部责任的免赔 20%，负主要责任的免赔 15%，负同等责任的免赔 10%，负次要责任的免赔 5%。"即：两个主险在发生事故时的赔偿率并非 100%，而是根据保险人在事故中所负的责任大小，按比例赔偿。

【小思考7-2】
投了不计免赔险等于全赔吗？请说出理由。

五、汽车保险价格计算公式

① 车辆损失险保费=基本保险费+本险种保险金额×费率
② 第三者责任险保费=固定档次赔偿限额对应的固定保险费
③ 全车盗抢险保费=车辆实际价值×费率
④ 新增加设备损失险保费=本险种保险金额×费率
⑤ 玻璃单独破碎险保费=新车购置价×费率
⑥ 自燃损失险保费=本险种保险金额×费率
⑦ 车上责任险保费=本险种赔偿限额×费率

⑧ 车载货物掉落责任险保费=本险种赔偿限额×费率

注：机动车辆保险基准费率见表7-3。

表7-3 机动车辆保险基准费率表

非营业用车		车辆损失险							商业第三者责任保险							全车盗抢险		车上人员责任险		玻璃单独破碎险	
		1年以下		1～2年		2～6年		6年以上								固定保费	费率	司机座位	乘客座位	进口	国产
		固定保费	费率	固定保费	费率	固定保费	费率	固定保费	费率	5万	10万	15万	20万	30万	50万	100万					
非营业个人	6座以下	566	1.35%	539	1.28%	533	1.27%	549	1.31%	710	1,026	1,169	1,270	1,434	1,721	2,242	120	0.49%	0.41%	0.26%	0.30%	0.19%
	6～10座	679	1.35%	646	1.28%	640	1.27%	659	1.31%	659	928	1,048	1,131	1,266	1,507	1,963	140	0.43%	0.39%	0.25%	0.30%	0.19%
	10座以上	679	1.35%	646	1.28%	640	1.27%	659	1.31%	659	928	1,048	1,131	1,266	1,507	1,963	140	0.43%	0.39%	0.25%	0.36%	0.22%
非营业企业客车	6座以下	368	1.22%	351	1.16%	347	1.15%	358	1.18%	750	1067	1206	1304	1,456	1,734	2,258	120	0.48%	0.41%	0.25%	0.24%	0.13%
	6～10座	442	1.16%	421	1.10%	417	1.09%	430	1.13%	730	1039	1179	1275	1,433	1,711	2,228	130	0.52%	0.39%	0.23%	0.24%	0.13%
	10～20座	442	1.24%	421	1.18%	417	1.17%	430	1.21%	846	1207	1370	1484	1,669	1,995	2,599	130	0.45%	0.39%	0.23%	0.27%	0.14%
	20座以上	461	1.24%	439	1.18%	434	1.17%	447	1.21%	856	1262	1449	1585	1,799	2,172	2,829	140	0.55%	0.41%	0.25%	0.28%	0.15%
非营业机关客车	6座以下	285	0.95%	272	0.90%	269	0.85%	277	0.92%	639	900	1,018	1,097	1,229	1,463	1,905	110	0.38%	0.39%	0.24%	0.24%	0.13%
	6～10座	342	0.90%	326	0.90%	323	0.89%	333	0.87%	612	862	974	1,050	1,177	1,401	1,824	120	0.40%	0.36%	0.22%	0.24%	0.13%
	10～20座	342	0.95%	326	0.90%	323	0.89%	333	0.92%	730	1,028	1,163	1,253	1,404	1,671	2,176	120	0.40%	0.37%	0.22%	0.27%	0.14%
	20座以上	357	0.95%	340	0.90%	336	0.90%	346	0.92%	938	1,321	1,494	1,611	1,804	2,418	2,797	130	0.46%	0.38%	0.23%	0.28%	0.15%
非营业货车	2吨以下	249	0.96%	237	0.91%	235	0.90%	242	0.93%	805	1,133	1,280	1,381	1,547	1,841	2,398	130	0.50%	0.46%	0.28%	0.16%	0.11%
	2～5吨	321	1.23%	306	1.18%	303	1.16%	312	1.20%	1,052	1,521	1,734	1,886	2,129	2,554	3,327	130	0.50%	0.46%	0.28%	0.16%	0.11%
	5～10吨	351	1.35%	334	1.29%	331	1.27%	341	1.31%	1,250	1,783	2,023	2,191	2,462	2,943	3,832	130	0.50%	0.46%	0.28%	0.16%	0.11%
	10吨以上	231	1.64%	220	1.56%	218	1.55%	225	1.59%	1,646	2,319	2,622	2,827	3,166	3,770	4,908	130	0.50%	0.46%	0.28%	0.16%	0.11%
	低速载货汽车	212	0.81%	202	0.77%	200	0.77%	206	0.79%	683	962	1,089	1,174	1,314	1,566	2,039	130	0.50%	0.46%	0.28%	0.16%	0.11%

营业车及特种车		车辆损失险							商业第三者责任保险							全车盗抢险		车上人员责任险		玻璃单独破碎险	
		2年以下		2～3年		3～4年		4年以上								固定保费	费率	司机座位	乘客座位	进口	国产
		固定保费	费率	固定保费	费率	固定保费	费率	固定保费	费率	5万	10万	15万	20万	30万	50万	100万					
出租租赁营业客车	6座以下	970	2.93%	960	2.90%	951	2.87%	970	2.93%	1,579	2,382	2,769	3,029	3,516	4,454	5,860	100	0.46%	0.50%	0.31%	0.31%	0.19%
	6～10座	1058	2.20%	1048	2.18%	1037	2.16%	1058	2.20%	1,489	2,246	2,610	2,857	3,314	4,201	5,525	90	0.43%	0.40%	0.24%	0.31%	0.19%
	10～20座	1102	2.07%	1091	2.05%	1080	2.03%	1102	2.07%	1,574	2,414	2,821	3,102	3,618	4,608	6,601	90	0.47%	0.42%	0.26%	0.35%	0.21%
	20～36座	979	1.97%	969	1.95%	959	1.93%	979	1.97%	2,116	3,342	3,941	4,375	5,147	6,614	8,700	80	0.49%	0.42%	0.26%	0.43%	0.25%
	36座以上	2867	2.22%	2838	2.20%	2810	2.18%	2867	2.22%	3,331	5,144	6,024	6,741	7,763	9,910	13,035	80	0.53%	0.42%	0.26%	0.47%	0.28%
城市公交营业客车	6～10座	902	1.83%	893	1.81%	884	1.79%	902	1.83%	1,459	2,203	2,560	2,801	3,250	4,118	5,417	60	0.46%	0.42%	0.25%	0.31%	0.19%
	10～20座	938	1.72%	929	1.70%	919	1.69%	938	1.72%	1,625	2,453	2,851	3,120	3,620	4,587	6,035	90	0.43%	0.44%	0.27%	0.35%	0.21%
	20～36座	836	1.63%	828	1.62%	820	1.60%	836	1.63%	2,253	3,465	4,052	4,460	5,206	6,836	8,728	90	0.48%	0.50%	0.31%	0.44%	0.26%
	36座以上	2414	1.85%	2389	1.83%	2365	1.81%	2414	1.85%	3,051	4,819	5,684	6,309	7,423	9,538	12,546	90	0.52%	0.50%	0.31%	0.49%	0.29%

续表

营业车及特种车		车辆损失险								商业第三者责任保险							全车盗抢险		车上人员责任险		玻璃单独破碎险	
		2年以下		2~3年		3~4年		4年以上		5万	10万	15万	20万	30万	50万	100万	固定保费	费率	司机座位	乘客座位	进口	国产
		固定保费	费率	固定保费	费率	固定保费	费率	固定保费	费率													
公路客运营业客车	6~10座	1022	2.12%	1012	2.09%	1001	2.07%	1022	2.12%	1,429	2,155	2,505	2,741	3,180	4,031	5,302	60	0.47%	0.42%	0.25%	0.31%	0.19%
	10~20座	1063	1.99%	1053	1.97%	1042	1.95%	1063	1.99%	1,591	2,401	2,791	3,055	3,542	4,489	5,905	90	0.45%	0.44%	0.27%	0.35%	0.21%
	20~36座	945	1.89%	936	1.87%	927	1.85%	945	1.89%	2,341	3,533	4,106	4,494	5,213	6,607	8,691	80	0.49%	0.50%	0.31%	0.44%	0.26%
	36座以上	2760	2.13%	2733	2.11%	2705	2.09%	2760	2.13%	3,443	5,195	6,033	6,607	7,666	9,715	12,780	80	0.53%	0.50%	0.31%	0.49%	0.29%
营业货车	2吨以下	824	1.89%	815	1.87%	807	1.85%	824	1.89%	1,120	1,746	2,055	2,262	2,664	3,340	4,362	130	0.50%	0.77%	0.48%	0.18%	0.12%
	2~5吨	1009	1.95%	999	1.93%	989	1.91%	1009	1.95%	1,802	2,811	3,307	3,642	4,288	5,376	7,021	130	0.50%	0.77%	0.48%	0.18%	0.12%
	5~10吨	1184	2.02%	1172	2.00%	1160	1.98%	1184	2.02%	2,069	3,226	3,796	4,180	4,921	6,171	8,059	130	0.50%	0.77%	0.48%	0.18%	0.12%
	10吨以上	1987	2.32%	1967	2.30%	1947	2.28%	1987	2.32%	2,825	4,422	5,203	5,729	6,745	8,455	11,043	130	0.50%	0.77%	0.48%	0.18%	0.12%
	低速载货汽车	700	1.60%	693	1.59%	686	1.57%	700	1.60%	953	1,485	1,748	1,925	2,266	2,840	3,710	130	0.50%	0.77%	0.48%	0.18%	0.12%
特种车	特种车一	1009	1.95%	999	1.93%	989	1.91%	1009	1.95%	2,604	4,171	4,950	5,498	6,527	8,251	10,777	130	0.52%	0.58%	0.48%	0.14%	0.08%
	特种车二	501	0.93%	496	0.92%	491	0.91%	501	0.93%	1,319	1,699	1,919	2,123	2,572	3,369	4,966	130	0.51%	0.58%	0.39%	0.15%	0.08%
	特种车三	433	0.81%	429	0.80%	425	0.79%	433	0.81%	604	790	896	997	1,212	1,598	2,335	130	0.51%	0.58%	0.39%	0.17%	0.09%
	特种车四	1099	2.06%	1088	2.04%	1077	2.02%	1099	2.06	2,474	3,963	4,703	5,498	6,853	8,664	11,315	140	0.51%	0.58%	0.39%	0.17%	0.09%
挂车		挂车车辆损失险、全车盗抢险保险费按同使用性质、同吨位货车对应档次保险费率和固定保费的50%计算保费。挂车商业第三者责任险基准保费按对应档次货车基准保费的30%计费																				

摩托车及拖拉机		车辆损失险		商业第三者责任保险							盗抢险		车上人员责任险
		固定保费	费率	5万	10万	15万	20万	30万	50万	100万	固定保费	费率	不分司机、乘客座位
摩托车	50CC及以下	15	2.09%	37	48	55	61	73	96	139	25	1.00%	0.50%
	50CC~250CC（含）	21	2.75%	51	69	78	88	106	140	205	25	1.00%	0.50%
	250CC以上及侧三轮	30	4.13%	88	112	126	140	169	218	318	25	1.00%	0.50%
拖拉机	兼用型拖拉机14.7KW及以下	21	0.46%	120	150	168	181	198	231	300	25	1.00%	0.50%
	兼用型拖拉机14.7KW及以上	50	1.09%	328	417	468	505	557	653	852	25	1.30%	0.50%
	运输型拖拉机14.7KW及以下	36	0.79%	289	361	403	433	475	554	721	25	1.00%	0.50%

续表

摩托车及拖拉机	车辆损失险		商业第三者责任保险						盗抢险		车上人员责任险
	固定保费	费率	5万	10万	15万	20万	30万	50万	100万	固定保费	费率	不分司机、乘客座位
拖拉机 运输型拖拉机 14.7KW 及以上	52	1.15%	474	601	676	729	804	943	1,231	25	1.30%	0.50%

①车辆损失险及全车盗抢险保费=固定保费（元）+保险金额×费率（%）②100 万以上商业第三者责任险保险费=（N-2）×（A-50 万限额保费）×（1-N×0.005）+A，式中 A 指同档次限额为 100 万元时的商业第三者险保费；N=限额÷50 万元，限额必须是 50 万元的整倍数。

任务实施

（一）任务要求

请根据保险相关知识和汽车具体情况，对案例进行分析，并设计合适的保险方案。

（二）任务载体

【案例】了解车险险种

黄先生的新车提车后，考虑购买车险，推销人员建议其购买全险，但是他不清楚基本险和附加险的区别，以及各个不同险种在车辆出险时保险赔偿的金额和赔偿的条件。

（三）任务思考

思考一：一般经常说的全险，是指哪些险种？

思考二：请跟黄先生说明基本险和附加险的区别？

思考三：请利用话术说明交强险、车损险、第三者责任险、车辆盗抢险、不计免赔等险种的赔偿金额及保险赔偿的条件。

任务二　机动车保险推销

知识目标

- 掌握几种最常见的机动车保险组合；
- 掌握不同险种的推销话术。

技能目标

- 能够根据客户情况推荐合适的保险产品；
- 掌握汽车保险推销的基本谈话技巧。

任务剖析

汽车用户要合理地规避风险，就必须要求汽车保险推销员根据汽车用户的驾驶技能、车辆的状况、车辆的使用环境等具体情况，为汽车用户制定并推荐合理的保险方案，将可能遭受的风险损失分散。

如何有效地与准客户沟通洽谈，成为成功推销的关键。在保险推销洽谈中会涉及赢得客户的信任、购买汽车保险的重要性、保险产品及其组合的推介、促进保险方案成交等一系列问题。

知识准备

一、汽车保险推销的渠道

汽车保险推销可分成直接推销和间接推销两种模式，直接推销包括人员推销、电话推销、网上推销三种方式；间接推销包括专业保险代理人、保险兼业代理、银行及邮政代理、网商代理等模式。

目前车险的销售以电话车险、网上车险、汽车 4S 店代理为主流，受政策的导向和市场的筛选的影响，其他模式的业务量逐渐减少。

1. 电话车险

电话车险是以电话为主要沟通手段，借助网络、传真、短信、邮寄、递送等辅助方式，通过保险公司专用电话营销号码，完成保险产品的推介、咨询、报价、保单条件确认等主要营销过程的业务。根据中国保监会规定，拥有电话直销车险牌照的公司，要求电话车险的销售都要集中管理，统一运营，其报价可以在国家最低 7 折限制下再下浮 15%，平安、人保、阳光、安邦等公司拥有电话直销车险牌照。

电话车险最大的优势在于采用直销的方式，省去了中间环节，节省了很多环节和其他方面的费用，它把保险公司支付给中间人或中间机构的佣金直接让利给车主，使车主在体验便捷投保的同时享受到比其他渠道更低的价格。电话车险可以自主选择，组合方便，购买便捷。

2. 4S 店代理

汽车 4S 店代理有两种情形，一是保险公司派业务员进驻 4S 店推销车险；二是汽车经销商代理推销车险。4S 店代理车险的优势在于服务，在经销店购买保险，不仅能得到优惠的车价，还能享受投保、理赔一站式高效便捷的服务。相对于直销车险，经 4S 店保险业务员专业的分析，使车主对车险投保的险种有更加清晰的了解和理智的选择。

3. 网上车险

随着网络、网上支付平台的普及和发展，网上车险应运而生。网上车险是指投保人通过互联网向保险人直接投保，它是一种新的车险直销。只需登入网销平台（保险公司官网或者电商），输入购车价格、购车时间、车主姓名等相关信息，选择需要投保的险种，就可获得车辆详细的保险费清单（即时生效的电子保单），保险人在 48 小时内将和线下投保相同的纸质保单送上门供车主查验。足不出户，仅需鼠标和键盘即可完成一切投保手续，网销车险与传统车险投保渠道相比，快捷、省时、省钱的优势不言而喻。

【案例 7-1】 车险投保渠道

老张是个有多年驾驶经验的老司机，说到投保车险，老张说自己可是经历了很多了。几年前老张买了第一辆车，迫不及待地进保险公司的营业大厅办理保险，可谁知终于轮到了自己时，被告知相关资料和单证没有带齐，无奈之下老张又返回去取，结果再到营业厅时已经到了下班时间，只能是望"厅"兴叹了；第二年续保时，有了前一年的经验，老张决定找车险代理人，这样自己就不用跑来跑去浪费时间了，保险代理人的速度倒是很快，可是拿到保单后老张发现自己多交了不少钱。问其原因时，还得不到一个合理的解释。老张到了再续保时，可谓是谨慎再谨慎，在朋友的推荐下，老张选择了网上投保车险的方式，仅仅几分钟就完成了投保，相关工作人员很快就将保单送上了门，付款后老张发现自己不但节省了不少时间，同时还省下了不少钱。真是太划算了。

案例分析：

找保险代理人投保，一则耗时比较长，二则收到的报价五花八门，价格混乱、不透明、保障不完全等。网上车险仅需鼠标和键盘即可完成以往要跑上半天还不一定能办完的投保手续，网销车险与传统车险投保渠道相比，快捷、省时、省钱的优势不言而喻。

二、汽车保险产品组合

目前，机动车保险包括 2 个基本险和 9 个附加险。在这 11 个险种中，除第三者责任险是强制性险种外，其他的险种都以自愿为原则。车主可以根据自己的经济实力与实际需求进行投保。目前常用的 5 个机动车辆保险方案如下。

1. 最低保障方案

（1）险种组合：第三者责任险。

（2）保障范围：只对第三者的损失负赔偿责任。

（3）适用对象：急于上牌照或通过年检的个人。

（4）特点：只有最低保障，费用低。

（5）优点：可以用来应付上牌照或检车。

（6）缺点：一旦撞车或撞人，对方的损失能得到保险公司的一些赔偿，但自己车的损失只有自己负担。

举例：以价值 16 万元新车为例，投保第三者责任险一般以 10 万元为限额，因此需交 1300 元保险费。

2. 基本保障方案

（1）险种组合：车辆损失险+第三者责任险

（2）保障范围：只投保基本险，不含任何附加险。

（3）特点：费用适度，能够提供基本的保障。

（4）适用对象：有一定经济压力的车主。

（5）优点：必要性最高。

（6）缺点：不是最佳组合，最好加入不计免赔特约险。

举例：以价值 16 万元新车为例，车损险基本保费为 240 元，费率为 1.2%，则：240+160 000×1.2%+1300=3460 元。

3. 经济保险方案

（1）险种组合：车辆损失险+第三者责任险+不计免赔特约险+全车盗抢险

（2）特点：投保 4 个最必要、最有价值的险种

（3）适用对象：是个人精打细算的最佳选择。

（4）优点：投保最有价值的险种，保险性价比最高，人们最关心的丢失和 100%赔付等大风险都有保障，保费不高但包含了比较实用的不计免赔特约险。当然，这仍不是最完善的保险方案。

举例：以价值 16 万元的新车为例，不计免赔特约险按车辆损失险和第三者责任险保险费之和的 20%计算。全车盗抢险的费率为 1%，则：3460+3460×20%+160 000×1%=5752 元

4. 最佳保障方案

（1）险种组合：车辆损失险+第三者责任险+车上责任险+风挡玻璃险+不计免赔特约险+全车盗抢险。

（2）特点：在经济投保方案的基础上，加入了车上责任和风挡玻璃险，使乘客及车辆易损部分得到安全保障。

（3）适用对象：一般公司或个人。

（4）优点：投保价值大的险种，不花冤枉钱，物有所值。

举例：以价值 16 万元的国产新车为例，如果是客车，车上责任险只需为车上人员投保，按座位投保的费率为 0.9%，按核定座位数投保的费率为 0.5%，玻璃单独破碎险按国产风挡玻璃的费率（0.15%）投保。

车上责任险按座位投保 50 万元：

3460+500 000×0.9%+160 000×0.15%+3460×20%+160 000×1%=10 492 元

车上责任险按核定座位数投保 50 万元：

3460+500 000×0.5%+160 000×0.15%+3460×20%+160 000×1%=8492 元

5. 完全保障方案

（1）险种组合：车辆损失险+第三者责任险+车上责任险+风挡玻璃险+不免赔特约险+新增加设备损失险+自燃损失险+全车盗抢险

（2）特点：保全险，居安思危才有备无患。能保的险种全部投保，从容上路，不必担心交通所带来的种种风险。

（3）适用对象：经济充裕的车主。

（4）优点：几乎与汽车有关的全部事故损失都能得到赔偿。投保的人不必为少保某一个险种而得不到赔偿，承担投保决策失误的损失。

（5）缺点：保全险保费高，某些险种出险的几率非常小。

举例：以价值 16 万元的新车为例，新增加设备损失险费率为 1.2%，自燃损失险的费率为 0.4%。

① 车上责任险按座位投保 50 万元

3460+500 000×0.9%+160 000×0.15%+3460×20%+30 000×1.2%+160 000×0.4%+160 000×1%=11 492 元

② 车上责任险按核定座位数投保 50 万元：

3460+500 000×0.5%+160 000×0.15%+3460×20%+30 000×1.2%+160 000×0.4%+160 000×1%=9492 元

【补充资料】保险组合方案推销话术

（1）基本型保险方案。

> 交强险 + 三者 5 万（10 万）+不计免赔

建议话术：

××先生/女士：

您好，您的车首先要上一个交强险，这是国家规定必须要上的，如果您的车不投保交强险就上路的话，一旦被交警抓住，除了要扣车并补交交强险外，还要处以保费两倍的罚款，多不划算！

除了交强险，您一定要保一个商业三者险做补充。单上交强对于经常在路上行驶的汽车来说，保障是远远不够的。您别看交强险保额是 12.2 万，那可是分项赔偿的。您知道吧？交强险在您有责的情况下对第三者的医疗费用最多赔 10 000，财产损失最多赔 2000，现在医药费这么贵，就算看个骨折花上一两万都很正常。再加上误工费、护理费……一万哪儿够赔的呀？

为了让您安心驾驶，您一定要选择一个商业三者险做补充，消除后顾之忧。对于商业三者

险我建议您保10万的，因为5万三者保障还是低了一些，而且就算加上不计免赔才贵了200块多一点，但保额提高了一倍，还是比较值的。而且我跟您说，商业三者险赔起来可是不分项的，不管医疗费用还是财产损失费用都在这10万限额内出，多划算啊！不光如此，商业三者险实行的还是每次赔偿限额原则，就是说，您保这10万不是说最多赔您10万，而是每次事故最多赔您10万，如果发生10次10万的事故，我们就赔100万，您看这个险种多超值！多花点钱，图个放心！

另外这个不计免赔建议您要上，99%的客户都上这个险。

话术要点：

对交强险要做一些简要的介绍，细致地说明了交强险的分项赔偿原则并适当地举例说明，最后总结出光有交强险保障不够的结论。从而引入商业三者险，并对三者险的卖点做深入的说明，挖掘了客户风险需求。

（2）经济型保险方案

交强险 + 三者10万（20万）+ 车损 + 盗抢 + 玻璃 + 不计免赔

建议话术：

××先生/女士：

对于您的车，交强险是国家法律规定一定要上的。三者险推荐您保10万或者20万的，对于一般的交通事故，20万基本够用了，而且10万三者险和20万险三者才差了100多块钱，但保障却提高了一倍，相当于每天才多交几毛钱，可心里踏实多了。

车损险是赔您自己车本身损失的，也是必保的项目，平常有些刮刮蹭蹭的就可以走保险了，而且对于火灾、爆炸、雷击、冰雹、暴雨等灾害造成的损失也可以赔付。这是个性价比很高的险种，对于您的车（10万/3年），才1200块，平均一天也就多掏2块多钱，可能还赶不上您一个小时的停车费。

另外如果您经常在外面停车的话，盗抢险也是必上的。您不上车损出了事故最多自己花点钱修了，但不上盗抢一旦车丢了就什么都没了。对于您的车（10万/3年），保费也就380元，一天多花一块钱，图个踏实不是？

不计免赔险就更不用说了，99%的客户都会上这个险，这个钱可不能省，否则一旦出了险，保险公司不全额赔付，您的损失就大了。

另外附加险还有一个玻璃险，这个您也是可以考虑投保的，因为玻璃毕竟属于易碎的物品，平常开车速度快点崩起个小石子就可能把玻璃碰碎。而且保费不高，才100多块钱，也是挺实惠的。

知道您追求最高的性价比，尽量花最少的钱得到最高的保障，其他一些险种就没向您推荐，比如车上人员责任险，就是个不记名的比较实惠的意外险，平常只有您和您太太坐车，您又都买了意外险，就可以选择不投保，虽然保费不贵才100多块，但能省则省嘛。还有划痕险，一般保的都是别人故意或者无意对您车辆的划伤。对于您的车保费要交427，但最多只能赔2000元，就不是那么划算了。自燃险就更是可保可不保了，它保的是车的供油供电供气系统故障或者您车上的货物起火造成的损失。对于您比较新的车来说，发生自燃的几率还是相对比较低的。

话术要点：

推荐经济型车险时，一定要根据客户表现灵活应对，因为经济型客户顾虑较多，可以通过利益分析影响他/她的选择。在对车损险、盗抢险和玻璃单独破碎险进行推介时，一定要突出介绍了这三个险种的性价比，最好能够通过列举案例来说明投与不投的损失情况。

根据客户情况及需要灵活组合险种。对需要承保的险种提出了较专业合理的建议。简要地介绍不推荐投保的险种，讲明建议不保原因的同时也介绍了风险点，给客户提供了一定的选择空间。这样能体现出是站在客户的立场为其服务的。

（3）保障型保险方案。

> 交强险 + 三者20万 + 车损险 + 车上人员1万×5座 + 盗抢险 + 不计免赔险 + 玻璃单独破碎险 + 车身划痕险（2000）+ 自燃险

建议话术：

××先生/女士：

要想让您的车得到比较全的保障，一定要上"全险"，一般来说，我们说的"全险"指的是最实用的9个险种，也就是交强险、四个商业主险和四个商业附加险。

首先交强险是必须要上的，它赔偿的是交通事故中第三者的人身伤亡和财产损失。交强险实行的是分项赔偿原则，死亡伤残最多赔11万，医疗费用最多才赔1万，财产损失最多赔2000，俗话说："不怕一万，就怕万一。"万一发生了交通事故需要赔偿，这点钱是远远不够的，必须投保一个商业三者险作为补充。商业三者险保额分为5万、10万、20万……鉴于道路上豪车越来越多，稍不注意刮蹭到了就是几万，我建议您保20万的，比较实惠，同时基本能得到比较充分的保障。

车损险是赔您自己车本身损失的，也是必保的项目，平常有些刮刮蹭蹭的就可以通过保险理赔，而且对于火灾、爆炸、雷击、冰雹、暴雨等灾害造成的损失也可以赔付。这是个性价比很高的险种，对于您的车（10万/3年），才1200块，平均一天也就多掏2块多钱，可能还赶不上您一个小时的停车费。

车上人员责任险是对于交通事故中车上人员人身伤亡负责赔偿的险种，相当于一个比较实惠的意外险，还是不记名的，保费也便宜，才100多一点，可以得到每个座位1万元的保障。

盗抢险是必上的险种，车损出了事故最多自己花点钱修了，但不上盗抢一旦车丢了就什么都没了。对于您的车（10万/3年），保费也就380元，一天多花一块钱，图个踏实不是？

在很多险种的条款中都规定了一定的免赔率，就是说在某种情况下保险公司要免赔百分之多少。投保了不计免赔险出了事故就可以全赔了。99%的客户都会选择上不计免赔险。

玻璃单独破碎险保的是前后风挡玻璃和四周车窗玻璃单独破碎的风险，对于玻璃这种易碎品，价格还都不便宜，这个保险是必不可少的。

车身划痕险保的是无明显碰撞痕迹的车身划痕，假如车停在路上被人故意或者无意间划了，这个险种负责赔偿。我就见过一顽皮的小孩拿着一钥匙，一路划过去，虽说不是我车，看着也心疼。

自燃险保的是车辆自燃的损失，包括车的电器、线路、供气供油系统发生故障或者车上所载货物因为自身原因燃烧造成的车辆本身的损失。这个险种不贵，推荐最好购买。

我们的车险条款有34个，但我觉得真正对您有用，性价比又比较高的就是这9个，保了"全险"，您的爱车基本上得到了相对全面的保障。

话术要点：

要专业、系统、全面地讲解汽车存在的各种风险及各险种的卖点。风险故事能引发客户想象，让客户感受害怕，适当的故事总能促进保险产品的销量。

三、车险推销技巧

每个客户都有对车险不同险种的需求，因为每辆车的实际情况是不一样的，由于很多客户对车险并不是很了解，导致不知道上哪些险种更适合自己。因此，在客户选择险种时，可以向客户提出几个简单问题，从而知道客户需要的险种。如表 7-4 所示。

表 7-4 车险推销问题及应对

险种	如何提问	问题解释
玻璃险	您的爱车经常跑高速吗？	由于玻璃险主要对玻璃的非事故破碎进行赔付，如果经常跑高速，很有可能被飞来的石子打到玻璃
油漆险	您的爱车有固定车位吗？	由于油漆险主要对人为恶意划痕进行赔付，如果没有固定车位很可能被恶意划伤
自燃险	您的爱车保养情况怎么样？	这个主要征求投保人的意见，因为客户的车他自己最了解，如果年头较多，建议他上自燃险
涉水险	您经常走的路段，下雨时有积水现象吗？	如果路上积水较多，发生这种情况的几率较大；但是，要注意的是，涉水险仅负责发动机受损

任务实施

（一）任务要求

请根据保险相关知识和汽车具体情况，对案例进行分析，并设计合适的保险方案。

（二）任务载体

【案例】为客户的新车设计合适的投保方案

车型及车主资料如下。

车型：一汽大众 GOLF2014 款 1.6L

车价：11.89 万 RMB

购置时间：2014 年 1 月 19 日

车主资料：龙先生，事业单位工作人员

（三）任务思考

思考一：在进行车辆保险方案设计时，应重点考虑哪些因素？请为案例当中的龙先生设计车险方案，并说明原因。

思考二：如果客户对购买的保险有异议，你会如何进行应对，应采用什么样的话术。

思考三：一般经常说的全险，包括哪些险种？

参 考 文 献

1. 孙路弘. 汽车销售的第一本书[M]. 北京:人民大学出版社，2008.
2. 王泽生. 汽车销售实务[M]. 北京：北京理工大学出版社，2011.
3. 夏志华. 汽车营销实务[M]. 北京：北京大学出版社，2010.
4. 罗静，单晓峰. 汽车销售技法[M]. 广州：华南理工大学出版社，2012.
5. 李刚. 汽车营销基础与实务[M]. 北京：北京理工大学出版社，2009.
6. 朱小燕. 汽车销售实务[M]. 北京：机械工业出版社，2011.
7. 范小青，刘斯康. 汽车营销实务[M]. 北京：电子工业出版社，2011.
8. 王梅，常兴华. 汽车营销实务[M]. 北京：北京理工大学出版社，2010.
9. 黄本新，钟向钟. 现代汽车推销[M]. 广东：暨南大学出版社，2010.
10. 李亨章，王志华. 推销原理与技巧[M]. 上海：立信会计出版社，2010.
11. 赵欣然，王霖琳. 推销原理与技巧[M]. 北京：北京大学出版社，2011.
12. 安贺新. 推销与谈判技巧[M]. 北京：中国人民大学出版社，2011.
13. 姬虹. 汽车推销技巧[M]. 上海：上海交通大学出版社，2012.
14. 王刚. 汽车推销技巧[M]. 北京：清华大学出版社，2012.
15. 王彦峰. 汽车营销[M]. 北京：人民交通出版社，2013.
16. 肖春晓. 妙语连珠——汽车销售实战情景训练汽车营销[M]. 北京：机械工业出版社，2009.
17. 李欣禹. 非常话术——汽车营销对话技巧与突破[M]. 北京：机械工业出版社，2008.
18. 刘体国. 汽车这样卖才对——销售高手的 N 个签单技巧[M]. 北京：人民邮电出版社，2009.